Andreas Buhr / Florian Feltes
Revolution? Ja, bitte!

Andreas Buhr / Florian Feltes

Revolution? Ja, bitte!

Wenn Old-School-Führung auf New-Work-Leadership trifft

Externe Links wurden bis zum Zeitpunkt der Drucklegung des Buchs geprüft.
Auf etwaige Änderungen zu einem späteren Zeitpunkt hat der Verlag keinen Einfluss.
Eine Haftung des Verlags ist daher ausgeschlossen.

Bibliografische Information der Deutschen Nationalbibliothek

Die Deutsche Nationalbibliothek verzeichnet diese Publikation
in der Deutschen Nationalbibliografie; detaillierte bibliografische
Daten sind im Internet über http://dnb.d-nb.de abrufbar.

ISBN 978-3-86936-862-7

Lektorat: Ulrike Hollmann, Hambergen
Umschlaggestaltung: Martin Zech Design, Bremen | www.martinzech.de
Titelfoto: SFIO CRACHO/Shutterstock
Autorenfoto Andreas Buhr: Dominik Pietsch
Autorenfoto Dr. Florian Feltes: privat
Satz und Layout: Das Herstellungsbüro, Hamburg | www.buch-herstellungsbuero.de
Druck und Bindung: Salzland Druck, Staßfurt

© 2018 GABAL Verlag, Offenbach

Alle Rechte vorbehalten. Vervielfältigung, auch auszugsweise,
nur mit schriftlicher Genehmigung des Verlags.

Printed in Germany

www.gabal-verlag.de
www.facebook.com/Gabalbuecher
www.twitter.com/gabalbuecher

Inhalt

Vorwort	7

1. Alles ist möglich	**10**
Die Zukunft voraussagen	16
Erweiterte Realität	18
Virtuelle Welten	20
Drohne statt Postbote	23
Papierdrucker sind langweilig	24
Geld aus Algorithmen	25
TONI LANE CASSERLY: »Bitcoins verändern die Welt«	26
Roboter helfen alten Menschen	35
Moonshots	36
Künstliche Intelligenz	38
DIANNA YAU: »Facebook hat eine einzigartige Unternehmenskultur«	42

2. Mittelstand in der digitalen Pubertät	**52**
Ergebnisse der Studie über Mitarbeiterführung und Social-Media-Nutzung	56
STREITGESPRÄCH: »Ihr kneift, wenn es darauf ankommt«	66
DANIEL KRAUSS: »Busfahren ist wieder in«	86
ELISA NARANJO: »Wirtschaft neu denken – sozial, digital, profitabel«	92
JUBIN HONARFAR: »Hochglanz-Imagefilme will niemand mehr«	106
Wie führen Professionals unterschiedlicher Generation?	117

3. Die Digitalisierung verändert unser Verhalten — 132

ROLF SCHRÖMGENS: »Ständige Disruption verhindert Lernprozesse« — 140
Minimierung der Bedeutung von Raum und Zeit — 148
Permanenter Wandel — 160
KAI DIEKMANN: »Raus aus der Routine« — 170
Exponentielle Geschwindigkeit — 180
Transparenz des Wissens — 192
PHILIPPE VON BORRIES: »Frauen(versteher) sind die besseren Führungskräfte« — 194
Die enorme Bedeutung des Sozialen — 202
STREITGESPRÄCH: »Spring, wenn unten ein Netz gespannt ist« — 209

4. Die digitale Parallelwelt — 222

AMY C. EDMONDSON: »Im hochinnovativen Umfeld brauchen wir viele Meinungen« — 226
Alte Strukturen aufbrechen — 233
Barrieren überwinden — 235
Soft Skills sind nicht mehr soft — 237
In fünf Schritten zum digitalen Unternehmen — 240
PASCAL FINETTE: »Du musst im Voraus wissen, wo der Puck landet« — 244
Übungen zum Wertekompass — 263
PEPE VILLATORO: »Sprich über dein Scheitern« — 266

Anleitung zur Revolution — 285

Anhang — 291

Dank — 292
Literaturverzeichnis — 293
Stichwortverzeichnis — 298
Die Autoren — 300

Vorwort

Revolution bedeutet die grundlegende Neuerung und den nachhaltigen strukturellen Wandel eines oder mehrerer Systeme. Die erste große Revolution der Menschheit fand statt, als der Mensch, bislang Jäger und Sammler, zu Ackerbau und Viehzucht überging. Der nächste große Einschnitt in der Entwicklung der Menschheit war die erste industrielle Revolution, die sich in der zweiten Hälfte des 18. Jahrhunderts zumindest in der Vorbereitungsphase befand (ihre genaue Datierung ist umstritten). Die Einführung mechanischer Produktionsanlagen, angetrieben durch Wasser und Dampfkraft, sorgte für die Voraussetzungen des Übergangs von der Agrargesellschaft in Richtung Industriegesellschaft. Es entwickelte sich die erste arbeitsteilige Massenproduktion durch den Einsatz elektrischer Energie. In der zweiten Hälfte des 20. Jahrhunderts schließlich kam es durch Elektronik und IT zu tief greifenden Automatisierungsprozessen in der Verarbeitung und Produktion. Innerhalb kürzester Zeit sind wir inzwischen an einen Punkt gelangt, an dem ein Teilbereich der Informatik, die künstliche Intelligenz, den Menschen zur nächsten, nämlich der digitalen Revolution führt.

Diese vierte Revolution hat schon vor Längerem begonnen und nimmt gerade richtig Schwung auf. Autonomes Fahren, virtuelle Realität, Machtverschiebung durch Transparenz und Dezentralisierung sind bereits heute Realität. Durch soziale Netzwerke, E-Commerce und Sharing-Economy hat sich unser Informations-, Kommunikations- und Nutzungsverhalten stark verändert. Der private Alltag ist für viele ohne Onlineverbindung kaum noch vorstellbar. Diese neuen Bedingungen übertragen sich verstärkt auf den beruflichen Alltag. Unternehmen müssen Anforderungen und Ansprüche, die sie bisher eher oder sogar nur von Kunden gewohnt waren, auch bei ihren Mitarbeitern erfüllen.

Von absoluter Transparenz über unmittelbares Feedback bis hin zum Wunsch nach besonderen Erlebnissen müssen Unternehmen sich etwas einfallen lassen, um gute Mitarbeiter zu finden und zu binden. Die von Buhr & Team beauftragte Studie zum Führungsverhalten der Generation Y, durchgeführt von Dr. Florian Feltes und Professor Charles Max von der Universität Luxemburg, die diesem Buch unter anderem zugrunde liegt, zeigt, dass gerade junge Führungskräfte ein anderes, digital geprägtes Verständnis mit ins Unternehmen bringen. Eine Schlüsselrolle für die schleppende Digitalisierung in Unternehmen spielen veraltete und starre Strukturen, die die Akzeptanz neuer Ansätze behindern. Die digitale Revolution verändert nicht nur das private Verhalten der Menschen, sie erfordert auch ein Umdenken im Führungsstil der Unternehmen.

Führung findet immer zwischen Menschen statt, egal ob digitale Technologien zwischengeschaltet werden oder nicht, egal wie alt oder jung eine Führungskraft oder ein Mitarbeiter ist. Die Studie der Universität Luxemburg liefert hierzu wichtige Erkenntnisse. Die Digitalisierung bietet Führungskräften neue Möglichkeiten, transparenter, effizienter, agiler und direkter mit Mitarbeitern zu kooperieren. Notwendig hierzu ist ein Aufbrechen verkrusteter Hierarchien und Strukturen. In einer komplexeren, schnelleren und globalisierten Welt wird es schwieriger, sämtliche Entscheidungsoptionen als Einzelperson zu überblicken und zu bewerten. Es gilt, das Wissen der Mitarbeiter richtig einzusetzen und zu nutzen. Die neuen Technologien machen dies möglich. Diese Veränderung muss gewollt sein und bewusst eingeleitet werden.

Denn eines ist klar: Wenn die Revolution nicht im eigenen Unternehmen stattfindet, werden die besten Leute zuerst gehen und die Revolution an anderer Stelle mit größeren Aussichten auf Erfolg umsetzen. Wie diese Revolution gemeistert und Führung zukunftsfähig gestaltet werden kann, erklärt sich nicht mit einem Standardrezept. Andreas Buhr und Dr. Florian Feltes liefern sehr pragmatische Ideen und Einblicke, wie dieser Wandel gelingen kann. Sie behandeln das Thema Führung aus der Sicht eines Babyboomers und eines Gen-Yers und beleuchten es aus verschiedenen Perspektiven. Sie lassen dabei gleichermaßen praktische Erfahrungen wie wissenschaftliche Erkenntnisse einfließen. So finden sie Lösungen, wie moderne Führung im digitalen Zeitalter aussehen und umgesetzt werden kann.

Prof. Dr. Dr. h. c. mult. Hermann Simon
Founder und Honorary Chairman, Simon-Kucher & Partners

Alles ist möglich

Adenin. Thymin. Guanin. Cytosin. Kurz: ATGC. Das sind die vier Basen, aus denen der menschliche Code, die biologische DNA, besteht. Die Grundbausteine der digitalen DNA sind noch simpler: Null und Eins. Etwas ist oder es ist nicht. So wie bereits Shakespeare seinen Hamlet im dritten Akt sagen lässt: »To be or not to be.« Sein oder Nichtsein.

Null und Eins. Mit diesen zwei Ziffern sind alle Codes des digitalen Lebens geschrieben. Damit lässt sich *alles* digital sagen. Das ist erstaunlich, zumal die Informationsflut, die digital auf uns einstürmt, unendlich zu sein scheint. Unendlichkeit, erzeugt aus zwei Ziffern. Mit der Digitalisierung scheint alles möglich zu sein, was vorher nicht ging. Beispielsweise in der Archäologie. Gerade bei dieser historischen Disziplin würden die wenigsten vermuten, dass es die Digitalisierung war, die in den letzten Jahren zu entscheidenden Wissenssprüngen verholfen hat. Nicht durch Grabungen und den fein geführten Pinsel gewissenhaft arbeitender Archäologen konnten einige der ganz großen Rätsel der Menschheitsgeschichte gelöst werden, sondern mithilfe der Null und der Eins. Troja beispielsweise, jene legendäre Stadt, die der Dichter Homer in seinem weltberühmten griechischen Epos *Ilias* beschreibt, hat es vermutlich tatsächlich gegeben. Aufgrund digitaler Satellitenaufnahmen wurde die Stadt, die zu den historischen Beschreibungen passt, in der Türkei geortet.[1] Ohne die digitalen Fotos wären die Grabungen niemals in der Provinz Çanakkale vorgenommen worden. Nicht wenige hatten die Erzählungen über Troja schlicht für einen Mythos gehalten.

In der Medizin ist es nicht anders. Die Digitaltechnik hat den Operationssaal revolutioniert, wenn auch auf sanfte Art und Weise.[2] Denn die digitale 3-D-Technik liefert uns dreidimensionale Bilddarstellungen, die minimal-

---

[1] Gesehen am 29.11.2017: http://www.focus.de/wissen/mensch/archaeologie/troja/tid-11556/archaeologie-troja-liegt-in-der-heutigen-tuerkei_aid_326377.html

[2] Gesehen am 28.11.2012: https://www.siemens.com/press/de/materials/healthcare/2010-09-hybrid-op.php

invasive Eingriffe erst möglich machen. Bei der Methode genügen kleinste Schnitte, um etwa einen Herzkatheter oder eine Herzklappe einzufügen. Die Erholungszeit des Patienten nach solch einem Eingriff ist erheblich kürzer als bei der traditionellen Operationsmethode. Chirurgen operieren heute mit Unterstützung digitaler Roboter Tumore im Gehirn, die früher als inoperabel galten. In etwa fünf Jahren werden sie sogar mit einer Art Schlangenroboter noch flexibler im Kopf des Patienten operieren können.[3]

Ob wir ins Weltall schauen oder in die Tiefen des Meeres – digitale Roboter senden uns Daten, die unser Wissen über die Welt und den Kosmos revolutionieren und uns besser und mehr verstehen lassen. Oder aber unsere Vorurteile entlarven. So weiß die Meeresforschung heute, dass es kein Seemannsgarn war, als Matrosen von Seeungeheuern berichteten mit riesigen Tentakeln, die aus den Tiefen des Meeres emporstiegen, von dort, wo sich kein Mensch aufgrund des enormen Wasserdrucks aufhalten kann. Heute wissen wir: Es gibt sie wirklich.[4] Wir wissen es, weil die digitalen Roboter uns Bilder ihrer Existenz liefern: Riesenoktopusse. Sie senden uns aber nicht nur Aufnahmen von 100 Kilo schweren blinden Riesentintenfischen, sondern auch Daten über Methanvorkommen, die relevant für unsere zukünftige Energieversorgung sind, Daten über Mikrobakterien, die fähig sind, unseren Müll zu zersetzen, und Informationen über die Entwicklung des Planktons,[5] das voraussichtlich für die stetig weiter wachsende Bevölkerung in der Zukunft ein Grundnahrungsmittel sein wird.

Selbst der Marianengraben im Pazifischen Ozean, der tiefste Graben der Welt, der mit rund 11 000 Metern tiefer ist als der Mount Everest hoch, wird mithilfe von digitalen Robotern erkundet.[6] Dabei ist das Meer, das 70 Prozent der Erdoberfläche bedeckt, weniger erforscht als die Mondoberfläche, weil der enorme Druck von rund 1000 Bar, die ewige Finsternis, die Kälte und der mangelnde Sauerstoff ein Forschen nahezu unmöglich machten. Jetzt aber ist es möglich. Dank der Null und der Eins können intelligente Roboter in die Meerestiefen vordringen und dort operieren.

---

[3] Gesehen am 28.11.2017: https://www.welt.de/gesundheit/article141160366/Schlangenroboter-sollen-Gehirntumore-entfernen.html

[4] Gesehen am 13.12.2017: http://www.br.de/themen/wissen/riesenkalmar-riesentintenfisch-tintenfisch-tiefsee-142.html

[5] Gesehen am 05.11.2017: http://www.br.de/themen/wissen/krill-plankton-algen100.html

[6] Gesehen am 13.01.2018: https://bnn.de/lokales/karlsruhe/schwarm-drohnen-erforscht-tiefsee

Aus der Weltraumforschung ist die digitale Technik ebenfalls nicht mehr wegzudenken. Was im Weltraum los ist, was es mit unserem Sonnensystem auf sich hat, wie die schwarzen Löcher zu verstehen sind, ob wir Menschen auf dem Mars leben könnten[7] – zu all diesen Fragen senden uns digitale Roboter die Daten.

Auch in der Kunst bahnt sich eine Revolution an. Die britische Sängerin Imogen Heap[8] singt auf der Bühne zu einer Musik, die sie digitalen Musikhandschuhen entlockt. Töne, die unsere Ohren noch nie vernommen haben. Musikingenieure basteln an weiteren ungewöhnlichen Instrumenten, um digitale Klangteppiche zu erzeugen, die unsere Hörgewohnheiten radikal verändern werden. Geräusche, die erst in unserem Kopf zu Musik werden.

Das alles geschieht bereits heute. Das Tempo der Veränderungen wird weiter anziehen, denn die Digitalisierung bringt exponentielles Wachstum, und zwar in allen Bereichen, die mit der Digitalisierung in Berührung kommen. Sich dieses exponentielle Wachstum vorzustellen, fällt schwer, es sprengt unsere Denkgewohnheiten. Ein Experiment macht deutlich, worum es geht. Probanden sollten das für sie attraktivste Angebot aus zwei möglichen Varianten auswählen. Angebot A verspricht den Kandidaten jeden Tag 1000 Euro, 30 Tage lang, am Ende werden also 30 000 Euro aufs Konto gebucht. Variante B dagegen hört sich bescheiden an: Der Kandidat erhält einen Cent am ersten Tag, am zweiten zwei Cent, am dritten vier Cent und so weiter, denn wir sprechen über exponentielles Wachstum. Am Ende, also am 30. Tag, sind dies nicht etwa wenige Cent, wie die meisten Probanden vermuteten und sich daher für Variante A entschieden, sondern 536 870 912 Millionen Euro.[9]

[7] Gesehen am 18.12.2017: http://www.deutschlandfunk.de/ueberleben-auf-dem-mars-mediziner-untersuchen-die.709.de.html?dram:article_id=371545
[8] Vgl. Maier-Borst, Haluka: Hast du Töne?, in: P.M. 02/2017, S. 38.
[9] Gesehen am 13.01.2018: https://runningmessias.wordpress.com/2013/03/16/warum-es-wichtig-ist-exponentielles-wachstum-zu-verstehen/

1. ALLES IST MÖGLICH

Wir müssen verstehen, dass wir mit der Digitalisierung kein *lineares* Wachstum mehr vor uns haben, also ein Wachstum, bei dem in gleichen Abständen die konstant gleiche Menge hinzukommt, sondern ein exponentielles Wachstum, bei dem sich in den jeweils gleichen Zeitabständen die Menge jeweils verdoppelt.

Besonders deutlich zeigt sich das in der Genomforschung. Glaubte man 1990 zu Beginn des Projektes, zur Entschlüsselung des Erbgutes bis zum Jahr 2010 zu benötigen,[10] war man bereits 2003 damit fertig, sieben Jahre früher. Dabei mussten immerhin drei Milliarden Basenpaare sequenziert werden. Nicht gerade wenig. Ohne die Fortschritte in der Digitaltechnik, die immer größere Datenkapazitäten bietet, hätte das nicht funktioniert. Das drückt auch die Kosten. So verursachte die Sequenzierung im Jahr 2000 noch 100 Millionen Dollar an Kosten, 15 Jahre später nur noch 1000 Dollar[11] und bald soll die Entschlüsselung des Erbgutes sich auf rund 100 Dollar beziffern. Das macht die Erforschung vieler Erbkrankheiten erst in diesen Tagen möglich. Die Kombination von stetiger Steigerung der Rechenleistung einerseits und sinkenden Kosten andererseits erlaubt erst den exponentiellen Verlauf der Digitalisierung – im Fall der Gensequenzierung bedeutet dies eine exponentielle Verringerung der Analysekosten. Dieses Beispiel macht deutlich, dass erst durch die fortschreitende Digitalisierung große Datenmengen erzeugt und auch verarbeitet werden können, denn im Kern geht es bei der Digitalisierung um Daten, egal um welche Daten es sich handelt, und diese Daten werden mit immer weiter ansteigender Geschwindigkeit erhoben, verarbeitet und vernetzt. Das Ergebnis sind verbesserte oder komplett neue Möglichkeiten der Kommunikation und Interaktion.

Deswegen potenziert sich nicht nur in der Genomforschung das Wissen exponentiell. Ganz allgemein gilt: Die Sprünge in Bezug auf Wissen und Umsetzung desselben werden aufgrund der Digitalisierung immer größer, die Zeitabstände immer kürzer. Verdoppelte sich das Wissen vor zehn Jahren etwa alle fünf bis sieben Jahre, ist dies heute bereits alle zwei Jahre der Fall, und das Tempo steigt weiter rasant an.[12]

10 Gesehen am 13.01.2018: http://www.meine-molekuele.de/das-genom/
11 Gesehen am 13.01.2018: http://www.spiegel.de/wissenschaft/mensch/computer-und-dna-die-erbgut-hacker-a-1163546.html
12 Gesehen am 28.11.2017: http://www.ibusiness.de/aktuell/db/059945jg.html

So rasant, dass das, was wir Zukunft nennen, nicht mehr so undurchsichtig ist wie die Vorhersagen des Orakels von Delphi; stattdessen werden die Vorhersagen dank der gesammelten Daten immer präziser. Das betrifft fast alle unsere Lebensbereiche: Gesundheit, Verkehr, Job und Freizeit, sogar Naturkatastrophen wie Erdbeben und Tsunamis. Aber auch: was wir morgen im Kühlschrank benötigen, welche Hemden und Anzüge wir kaufen, wohin wir in Urlaub fahren und was das Hotel kosten darf, damit wir es buchen. Die Cookies auf unserem iPhone wissen es. Sie haben uns zugeschaut, wenn wir Flüge buchten, Autopreise verglichen und Bücher in unseren Warenkorb legten. Die Cookies kennen uns besser als wir uns selbst und bieten uns die Produkte genau zu jenem Preis an, bei dem wir zuschlagen müssen, weil sie genau auf unsere Gewohnheiten zugeschnitten sind. Alle diese Informationen fließen zusammen zu jenem Gebilde, das *Big Data* genannt wird. Informationen, die in einer Fülle erhoben werden, die vor der Digitalisierung gar nicht möglich gewesen war, und nun auch noch miteinander verknüpft werden und so *Predictions*, jene vorausschauenden Datenanalysen, möglich und damit die Zukunft berechenbarer machen.

Die Zukunft voraussagen

Menschen, die sich seit vielen Jahren professionell mit Big Data beschäftigen, sagen, dass Big Data nicht einfach nur ein Mehr an Daten ist, die wir nur vernünftig strukturieren müssen, um sie zu verstehen, sondern dass damit unser ganzes Wissenschaftssystem auf den Kopf gestellt wird. Die Verknüpfung von immer mehr Daten ist nicht nur ein quantitativer Sprung. Es ist ein qualitativer Sprung, die Transformation unseres Denkens und Handelns. Es wird unsere Denkgewohnheiten und unser Verhalten grundlegend verändern. Zuerst in der Wissenschaft. Denn Big Data macht Theorien und wissenschaftliche Modelle überflüssig.[13] Das jedenfalls behaupten die Experten. Um das, was ist oder passieren wird, zu verstehen und daraus Handlungsoptionen abzuleiten, brauchen wir in Zukunft keine Denkmodelle

[13] Vgl. Klausnitzer, Rudi: Das Ende des Zufalls. Wie Big Data uns und unser Leben vorhersagbar macht. Ecowin 2013, S. 10.

mehr.[14] Es genügen Korrelationen, gewisse Auffälligkeiten oder erkennbare Strukturen in den Wechselbeziehungen zwischen zwei oder mehr Faktoren. Bisher galten solche Korrelationen in der Wissenschaft als bloße Indizien, Kausalitäten durften daraus nicht abgeleitet werden. Doch die Big-Data-Experten sagen: Kausalitäten brauchen wir nicht mehr.

Die Frage nach dem *Warum* ist obsolet. In Zukunft genügt die Frage nach dem *Was*, um handeln zu können.[15]

Und dieses Was beschreiben die Korrelationen, gestützt auf eine Unmenge an Daten, immer genauer.

Ein Beispiel zeigt, was das bedeutet. Früher starben nicht wenige Frühchen an Infekten. Heute lässt sich das verhindern. Dank der Datenfülle, die inzwischen vorliegt, wissen die Ärzte, dass genau dann, wenn Atmung und Kreislauf bei den Frühchen äußerst stabil sind, nicht Entwarnung, sondern rasches Handeln dringend geboten ist. Denn immer dann, wenn die Vitalfunktionen sich besonders stabil zeigten, erfolgte in den nächsten 24 Stunden eine oft lebensbedrohliche Infektion.[16] Die Ärzte handeln heute allein aufgrund dieser empirischen Daten, ohne Antworten auf das Warum zu haben. Zeigen sich die Funktionen von Lunge und Herz übermäßig stabil, sind sie alarmiert und verabreichen Medikamente, *bevor* eine Infektion auftreten kann. Das hat vielen Frühchen das Leben gerettet. Doch warum die Vitalfunktionen vor einer Infektion sich derart stabil zeigen, wissen wir immer noch nicht. Brauchen wir auch nicht, sagen die Big-Data-Experten. Es reicht, *dass* wir es wissen. Was Big Data für unsere zukünftige Gesundheitsvorsorge bedeuten wird, lässt sich an diesem Beispiel exemplarisch ablesen.

14 Vgl. ebd., S. 14.
15 Vgl. ebd.
16 Gesehen am 22.12.2017: https://www.telekom.com/de/konzern/digitale-verantwortung/details/big-data-fuer-die-gesundheit-480460

Lebensrettend ist auch der Einsatz der Digitaltechnik im Hinblick auf Naturkatastrophen, etwa bei drohenden Tsunamis und bevorstehenden Erdbeben. Mithilfe der Null und der Eins können diese immer besser vorhergesagt und Hilfsmaßnahmen rechtzeitig eingeleitet werden. Verkehr und Wetter sind ebenfalls Bereiche, die von Big Data in Zukunft noch mehr profitieren werden, als sie es ohnehin schon tun. Immer mehr Bereiche werden erfasst und das führt zu grundlegenden Umwälzungen in unserem Leben. So wird auch das menschliche Verhalten mithilfe von Big Data kein Geheimnis mehr bleiben. Wie wir als Person auf bestimmte Dinge reagieren, wie wir handeln werden, wie wir wählen werden, wird bald kein Buch mit sieben Siegeln mehr sein. Aus den Tweets, die wir liken, den Webseiten, die wir besuchen, den Blogs, die wir regelmäßig lesen, lässt sich viel, sehr viel ablesen. Die Cookies auf unserem PC oder unseren mobilen Endgeräten verraten es, und irgendwo in den Tiefen des Netzes wird dies gespeichert, verarbeitet und bei Vorhersagen, die politische oder wirtschaftliche Auftraggeber nutzen, abgerufen. Doch nicht nur die Zukunft wird immer genauer entschlüsselt, auch das Hier und Jetzt verändert sich radikal aufgrund der Digitalisierung unseres Lebens. Dank der erweiterten und der virtuellen Realität.

Erweiterte Realität

Damit ist gemeint: einerseits die Realität, wie wir sie kennen, andererseits etwas Virtuelles, das heißt eine in Echtzeit computergenerierte Wirklichkeit. Beides zusammen wird bald in der *Augmented Reality*, der erweiterten Realität, ineinanderfließen.

Wie das? Dazu müssen Sie sich in Zukunft nur eine digitale Brille, die Virtual-Reality-Brille, aufsetzen. Eine Brille, die Sie und Ihre Vorlieben genau kennt, denn die Cookies haben es auch der Brille verraten. Die Brille weiß, was Sie gerne essen, welche Kleidung Sie kaufen, wohin Sie in Urlaub fahren, welche Frau oder welchen Mann Sie attraktiv finden.

Wenn Sie also mit dieser interaktiven Brille durch die Stadt gehen und Sie gerade am Supermarkt vorbeikommen, blendet die Brille Ihnen den Einkaufszettel ein und teilt Ihnen mit, welche Lebensmittel im Kühlschrank fehlen. Wenn Sie ein Sportgeschäft passieren, erinnert die Brille Sie daran, dass die Sportschuhe, mit denen Sie zweimal in der Woche joggen, dringend durch neue ersetzt werden müssen, weil die Sohlen schon reichlich abgelaufen sind. Wenn ein Handyladen auf Ihrer Wegstrecke liegt, teilt Ihnen die Brille mit, dass Sie Ihren Vertrag dringend kündigen sollten, weil es bereits bessere Angebote für Ihr Mobilfunkgerät gibt. Ein kurz eingeblendetes Bild Ihrer Tochter erinnert Sie daran, noch schnell das Geschenk für sie zu kaufen, denn sie hat morgen Geburtstag. Wenn Sie an Starbucks vorbeischlendern, weist Sie die Brille darauf hin, dass in dem Café eine Frau sitzt, die genau Ihrem Typ entspricht, und Sie die Frau über *Lovoo* oder *Tinder*, mobile Dating-Apps, ansprechen können, weil auch sie dort angemeldet ist.

Zukunftsmusik? Nein, das alles ist bereits in greifbare Nähe gerückt. Denn wenn Ihr mobiles *Smart Phone*, mit dem Sie sich im Internet bewegen, und *Smart Home*, jene Software, die Haushaltsgeräte und Multimediageräte miteinander verbindet, mit der Digitalbrille gekoppelt werden, ist das geschilderte Szenario Realität. Dann haben wir das, was auch als Internet der Dinge bezeichnet wird: Computer kommunizieren ohne unser aktives Zutun miteinander.

Bis dahin ist es gar nicht mehr so weit, weil es die genannten Geräte bereits gibt: Smartphone, Smarthome, Digitalbrille. Alle sind in Gebrauch. Zweifellos führen Smartphones bei der flächendeckenden Verbreitung die Hitliste an. Durch den permanenten Gebrauch sind sie fast schon Teil unseres Körpers. Aber auch der millionenfache Einsatz von Smarthome[17] steht kurz bevor, denn Konzerne wie Amazon werben aggressiv für den von ihnen entwickelten Sprachassistenten *Echo*. Dabei ist der Sprachassistent, dem wir sagen, was wir wünschen, nur eine von vielen Möglichkeiten, wie Smarthome funktionieren kann. Schließlich handelt es sich bei Smarthome um lernfähige Software, die erfunden wurde, um unsere Lebensqualität in den eigenen vier Wänden zu erhöhen. Software, die in Zukunft unseren Kühlschrank überwacht und rechtzeitig neue Bestellungen aufgibt, die Heizung hochfährt, damit wir nicht frieren, wenn wir heimkommen, die Garage öffnet, ohne dass wir aussteigen müssen, und unser Essen vorwärmt, damit wir nach der Arbeit nicht lange auf unser Abendessen warten müssen. Nur bei der technischen Vernetzung all dieser Geräte miteinander hapert es noch. Doch auch das ist nur noch eine Frage der Zeit.

Virtuelle Welten

Neben dieser erweiterten Realität gibt es virtuelle Welten (Virtual Reality), die vollständig von der realen Welt entkoppelt sind. Dank der Virtual-Reality-Brille (VR-Brille) können wir in diesen künstlichen Welten eine Menge Spaß haben. Die Spielmesse *gamescom* hat uns gezeigt, wie tief wir in diese aufregenden Welten eintauchen können. Es gibt Spiele, die mithilfe der VR-Brille unserem Gehirn etwa die Illusion vermitteln können, zu fliegen wie ein Adler. Sie sind derart gut konstruiert,[18] dass wir während des Spiels das Gefühl haben, wirklich in dieser virtuellen Welt zu *leben*. Deshalb rast unser Puls, wenn wir während des Spiels Gefahren ausgesetzt sind und kämpfen müssen. Kein Wunder also, dass die Fahrt mit dem Autoscooter oder mit der Geisterbahn vielen nur noch ein müdes Lächeln entlockt. Gegen die virtuellen Geisterwelten, die uns das Grauen in Echtzeit erleben lassen, können sie nicht konkurrieren.

17 Gesehen am 01.06.2018: https://www.homeandsmart.de/was-ist-ein-smart-home
18 Gesehen am 13.12.2017: http://www.bild.de/spiele/spiele-news/virtual-reality-spiele/die-besten-virtual-reality-spiele-44972198.bild.html

Ist das Betrachten der virtuellen Bilder in den VR-Spielen schon gruselig, wird es noch gruseliger, wenn zu der Optik das Tasten, Hören, Schmecken und Riechen hinzukommt. Wenn alle fünf Sinne angesprochen werden, wird das Spielerlebnis noch intensiver, noch realitätsnäher. Wir dürfen gespannt sein, denn daran arbeiten hochbezahlte Ingenieure. Sie basteln auch daran, noch besser die Probleme der VR-Brillen – zwickende Headsets, verhedderte Kabel oder eine schlechte Bildauflösung – in den Griff zu bekommen, damit die Realität der virtuellen Realität nicht in die Quere kommt.

Sie meinen, die Ingenieure sollten lieber an der Lösung echter Probleme arbeiten? Auch das geschieht. Klimaforscher wissen seit Langem, dass es sehr schwierig ist, Menschen zu einem anderen, umweltschonenderen Verhalten zu bewegen. Denn die Klimakatastrophe kann man nicht sehen, riechen, schmecken. Hier kommen die VR-Brillen ins Spiel.[19] Mit ihrer Hilfe können Menschen in Szenarien geschickt werden, in denen die Klimakatastrophe ihre Wirkung längst entfaltet hat. Wenn die Auswirkungen auf Natur, Mensch und Tier detailliert gezeigt werden, schaffen sie jenes Aha-Erlebnis, das Menschen benötigen, um emotional betroffen zu sein.

Verhaltensforscher wissen: Wir brauchen Gefühle, um Wissen in Verhalten umzusetzen.[20] Die virtuellen Spiele haben dabei eine wichtige Funktion: Sie machen die Klimakatastrophe erlebbar. Das hilft mehr als jede Ermahnung.

[19] Gesehen am 18.12.2017: https://www.climatecolab.org/contests/2016/shifting-behavior-for-a-changing-climate/c/proposal/1329413

[20] Gesehen am 18.12.2017: http://www.deutschlandfunk.de/denken-fuehlen-handeln-wie-das-gehirn-unser-verhalten.700.de.html?dram:article_id=80426

VR-Brillen lassen sich aber auch ganz pragmatisch bei der Urlaubsplanung einsetzen: Sie zeigen uns, wie das Feriendomizil in Südfrankreich aussieht, inklusive Hotel-Suite, in der wir wohnen werden.[21] Unangenehme Überraschungen im Urlaub mit schimmeligen Badezimmern oder einem ausgetrockneten Pool gehören zukünftig wohl der Vergangenheit an; zumindest dann, wenn die Bilder zeitnah aktualisiert werden.

Virtual Reality soll kein konsumierendes Schauen sein, sondern ein interaktives Agieren. Mit den VR-Brillen sind wir nicht mehr Zuschauer, sondern selbst Akteur. Die Brille reagiert auf unser Tun, produziert Bilder, die sich unserem Verhalten anpassen, etwa dann, wenn wir durch die Ferienanlage oder das Kreuzfahrtschiff »spazieren gehen«. Noch kosten solche Brillen zwischen 700 und 900 Euro.[22] Je günstiger sie werden, desto mehr Menschen werden sie nutzen. Die Zeiten, in denen wir zwischen Realität, erweiterter Realität und virtueller Welt hin und her pendeln können, sind nicht mehr fern. Denn hinter diesen Ideen stehen große Konzerne, die die Sache vorantreiben: SAP, Google, Samsung, Intel.[23]

---

[21] Gesehen am 12.12.2017: https://reisenviernull.de/virtual-augmented-reality/

[22] Gesehen am 18.12.2017: http://www.t-online.de/spiele/id_79192854/ein-teurer-spass-so-viel-kostet-virtual-reality.html

[23] Gesehen am 12.12.2017: http://www.handelsblatt.com/unternehmen/it-medien/augmented-reality-auch-deutsche-unternehmen-mischen-mit/11902106-2.html

Drohne statt Postbote

Gute Nachrichten gibt es auch für all jene, die in entlegenen Dörfern wohnen. Sie müssen in Zukunft nicht mehr Däumchen drehen, bis Päckchen und Briefe irgendwann eintrudeln. Denn die Zukunft der Logistik gehört der digital gesteuerten Drohne. Nicht der Postbote kämpft sich dann morgens durch Feld, Wald und Wiese zu den Briefkästen durch, sondern die Drohne. Sie bringt die Post und braucht dafür noch nicht einmal festes Schuhwerk. Ein Flug ohne Stress, wenn auch ohne Plauderstündchen zwischen Postbote und Kunde. Die pünktliche Zustellung ist nicht nur für private Kunden interessant, sondern auch für Unternehmen, denn die können in Zukunft bleiben, wo sie sind. Sie müssen nicht mehr teure Mieten in der Stadt oder in Gewerbeparks bezahlen, nur um erreichbar zu sein. Die Drohne macht's möglich. Eingesetzt werden solche Paketkopter bereits von der Deutschen Post. So wird die Insel Juist regelmäßig von einem solchen Kopter angesteuert, der Medikamente bringt.[24] Auch in Bergregionen wie Reit im Winkl gab es schon erfolgreiche Testflüge.[25] Wenn die Genehmigungen vorliegen, wird das Projekt von DHL auch auf Städte ausgedehnt;[26] allerdings müssen zuvor noch einige administrative und technische Fragen gelöst werden.

[24] Gesehen am 18.12.2017: http://www.taz.de/!5028356/

[25] Gesehen am 18.12.2017: http://www.dpdhl.com/de/presse/pressemitteilungen/2016/einbindung_dhl_paketkopter_logistikkette_erfolgreich_getestet.html

[26] Gesehen am 18.12.2017: https://www.ksta.de/wirtschaft/dhl-paketzustellung-berlin-bekommt-statt-drohnen-neue-paketstationen-24049118?view=fragmentPreview

Papierdrucker sind langweilig

**Sie wollen ein Haus bauen?
Warum drucken Sie es nicht?**

Drucken? Ja, Sie haben richtig gelesen. Mithilfe von digitalen 3-D-Druckern, die Sand und Beton Schicht für Schicht aufeinanderfügen, können Sie Ihr Eigenheim in Zukunft selbst bauen. Darüber denkt man auch bei der UNO-Flüchtlingshilfe nach. Denn solche Häuser aus dem 3-D-Drucker können innerhalb von 24 Stunden gebaut werden, Fenster und Türen inklusive. Kosten: rund 10 000 Euro.[27]

Die runden Häuser aus dem Drucker könnten eine enorme Hilfe sein bei dem Versuch, Flüchtlinge menschengerecht unterzubringen. Kälte und Hitze könnten ihnen dann nichts mehr anhaben. Auch nicht der übergriffige Nachbar. Sicherer als Zelte wären die Häuser allemal. Auch die Privatsphäre der Flüchtlinge, die in Heimen oder in Zeltstädten immer bedroht ist, wäre gewahrt. Von solchen Häusern im Schnelldruckverfahren könnten nicht nur Menschen in Not profitieren, sondern auch Menschen in Deutschland, denen bisher der Bau eines Eigenheims zu teuer war.

Die 3-D-Drucker können aber noch mehr: von der Beinprothese bis zum Kabelbinder fast alles. Revolutionär an den 3-D-Druckern ist, dass dank ihnen niemand mehr auf die industrielle Produktion angewiesen ist. Die Produktion wird mit dem 3-D-Drucker dezentralisiert. Jeder kann in Zukunft produzieren: sein eigenes Haus genauso wie sein Traumauto.[28] Da tauchen ganz neue Fragen auf, etwa die, was das generell für die Industrieproduktion in Deutschland bedeutet. Genauso grundsätzlich ist die Frage nach Papiergeld und Münzen, die wir nicht mehr brauchen werden, wenn wir in Zukunft mit Bitcoins, jenem digital erzeugten Geld im Netz, bezahlen.

[27] Gesehen am 19.12.2017: https://www.welt.de/finanzen/immobilien/article162704364/So-baut-ein-Roboter-ein-ganzes-Haus-fuer-9500-Euro.html
[28] Gesehen am 18.05.2018: http://www.chip.de/news/Tesla-aus-dem-3D-Drucker-Die-Zukunft-der-Autoindustrie-hat-begonnen_140306460.html

Geld aus Algorithmen

Wenn Island nicht so kalt wäre, wäre das Angebot an Bitcoins, der virtuellen Kryptowährung, die das Geld ersetzen soll, deutlich geringer. Denn die Computer, die neue Blöcke in der sogenannten Blockchain und damit den Wert der Bitcoins erzeugen, brauchen Kühlung. Viel Kühlung. Diese braucht wiederum viel Strom und ist damit sehr teuer. Zum Glück aber hat Island sehr viel kalte Luft und durch die heißen Quellen sehr günstigen Ökostrom. Dennoch muss Marco Streng, einer der Bitcoin-Pioniere, rund eine Million Euro an Stromkosten monatlich zahlen.[29] Für ihn ist das günstig. Deswegen befinden sich dort, irgendwo in den tiefen Erdschichten der Wikingerinsel – die exakte Lage der Mine ist ein Geheimnis –, die Computer, die die Bitcoins digital herstellen. Bitcoins, das muss man wissen, sind, obwohl digital erzeugt, endlich. 21 Millionen Einheiten dieser zufälligen Zeichenfolgen werden irgendwann erreicht sein und dann ist Schluss. Die virtuelle Geldmenge ist also begrenzt. Gerade das aber macht die Bitcoins so wertvoll, denn dadurch sind sie inflationsunabhängig, so wie Gold und Silber. In Zeiten, in denen die Geldpolitik der Europäischen Zentralbank seit Jahren die Inflation anheizt, ist das kein unwichtiges Argument.

Doch für die Währung aus dem Netz sprechen noch mehr Gründe. Der wichtigste: Der Geldtransfer ist unabhängig von Banken und geht wesentlich schneller über die Bühne, weil keine Institution zwischengeschaltet ist. Wer sich fragt, warum er sein Konto digital selbst verwaltet, also alle Tätigkeiten macht, die zuvor die Bank für ihn gemacht hat, er aber die Kontoführungsgebühren weiterzahlen soll, findet mit Bitcoins vielleicht einen Weg, sich diese Fragen nicht mehr stellen zu müssen. Eine Welt ohne Banken ist möglich. Dank der Null und der Eins. Das lässt auch viele Finanzdienstleister aufhorchen. Ihr Ziel ist es, einzelne Dienstleistungen anzubieten, die heute noch von Banken erledigt werden, etwa Überweisungen. Die Universalbank, die alle Bankgeschäfte tätigt, ist bald nur noch ein Relikt. Voraussichtlich wird es Banken irgendwann nicht mehr geben.

[29] Gesehen am 20.12.2017: http://www.daserste.de/information/politik-weltgeschehen/weltspiegel/sendung/bitcoins-island-computer-100.html

(Copyright: M. Kathleen Kelly)

Toni Lane Casserly ist Bitcoin- und Blockchain-Expertin. 2011 trat sie in die Bitcoin-Welt ein. Seitdem wird sie in der Branche als »Jeanne d'Arc der Bitcoins« gefeiert. Casserly ist Mitbegründerin von Cointelegraph, einem der größten Medien-Netzwerke der Blockchain-Branche. Sie berät zurzeit mehrere Organisationen, unter anderem SingularityU, HBSC sowie die Vereinten Nationen. Darüber hinaus beschäftigt sie sich auch mit humanitären Fragen; so hat sie sich für die Bekämpfung des Ebola-Virus in Sierra Leone eingesetzt.

TONI LANE CASSERLY:

»Bitcoins verändern die Welt«

Andreas & Florian: Guten Morgen, Toni. Bei uns ist es Mitternacht, bei dir in San Francisco ist es erst 15 Uhr. Wir wissen, dass es momentan einen riesigen Hype um Bitcoins gibt und du daher wenig Zeit hast. Danke, dass du dir trotzdem Zeit für uns nimmst.

Toni: Kein Problem. Ich rede wahnsinnig gerne über diese vielen positiven Entwicklungen und hoffe, dass wir durch das Gespräch auch andere für dieses Thema begeistern und überzeugen können!

Florian: Dann haben wir richtig Glück gehabt!

Toni *(lacht)*: Genau!

Andreas: Dann legen wir direkt mit den ersten Fragen los: Viele Menschen finden Bitcoins und Blockchains geheimnisvoll. Was ist das Geheimnis, Toni? Kannst du es uns erklären?

Toni: Es gibt keins. Im Gegenteil: Bitcoins und Blockchains leben von der Transparenz, nicht vom Geheimnis. Es ist eigentlich ziemlich simpel: Bitcoins sind virtuelles Geld, das entsteht, wenn ASIC-Chips komplexe mathematische Aufgaben lösen. Ihr könnt es euch so vorstellen: Wird ein solches Problem von einem Computer gelöst, applaudieren die anderen Computer und bestätigen somit die Richtigkeit der Lösung. Als Belohnung werden die Bitcoins dem »Sieger-Computer« zugeteilt. Wenn dies geschieht, spricht man von *Mining*, als ob man in einer Mine Gold »schürfen« würde. Die Blockchains sind die Technologie, die dahintersteckt. Sie sind eine Art Register, in dem die Bitcoin-Transaktionen, also der Transfer von einem zu einem anderen Nutzer, protokolliert sind. Da jeder Nutzer ein Protokoll dieser Transaktionen besitzt, sind alle diese Transaktionen nachvollziehbar. Das schafft Vertrauen und Sicherheit. Ihr seht: Bitcoins und Blockchains sind das Gegenteil von einem Geheimnis. Es ist auch für alle Nutzer sichtbar, wie viel Geld ein bestimmter Nutzer besitzt, ohne jedoch den konkreten Namen dieses Nutzers zu kennen. Die Privatsphäre bleibt trotz aller Transparenz geschützt.

Florian: Trotzdem finden viele Menschen Bitcoins geheimnisvoll …

Toni: Diese Wahrnehmung teile ich mit dir! Ich denke, dass Veränderung und Transformation immer etwas Mysteriöses haben, weil sie auch immer ein Stück unvorhersehbar sind. Virtuelles Geld ist etwas Neues für die meisten Menschen, unabhängig von ihrer Bildung oder ihrem Status. Doch Papiergeld war irgendwann auch einmal völlig neu. Genau wie beim Papiergeld wird es erst dann zu einem akzeptierten Zahlungsmittel, wenn möglichst viele Menschen diesem Geld einen Wert zuschreiben und Vertrauen in dieses Zahlungsmittel haben. Der Unterschied ist jedoch gravierend, denn der Wert des Geldes entsteht bei Bitcoins durch seine Nutzung und die Nutzer selbst, statt von zentralen Institutionen bestimmt zu werden. Wer das seltsam findet, sollte sich vergegenwärtigen, dass es mit dem Bargeld nicht anders ist. Eine 20-Dollar-Note ist vom Material her keine 20 Dollar wert. Das wissen wir alle, dennoch bezahlen wir damit. Wir sind es, die der Dollarnote diesen Wert zuschreiben. Es ist ein allgemein akzeptiertes Währungsmittel.

Andreas: Lange Zeit hat sich kaum jemand für das Thema Bitcoin interessiert.

Toni: Das ist auch gar nicht so schlimm oder verwunderlich. Viele Menschen verstehen nur die Welt, die sie kennen. Es schadet jedoch nicht, auch mal über den Tellerrand zu schauen! Habt ihr mal das Modell gesehen, das die Entwicklung eines Produkts von der Einführung bis zur Marktreife skizziert? Wenn wir dieses Modell auf die Entwicklung der Bitcoins anwenden, erkennen wir recht schnell, dass wir uns noch in einer absoluten Anfangsphase befinden, in der nur ein paar wenige sich mit dem Thema beschäftigen. Bei der frühen Entwicklung radikal neuer und innovativer Technologien ist es nur natürlich, dass sich zunächst nur eine kleine Gruppe von Insidern sinnvoll einbringt. Gerade für die Innovatoren und Early Adopters zeigt sich in dieser Phase eine sehr steile Lernkurve, bevor Produkte dann für die breite Masse reif sind.

Finanzexperten haben die Kursentwicklung in verschiedenen Formen der digitalen Währung mit Faszination beobachtet. Wir alle wissen, dass der Mensch ein Herdentier ist und sich mit der Masse bewegt. Wenn nun diejenigen, die eigentlich Spezialisten in anderen Bereichen sind, sich mit dem Thema Bitcoins befassen und erkennen, dass Bitcoins exponentiell an Wert gewonnen haben, dann wird aus einem Buzzword auf einmal eine Technologie, ein Thema, das für die breite Masse interessant ist. Wenn es so weitergeht, dann werden wir 2019 bei hunderttausend Dollar pro Bitcoin stehen. Virtuelles Wachstum ist exponentielles Wachstum, da Daten und Wissen mit beispielloser Geschwindigkeit und Dichte ausgetauscht und generiert werden können.

Wusstet ihr eigentlich, dass es eine sehr spannende Science-Fiction-Geschichte über die Entwicklung des Bitcoin gibt, die 2013 auf Reddit erschienen ist?

Andreas & Florian: Nein! Worum geht es in der Story?

Toni: Die Geschichte wurde von Luka Magnotta geschrieben und heißt »I am a time-traveler from the future, here to beg you to stop what you are doing«. Der Triumph der Bitcoins wird in der Geschichte genau vorhergesagt. Die Realität holt die Fiktion ein! Ich finde das total faszinierend!

Ich zitiere mal: »Ich sende diese Botschaft aus dem Jahr 2025. (…) Ich will nicht eure Zeit verschwenden, also werde ich nur erklären, was passiert ist.

Im Durchschnitt ist der Wert von Bitcoin bisher jedes Jahr um etwa den Faktor zehn gestiegen. Von 0,1 Dollar im Jahr 2010 über 1 Dollar im Jahr 2011 und 10 Dollar im Jahr 2012 bis 100 Dollar im Jahr 2013. Von nun an gibt es eine leichte Verlangsamung, da der Wert alle zwei Jahre um den Faktor zehn auf 1000 Dollar im Jahr 2015, auf 10 000 Dollar im Jahr 2017, 100 000 im Jahr 2019 und 1 000 000 im Jahr 2021 gestiegen ist. Von nun an gibt es keine gute Möglichkeit mehr, den Wert von Bitcoin in Dollar auszudrücken, da der Dollar nicht mehr verwendet wird und auch keine Zentralbankwährung mehr ausgegeben wird. Es gibt zwei Hauptformen von Reichtum in der heutigen Welt: Land und Kryptowährung.«

Wenn Mt. Gox und andere Ereignisse zur künstlichen Manipulation des Preises nicht stattgefunden hätten, wäre der Preis genau der von Luka Magnotta beschriebenen Kurve gefolgt. Faszinierend!

Andreas: Und warum ist der Hype gerade jetzt so groß?

Toni: Institutionen, die vorher Angst vor Bitcoins hatten, erkennen jetzt, dass man mit ihnen Geld verdienen kann! Also investieren sie. Das wiederum animiert auch andere Institutionen, in Bitcoins zu investieren. Sie investieren selbst dann, wenn gezielt falsche Gerüchte über Bitcoins gestreut werden, um das Vertrauen in sie zu erschüttern. Ich nenne euch ein Beispiel: Als der Chef der größten amerikanischen Bank J. P. Morgan, Jamie Dimon, Bitcoins Betrug nannte und die Leute, die Bitcoins kaufen, als »dumm« bezeichnete, kaufte am nächsten Tag die Bank JPMorgan Chase – interessanterweise eine Tochter von J. P. Morgan – Bitcoins in großen Mengen! Nach dem Motto: Jetzt erst recht! Wie gesagt, der Mensch ist ein Herdentier, also haben mittlerweile andere nachgezogen wie beispielsweise Goldman Sachs, die nun Lösungen auf Blockchain-Technologie und Bitcoin integriert haben. Dadurch gewinnen wiederum andere Institutionen und institutionelle Investoren Vertrauen und ein Gefühl von Sicherheit in die neue Technologie.

Andreas & Florian: Wie interpretierst du diese Vorgänge?

Toni: Ganz einfach: Das war der Durchbruch. Als es passierte, wussten wir, dass in Zukunft niemand mehr Bitcoins ignorieren wird! Die Leute haben verstanden, was es mit dem virtuellen Geld auf sich hat. Gezielte Desinformationen können im Informationszeitalter nicht mehr die gleiche Wirkung entfalten wie zuvor, denn echte Informationen sind heute genauso mächtig wie eine Strategie der Desinformation – sie führen heute zu einer Wertsteigerung. Der eigentliche Hype aber brach aus, als Bitcoin sich wirklich entlang der eigenen Preisschätzungen entwickelte. Das hat alle beeindruckt. Das war es, was den entscheidenden Umschwung in der Branche verursacht hat. Und es ist doch immer so: Geld folgt dem Geld.

Florian: Du sagst immer wieder, dass die Bitcoins helfen, den Wohlstand gerechter zu verteilen. Wie soll das funktionieren?

Toni: Zunächst einmal: Bitcoins verändern die Finanz- und Wirtschaftswelt grundlegend. Viele Menschen in vielen Ländern dieser Erde haben kein oder kaum Geld. Das aber braucht man, um zu kaufen, zu verkaufen und vor allem: um zu investieren. Mit Bitcoins kann in Zukunft jeder an Geld herankommen, alle Vermögenswerte dieser Welt sind dann zugänglich. Bitcoins können als das Internet des Geldes verstanden werden. Der Vorteil liegt auf der Hand. Das System basiert auf Daten, und Daten sind in der heutigen Zeit eine nicht endende Ressource. Mit dem souveränen Besitz der eigenen Daten, Informationen und dem Wert, der daraus generiert werden kann, verändert sich das ganze System der Wertschöpfung. Ein Handy reicht, um dabei zu sein!

Florian: Das hört sich sehr cool an!

Toni: Das ist es auch! Deswegen brenne ich ja auch so für das Thema! Nationale Grenzen oder die Frage, ob wir ein Bankkonto haben, spielen in Zukunft keine Rolle mehr. Der Geldtransfer läuft zwischen den Usern direkt ab. Eine Bank brauchen wir dafür auch nicht mehr. Das wird die wirtschaftlichen Machtverhältnisse grundlegend ändern! Nun können auch ärmere Bevölkerungsschichten mitspielen. Die sind jetzt dabei! Sie können Geschäfte aufbauen, Geld verdienen und investieren. Das wird die Wirtschaft ankurbeln, aber auch die Verteilung von Wohlstand gerechter machen. Unser Mindset ist das Einzige, was uns tatsächlich bremst, dieses System wirklich zu leben, weil wir es erst verstehen müssen.

Andreas: Dann müssen sich die Armen aber mächtig beeilen, denn du sagst voraus, dass bereits nächstes Jahr ein Bitcoin 100 000 Dollar wert ist. Wie sollen die einen Bitcoin kaufen können?

Toni: Es gibt unzählige Wege. Ich würde empfehlen, eine Art Schenkungsprotokoll mit dem ausdrücklichen Zweck der Umverteilung von Reichtum durch Umverteilung des aus »Gebühren« gewonnenen Wertes zu erstellen. Klingt vielleicht auf den ersten Blick sehr komplex und technisch, ist es aber eigentlich nicht. Es wäre in etwa so, als wenn wir bei allen Banküberweisungen immer eine Transaktionsgebühr in einen Topf werfen würden und diese Gebühren dann nutzen, um Wohlstand neu zu verteilen.

Bitcoins können in sogenannten *Wallets* gespeichert werden, dafür bedarf es noch nicht mal eines Bankkontos. Die bekanntesten Wallets sind aktuell Coinbase, Xapo, Breadwallet, Jaxx und mein persönlicher Favorit Exodus.io. Vielleicht müssen es auch keine Bitcoins sein, sondern andere digitale Währungen, obwohl die Bitcoin-Blockchain aktuell die sicherste und vertrauenswürdigste Lösung auf dem Markt ist.

Florian: Gut, okay, aber wer bringt diesen Menschen das nötige Wissen bei?

Toni: Das Internet. Ich bin ein Kind des Internets. Der Zugang zu stundenlangem Spielen in absoluter Freiheit hat mich von klein auf fasziniert und wird auch die Kinder der kommenden Generationen in seinen Bann ziehen. Überlegt mal, was mit der ganzen Technologie wie Virtual Reality schon heute möglich ist! Das Internet ist der Ort, an dem die nächste Generation, ohne Zugang zu oder Bedarf an Ivy-League-Universitäten, lernen und wachsen wird. Neben dem Internet spielen aber auch lokale Gemeinschaften eine wichtige Rolle. Wenn wir uns in dynamische Gemeinschaften integrieren, die über Ressourcen und Lernmöglichkeiten verfügen, werden wir neue Fähigkeiten erlernen und diese Fähigkeiten nutzen können, um einen sinnvollen Beitrag für die Welt um uns herum zu leisten.

Diese neue Art des Lernens und der Wertschöpfung wird zu einem globalen Imperativ werden; die Menschheit beginnt bereits, sich neu zu organisieren. Es gibt 25 Millionen Flüchtlinge, mehr Menschen, als in New York, Los Angeles, San Francisco und ganz Singapur zusammen leben. Dabei handelt es sich nur um diejenigen Flüchtlinge, die erfasst worden sind! Es gibt wahrscheinlich noch viel mehr. Darüber hinaus haben wir noch nicht einmal begonnen, die Auswirkungen der durch Klimawandel bedingten Wanderungsbewegungen zu quantifizieren. Auch andere Nomadenpopulationen entstehen, wobei die Zahl der digitalen Nomaden bis 2035 auf 25 Millionen geschätzt wird. Der Planet organisiert sich unbestreitbar neu. Unsere Aufgabe in diesem globalen Wandel sollte es sein, allen einen integralen Zugang zu Wohlstand, Gemeinschaft und Chancen zu bieten. Deshalb habe ich CULTU.RE gegründet: eine Bewegung, die Technologie und Menschlichkeit verbinden und dazu nutzen will, Wohlstand zu erzeugen und globalen Frieden herzustellen. Ja, ich gebe zu, das ist ein sehr hohes Ziel, aber wir haben heute die Technologie und das Wissen, um einen Riesenschritt in diese Richtung machen zu können.

Florian: Wow!

Toni *(lacht)*: Ja, finde ich auch cool.

Andreas: Toni, du bist nicht nur von Bitcoins begeistert, sondern auch ein politisch denkender Mensch. Du beschäftigst dich mit Fragen über Demokratie und der gerechten Verteilung von Wohlstand. Sind Bitcoins auch politisch relevant?

Toni: Und ob! Bitcoins verändern die Welt! Das hört sich bombastisch an, ist aber ganz simpel: Wer wirtschaftlich mitspielt, kann auch politisch mitreden. Bisher sind viele Entwicklungsländer auf die Spenden aus anderen Ländern oder auf das Geld von internationalen Organisationen angewiesen. Mit diesem Geld sind immer auch Auflagen verbunden, die meistens den jeweiligen

Geldgebern nützlich sind. Die Spielregeln können jetzt geändert werden. Bitcoin hat schon jetzt eine Marktkapitalisierung von über 160 Milliarden Dollar (Stand 1. Quartal 2018). 160 Milliarden Dollar – stellt euch das mal vor! Das ist mehr als das geschätzte Vermögen von 85 % der Nationen, wobei Bitcoin nach weniger als zehn Jahren des Bestehens zwischen Finnland (Platz 28) und Tschechien (Platz 29) rangiert.

Andreas: Das hört sich nach Revolution an!

Toni: Das ist es auch. Aber keine, die auf der Straße stattfindet mit Menschen, die Plakate schwenken. Diese Revolution findet im Internet und in den Köpfen der Menschen statt. Die Revolution wird auch nicht über Nacht kommen, sondern wachsen. Die Menschen haben genügend Zeit, sich darauf einzustellen.

Andreas: Sind Bitcoins denn auch etwas für die Reichen und Wohlhabenden dieser Welt?

Toni: Aber ja, die können damit richtig viel Geld machen! Deswegen sollten die Banken auch nicht weinen, dass es sie irgendwann nicht mehr gibt, sondern einfach in die Kryptowährung einsteigen. Es gilt: Wer mitmacht, kann Geld machen. Ich kenne einen Postboten, der hat in 14 Tagen mehr Geld gemacht als in seinem ganzen bisherigen Leben.

Andreas: Die Kursschwankungen aber sind enorm …

Toni: Ja, da muss man cool bleiben. Das lohnt sich aber. Wenn mich Leute fragen, wie sie mit Bitcoins Geld machen können, sage ich immer: kaufen und halten. Mehr braucht es nicht. Wer es ruhiger mag, sollte in die Technik dahinter investieren, in die Blockchains. Wie schon der Börsenguru André Kostolany gesagt hat: Wer mit Gold Geld machen will, sollte nicht ins Gold, sondern in die Schaufel investieren. Das ist immer eine sichere Nummer.

Florian: Letzte Frage: Wann hast du deine erste Bitcoin gekauft?

Toni: Ich habe meine erste Bitcoin nicht gekauft. Ich habe sie geschenkt bekommen! Ich hielt einen Vortrag darüber, wie wenig echte Demokratie wir in unserem Alltag haben. Danach kam ein Zuhörer auf mich zu und überreichte mir einen silberfarbenen USB-Stick. Auf dem war meine erste Bitcoin! Er meinte, das, was da drauf wäre, würde mehr Demokratie in die Welt bringen als alles andere. Und er hatte recht!

Florian: Hast du den Stick noch?

Toni: Nein. Und das ärgert mich sehr! Denn die Bitcoin auf dem Stick ist heute einiges wert! Also, wenn du irgendwo einen silbernen USB-Stick findest, lass es mich bitte wissen! *(lacht)*

Die Zeiten, in denen Unternehmer von einer Bank zur nächsten tingeln mussten, um neue Geschäftsideen finanzieren zu können, und am Ende dann doch eine Absage kassierten, neigen sich dem Ende zu. Denn nun gibt es *Crowdfunding*. Crowdfunding, auch Schwarm- oder Gruppenfinanzierung genannt, heißt übertragen auf die Finanzierung von Projekten: Viele Menschen sind von einem Projekt überzeugt und entschließen sich deshalb, es durch einen eigenen Beitrag mitzufinanzieren. Damit wird die Finanzierung zugleich zu einem Markttest, denn nun entscheidet nicht mehr ein einzelner Bankangestellter über die Verwirklichung des vorgestellten Projekts, sondern viele Einzelpersonen, die manchmal nur wenige Euro spenden, in der Masse aber die Finanzierung ermöglichen, weil das Produkt oder die Dienstleistung sie überzeugt. Crowdfunding gibt es auch in der Politik: Barack Obama, der erste schwarze US-Präsident, hat zu großen Teilen seinen Wahlkampf mit Crowdfunding finanziert. Obama, nicht zu Unrecht »König des Crowdfundings« genannt, hatte als Person überzeugt. So haben viele Wähler für seinen Wahlkampf Geld gespendet. Auch Filmprojekte, die von der Filmförderung abgelehnt werden, müssen heute nicht mehr in staubigen Schubladen der Vergessenheit anheimfallen; sie finden ihren Weg dennoch ins Kino. Finanziert werden sie heute einfach von den Zuschauern selbst, wie etwa die beliebte Fernsehserie *Stromberg*, die den Büroalltag vieler Menschen auf die Schippe nimmt und enorm viele Fans für den Kinofilm mobilisieren konnte.[30] Kein Wunder also, dass Crowdfunding-Plattformen wie Pilze aus dem Boden schießen.[31]

30 Gesehen am 14.01.2018: http://www.manager-magazin.de/finanzen/geldanlage/a-834791.html
31 Ebd.; vgl. auch https://www.crowdfunding.de/marktdaten/; https://www.kickstarter.com/?lang=de, gesehen am 01.06.2018.

Roboter helfen alten Menschen

Japan hat – mehr noch als Deutschland – ein Problem mit der Bevölkerungsentwicklung. Es gibt mehr alte als junge Menschen. Das schafft Probleme in der Altenpflege und in der Landwirtschaft. Niemand ist da, der die Ernte einholt. Für die Alten ist es irgendwann zu beschwerlich. Was tun? Technikverliebt, wie die Japaner sind, setzen sie bei der Lösung lieber auf Roboter als auf die Einwanderung ausländischer Arbeitskräfte.[32] So unterstützt ein speziell angefertigter Roboteranzug, der über der Kleidung getragen wird, die alte Bäuerin beim Pflücken des Obstes. Federn, Griffe und Stützapparate, die in den Roboteranzug integriert sind, helfen bei der mühsamen Arbeit.[33] Auch digital gesteuerte Traktoren werden in der japanischen Landwirtschaft vermehrt eingesetzt. Selbst in der japanischen Altenpflege setzt man auf die digitalen Helfer.[34] Sie sollen den Pflegebedürftigen heben, waschen und füttern, aber auch melden, wenn er hingefallen ist. Ohne die digitalen Roboter wird die große Gruppe der hochbetagten Japaner in Zukunft nicht zu versorgen sein.

Zukunftsprobleme gibt es auch in den Vereinigten Staaten. Anders als in dem rund 9800 Kilometer entfernten Japan, wo man eine gesündere Esskultur pflegt, hat man in den USA große Probleme mit Diabetes. Softdrinks, Fast Food und der hohe Konsum an Zucker haben Diabetes zur Volkskrankheit werden lassen. Ein Milliardengeschäft. Und so verwundert es nicht, dass Google in die Pharmaindustrie eingestiegen ist. Unter dem Namen *Verily Life Science* entwickeln die Suchmaschinenoptimierer gemeinsam mit dem Konzern Sanofi eine Kontaktlinse, die den Blutzucker über die Augen-

[32] Gesehen am 20.12.2017: https://www.handelszeitung.ch/konjunktur/asien/japan-setzt-auf-roboter-statt-einwanderung-627959
[33] Gesehen am 20.12.2017: https://www.ingenieur.de/technik/fachbereiche/robotik/japan-entwickelt-zunehmend-roboter-fuer-alte-menschen/
[34] Gesehen am 20.12.2017: https://www.ingenieur.de/technik/fachbereiche/robotik/japan-entwickelt-zunehmend-roboter-fuer-alte-menschen/

flüssigkeit misst. Doch Google wäre nicht Google, wenn das Unternehmen nicht vorhätte, die Gesundheitsvorsorge schlichtweg zu revolutionieren. Sie wollen – wie immer – Pioniere sein. So basteln die klügsten Köpfe von Google an einem digitalen Armband, das jederzeit den Gesundheitszustand des Trägers wiedergibt. Gearbeitet wird in den Google-Laboren auch an winzigen Nanopartikeln, die in den Körper geschleust werden und dort auf Krankheitssuche gehen sollen.[35]

Moonshots

Google X ist, seitdem es als Forschungsabteilung der Holding Alphabet Inc. unterwegs ist, wie ein Spürhund auf der Suche nach neuen Ideen jenseits der Suchmaschine. Die deutschstämmige Google-X-Topmanagerin Obi Felten lud nicht zufällig 200 Teilnehmer ins Berliner Humboldt Carré, um über nichts anderes zu diskutieren als über verrückte Ideen für die Zukunft.[36] *Moonshots* nennen sie diese Ideen bei Google. »Warum«, so fragte der Spanier Rodrigo García González auf der Veranstaltung, »können wir Wasserflaschen nicht essen?« Schließlich brauche es 700 Jahre, ehe so eine Flasche zerfalle. Es wäre doch viel besser, wenn Wasserflaschen aus essbarem Material wären … und schon schluckte er gleich die kleine wabbelige Kugel hinunter, die er zuvor in der Hand gehalten hatte. Die Kugel besteht aus Kalziumchlorid und Seetang, die das Wasser umschließt.[37] Zwar ist diese Idee, die auf Biologie und nicht auf einer Zahlenfolge beruht, noch nicht marktreif, aber wenn sie es wird, kommen die Null und die Eins wieder ins Spiel. Denn Marketing oder Vertrieb ohne Internet ist in Zukunft undenkbar.

[35] Gesehen am 20.12.2017: http://www.spiegel.de/wirtschaft/unternehmen/google-revolutioniert-die-medizin-einblicke-in-die-geheimen-labore-a-1060865.html
[36] Gesehen am 27.12.2017: https://www.wired.de/collection/tech/google-bringt-sein-ideenlabor-solve-x-zum-ersten-mal-nach-deutschland
[37] Vgl. ebd.

Die italienische Physikerin Vittoria Colizza versucht hingegen ein Frühwarnsystem für Epidemien zu entwickeln. Ihre Idee ist ohne digitale Vernetzung nicht umsetzbar. Dabei beruht dieses Frühwarnsystem nicht auf Rückmeldungen von Ärzten, die mitteilen, wo eine Epidemie ausgebrochen ist, sondern die Kranken melden ihre Krankheit selbst – per Handy. Die Zahlen sind dadurch wesentlich genauer. Colizza kombiniert sodann die Daten des Krankheitsverlaufs der jeweiligen Epidemie mit Bevölkerungszahlen, Kommunikationsdaten und Mobilitätsbewegungen.[38] Big Data lässt grüßen. So lassen sich die Brutstätten und Verbreitungsgebiete genauer, schneller und früher identifizieren – egal wo auf der Welt sie sich gerade zusammenbrauen. Eine Überlebensfrage, gerade bei Epidemien wie Ebola.

Doch es muss nicht immer das große Ganze sein, das durch die Digitaltechnik gerettet wird, manchmal sind es auch die kleinen Dinge des Lebens, die sich bald sehr verändern werden. Telefonieren etwa.

Wer meint, ein iPhone, in einer extrem stoßsicheren Schutzhülle mit verrücktem Design gewandet, sei der letzte Schrei, liegt einfach falsch. Wer das glaubt, hatte einfach noch nicht das Glück, sich über die neuesten Zukunftstrends auf der Elektronikmesse CES in Las Vegas auf den neusten Stand zu bringen. Dort redet man nicht über das nächste Jahr, sondern über die Trends der nächsten zehn Jahre, das Jahr 2028 fest im Blick. Es geht um Wearables, die organische Verbindung von Technik und Mensch. Dazu gehören z. B. Armbänder, die es möglich machen, Telefonate in Zukunft mit dem eigenen Zeigefinger im Ohr zu führen.[39] Sieht lustig aus, so als ob der Zuhörende in seinem Ohr bohren würde; doch der Empfang ist glasklar.

[38] Gesehen am 27.12.2017: https://www.youtube.com/watch?v=YstB9VWDUqE
[39] Gesehen am 14.01.2018: https://www.ingenieur.de/technik/produkte/jetzt-zeigefinger-telefonieren/

Auf der CES wird auch über fliegende Hotels gesprochen, die Anbieter wie Airbnb, bei denen Privatleute ihre Wohnung zu günstigen Preisen für Übernachtungen anbieten, und Uber, bei dem jeder sein Auto für Taxifahrten anmelden kann, überflüssig machen. Jene computergesteuerten, fahrerlosen Transportsysteme sind Hotel, Flugzeug und Auto in einem.[40] Sie machen das Reisen angenehmer, weil wir nicht dauernd umsteigen müssen – vom Auto ins Flugzeug und von dort ins Taxi –, um in unser Hotel zu kommen. Wir bleiben einfach da, wo wir sind. Wenn wir das Gefährt betreten haben, fliegt es uns nach Australien, ohne dass wir auf engen Sitzen wie auf der Hühnerstange das Ende des Flugs herbeisehnen. In dem fliegenden Hotel können wir uns bewegen wie bei uns zu Hause: arbeiten, Musik hören, im Internet surfen. Das Tollste dabei ist: Das Reisen soll auch noch um ein Vielfaches günstiger werden als bisher![41]

Künstliche Intelligenz

Wer gegen wen konkurriert, ist in Las Vegas unschwer zu erkennen. So sitzen die Chinesen beim Thema künstliche Intelligenz (KI), einem der heißesten Zukunftstrends, den Amerikanern im Nacken. Ingenieure konstruieren und programmieren Computer so, dass sie selbstlernend sind, daher die Bezeichnung künstliche Intelligenz. Diese Software frisst das Wissen nur so in sich hinein, speichert Daten in bislang ungeahntem Ausmaß. Spracherkennung und Übersetzung, Bilderkennung und gigantische Rechenoperationen gehören bereits dazu.

40 Gesehen am 14.01.2018: https://hackernoon.com/driverless-hotel-rooms-the-end-of-uber-airbnb-and-human-landlords-e39f92cf16e1
41 Vgl. ebd.

Die technische Singularität, jener Zeitpunkt also, bei dem die künstliche Intelligenz ohne Zutun des Menschen Eigenes erschafft, scheint vor der Tür zu stehen. Im vergangenen Jahr stoppte Facebook ein Experiment, bei dem ein Computer eine eigene Sprache geschaffen hatte, die die technischen Ingenieure nicht mehr verstanden.[42] Zwei Bots namens Alice und Bob entwickelten während des Experiments eine Geheimsprache, um miteinander zu kommunizieren.[43] Eingegeben hatten die Ingenieure ursprünglich englische Wörter. Ein Intelligenzquotient von 1000 und mehr, versichern die Ingenieure, sei möglich. Bei uns Menschen hingegen gelten jene mit einem Intelligenzquotienten von 130 bereits als hochbegabt.[44]

Allerdings können Menschen auf rationaler Ebene etwas, was künstliche Intelligenz nicht kann: Beispiele generalisieren oder Rückschlüsse ziehen. Auch auf der emotionalen Ebene ist der Mensch der Maschine noch immer weitaus überlegen; hier kann künstliche Intelligenz bislang nur durch Beobachtung der menschlichen Körpersprache lernen, einen Menschen zu »lesen«. Mit anderen Worten: Bei der Entwicklung der künstlichen Intelligenz ist noch eine Menge Luft nach oben.

Die Erwartungen an die künstliche Intelligenz sind bei den Chinesen hoch. Und so hat die Regierung in Beijing 1,5 Milliarden Dollar in KI investiert.[45] Zwar hat Amerika noch die Nase vorn, doch die Chinesen betrachten die Entwicklung – ganz im Sinne von Buddha und Konfuzius – eher wie ein Marathonläufer. Am Ende siegt der, der den längsten Atem hat. Die Chinesen setzen darauf, dass bei einer Bevölkerungszahl von 1,4 Milliarden Menschen der Pool an Talenten am Ende einfach größer ist als in Amerika und sie sich durch eigene Anstrengungen und durch Kooperationen mit führenden amerikanischen Firmen wie Google oder Microsoft weiter nach vorne schieben können.

---

[42] Gesehen am 15.01.2018: http://www.gamestar.de/artikel/kuenstliche-intelligenz-facebook-stoppt-ki-nachdem-sie-neue-sprache-erfindet,3317639.html
[43] Vgl. ebd.
[44] Gesehen am 14.01.2018: https://www.zeit.de/2017/14/hochbegabung-iq-umgang-deutschland
[45] Gesehen am 14.01.2018: https://digiday.com/marketing/china-emerges-hotbed-artificial-intelligence/

Künstliche Intelligenz wird zwar von Menschen erschaffen, oft aber als Konkurrenz zu unserer eigenen Intelligenz empfunden. Viele Menschen sorgen sich. Aber nicht alle. Raymond Kurzweil, Director of Engineering bei Google, ist von ihr fasziniert und sieht ihre Chancen. Menschen wie er begreifen künstliche Intelligenz als Bewusstseinserweiterung.[46] Mensch und Maschine sollen dank implantierter Chips in Zusammenarbeit unser Bewusstsein erweitern, uns besser rechnen, mühelos andere Sprachen sprechen oder bei Behinderung unterstützende Geräte mit Gedanken steuern lassen.[47] Denn in Zukunft soll es für uns möglich sein, mithilfe von künstlicher Intelligenz unsere eigene Intelligenz zu steigern – ohne zu lernen. Was so klingt, als ob der Traum aller Schüler und Studenten nun endlich wahr werden würde, wird fleißig erforscht, vor allem sind hier Facebook, Google und Microsoft aktiv. Sie haben das Geld, um die besten Forscher an Bord zu holen. Mit milliardenschweren Budgets statten sie die Labore so gut aus, dass ein engagierter Wissenschaftler einfach nicht mehr Nein sagen kann. Von den elitären Arbeitsbedingungen ganz zu schweigen. Es ist daher kein Geheimnis: In der KI-Forschung sagen nicht mehr die Universitäten, wo es langgeht, sondern Google & Co.[48]

Warum erzählen wir Ihnen das alles? Weil wir Ihnen zeigen wollen, dass die digitalen Entwicklungen unumkehrbar sind und Sie als Unternehmer diese Entwicklungen im Auge behalten und sich immer wieder fragen sollten, ob die eigene Geschäftsstrategie und die Art und Weise Ihrer Unternehmensführung noch aktuell sind. Machen Sie es nicht so wie viele Unternehmen in der Schweiz. Laut einer Studie der Hochschule für Wirtschaft Zürich hat jedes zweite Unternehmen keine Digitalstrategie,[49] vor allem die kleinen Unternehmen mit bis zu neun Mitarbeitern haben Nachholbedarf.[50] Angesichts der rasanten digitalen Entwicklungen sprechen die Forscher nicht zu Unrecht von einem Dinosaurier-Verhalten.[51] Damit nicht auch Sie das Schicksal der Dinosaurier ereilt, die bekanntlich ausgestorben sind, sollten Sie das digitale Abenteuer anpacken! Ergreifen Sie die Chancen, die Ihnen die digitale Welt eröffnet! Das gilt für neue Produkte und Dienstleistungen,

---

46 Gesehen am 15.01.2018: http://www.faz.net/aktuell/feuilleton/debatten/kuenstliche-intelligenz-maschinen-ueberwinden-die-menschheit-15309705.html
47 Gesehen am 15.01.2018: https://www.stuttgarter-nachrichten.de/inhalt.kuenstliche-intelligenz-update-des-menschen-page1.66b19945-c96a-4b9c-a8d9-fb0c5f74756f.html
48 Gesehen am 15.01.2018: https://www.heise.de/tr/artikel/KI-Silicon-Valley-schnappt-Universitaeten-die-Forscher-weg-3913727.html
49 Gesehen am 15.01.2018: http://www.persoenlich.com/digital/grossteil-der-kmu-sind-digitale-dinosaurier
50 Ebd.
51 Vgl. ebd.

die Sie Ihren Kunden zukünftig anbieten werden. Das gilt aber auch für radikal neue Geschäftsideen, die Sie als Manager zum Erfolg führen werden. Vor allem aber werden Sie Ihr Unternehmen und die Mitarbeiter, die mit Ihnen Seite an Seite für den Geschäftserfolg kämpfen, *anders* führen müssen. Wie Sie Ihren Führungsstil an das digitale Zeitalter anpassen, erfahren Sie in den folgenden Kapiteln.

Wenn Sie das Unternehmen von Ihren Eltern übernommen haben, sollten Sie ebenfalls weiterlesen. Auch dann, wenn Sie vielleicht ein Start-up gegründet haben, das einer digitalen Geschäftsidee entsprungen ist, und nun meinen, dass Führungsfragen in solchen von Anfang an digital ausgerichteten Unternehmen eher nebensächlich seien, legen wir Ihnen ganz besonders dringend ans Herz weiterzulesen. Wir denken dabei besonders an Jungunternehmer, die mit Mitte zwanzig zwar Investoren überzeugen können, aber keinerlei Erfahrung darin haben, Teams zu führen. Selbst Unternehmen, die horizontal organisiert sind, also nahezu ohne hierarchische Strukturen auskommen, gelangen irgendwann an ihre Grenze, nämlich dann, wenn sie wachsen. Oder spätestens dann, wenn sie konsolidieren. Und dieser Punkt kommt immer irgendwann. Dann ist Führung gefragt. Plötzlich sind klassische Führungsthemen aktuell. Denn die Führung entscheidet über den Erfolg oder Misserfolg eines Unternehmens! *Vor allem in digitalisierten Zeiten.* Dazu gehört auch, dass der Wertekompass, die Grundlage des eigenen Führungsstils, klar definiert ist. Welche Werte dieser Kompass berücksichtigt, erfahren Sie in diesem Buch.

(Copyright: Dianna Yau)

Dianna Yau, Program Product Manager bei Facebook in San Francisco, entwickelt Produkte, die die nächsten vier Milliarden Menschen in den Emerging Markets ans Internet anbinden. Bevor sie zu Facebook kam, war sie für Strategie und Skalierung verschiedener Technologieunternehmen verantwortlich: für IBMs Enterprise-Produkte für Kunden weltweit, für Consumer Technologies für den brasilianischen Markt von Rocket Internet und für digitale Werbeprodukte für Googles kleine und mittlere Kunden.

Über ihren normalen Job hinaus baut sie Start-up-Ökosysteme auf und hat die letzten vier Jahre damit verbracht, in Sachen Emerging Markets zu reisen, Start-ups zu betreuen und Brücken zwischen Technologiezentren auf sechs Kontinenten zu bauen.

DIANNA YAU:

»Facebook hat eine einzigartige Unternehmenskultur«

Florian: Dianna, was machst du so an einem ganz normalen Arbeitstag bei Facebook?

Dianna: Die Frage bekomme ich oft gestellt und meine Antwort lautet dann immer: Es gibt keinen normalen Tag, keine normale Woche in einer solchen Firma! Wenn ich allerdings charakterisieren soll, was dort einzigartig ist, könnte ich dir eine Menge erzählen. Jeden Tag steuern wir beispielsweise etwas dazu bei, vier Milliarden Menschen miteinander zu verbinden. Das ist unsere große Mission, an die ich glaube und für die ich auch wirklich brenne! Für meine Arbeit in unserem Connectivity Space bedeutet das, ständig neue innovative Technologien und Ideen zu entwickeln, um dieses Ziel zu erreichen.

Florian: Gibt es dennoch irgendwelche Schwerpunkte in deinem Arbeitstag?

Dianna: Ja, es gibt drei Sachen, die meinen Tag charakterisieren: Erstens, ich muss vielen Menschen im Unternehmen erklären, worum es in den vielen Meetings ging. Die wollen auf dem Laufenden sein. In den Meetings wird nämlich eine Menge experimentiert und besprochen. Daher fühlt sich das für mich auch immer noch so an, als ob ich in einem Start-up arbeiten würde. Dabei muss man wissen: Das meiste, was wir entwickeln, sind reine Hypothesen, also datengetriebene Analysen. Die sind Teil der DNA von Facebook.

Zweitens: Wir sind eine sehr kollaborative Organisation, also egal, was wir tun, wir arbeiten teamübergreifend. Das macht die Arbeit manchmal etwas schwierig, weil du nicht nur vom Business Development ein Okay brauchst, sondern von vielen anderen Stakeholdern, bevor du den nächsten Schritt gehen kannst. Trotzdem sage ich: Es ist eine der kollaborativsten Umgebungen, in denen ich je gearbeitet habe! Ein Beispiel: Als ich mein erstes Projekt bei Facebook in Angriff genommen hatte, das im Übrigen nicht technisch ausgerichtet war, habe ich zufällig einem Technikmanager davon erzählt; er war total begeistert und bot mir sofort seine Hilfe an! So etwas passiert ständig bei Facebook. Du erzählst jemandem von deinem Projekt, der ist begeistert und will irgendwie bei der Realisierung helfen. Die Leute bei Facebook bieten dir ständig Hilfe, Kontakte oder Ressourcen an. Das ist ziemlich einzigartig! In anderen Firmen, in denen ich früher gearbeitet habe, haben die Leute sehr isoliert gearbeitet.

Das Dritte, was meinen Tag auszeichnet, ist die Mission, die wir bei Facebook verfolgen. Unser Arbeitstag wird sehr stark von dieser Mission gesteuert, das heißt, wir reden täglich darüber, wie wir es schaffen, vier Milliarden Menschen miteinander zu vernetzen. Vieles davon hat mit technischen Innovationen zu tun, aber es geht weit über das rein Technische hinaus. Diese Fokussierung auf die Mission, Menschen miteinander zu verbinden, ist ziemlich einzigartig. Andere Organisationen sprechen über ihre Einnahmen und wissen nicht einmal, welches Ziel sie erreichen wollen, bei Facebook hingegen steht die Mission im Mittelpunkt. Das sind die drei wichtigsten Eckpunkte, die unsere Unternehmenskultur charakterisieren.

Florian: Du hast gesagt, dass es wirklich herausfordernd sein kann, in einem sehr kollaborativen Raum zu arbeiten. Du brauchst in deiner Arbeit viele Rückmeldungen aus den unterschiedlichsten Teams, beispielsweise vom Legal Department. Von außen sieht das immer so aus, als ob ihr alles ganz schnell umsetzt, aber von dir höre ich nun, wie aufwendig die internen Prozesse sind. Wie schafft ihr es, dass dennoch alles so reibungslos und so schnell funktioniert?

Dianna: Das hängt mit der Kultur der Zusammenarbeit bei Facebook zusammen. Die Teams arbeiten gern zusammen, und da es Spaß macht, geht es auch schneller. In anderen Unternehmen gibt es zwar auch die Aufforderung, dass die Teams zusammenarbeiten sollen, das geschieht aber nur sehr zögerlich, weil es keine Kultur der Kollaboration bei denen gibt. Die sehen sich als Konkurrenten. Bei Facebook hingegen gibt es ganz unterschiedliche Personen, die sehr zugänglich für die Zusammenarbeit sind. Und sie erkennen, dass ihre Ziele miteinander verbunden sind, obwohl wir aus verschiedenen Teams kommen – vielleicht ist es das, was es uns ermöglicht, so schnell zu arbeiten. Wenn du eine bestimmte Aufgabe sehr schnell lösen musst, ist es wichtig, dass die anderen dabei mitgehen und dein Projekt zuerst bearbeiten, also die Prioritäten richtig gesetzt werden. Das ist etwas ganz anderes, als andere zu zwingen, etwas zu tun oder ihnen hinterherlaufen zu müssen.

Florian: Vier Milliarden Menschen miteinander zu verbinden, ist eine Aufgabe, die aus meiner Sicht unerreichbar erscheint, wenn man ein solches Projekt startet. Wie macht ihr das, um von dieser Mission nicht erschlagen zu werden?

Dianna: Ja, wir sehen uns das regelmäßig an, um zu verstehen: Wo sind die Gelegenheiten, die uns helfen, eine ausreichend große Bevölkerung zu bewältigen? Ein großer Teil der Menschen, die noch nicht über Facebook verbunden sind, lebt in ländlichen Gebieten, und wir wissen, dass das bisher dort nicht sehr gut funktioniert hat. Das ist dann einer der Bereiche, in denen wir beschlossen haben, in die technische Analyse einzutauchen, um besser über das Problem Bescheid zu wissen. Analytiker helfen uns dabei, ein klares Bild von der Situation zu bekommen, mit der wir es zu tun haben. Vielleicht ist es zu teuer für die Menschen auf dem Land oder sie haben nicht die Infrastruktur in der Nähe. Die systematische Analyse der Daten gibt uns darauf Antwort. Als Nächstes legen wir dann eine realistische Zahl als Ziel fest. Ein Teil unserer Abteilung kümmert sich dann um die ländlichen Gebiete. Es sind vielleicht 60 Prozent der Bevölkerung weltweit, die noch nicht verbunden sind. Eine kleinere Gruppe kümmert sich um die städtischen Gebiete, die etwa 40 Prozent der Bevölkerung ausmachen, die ebenfalls nicht verbunden sind.

Florian: Wenn die Mission weniger ehrgeizig wäre, würde das deine Arbeit verändern?

Dianna: Wenn wir in Richtung Mond schießen, wissen wir, dass wir mindestens in den Sternen landen. Das heißt, wenn wir uns ein so ambitioniertes Ziel setzen, kommen wir zumindest weiter, als wenn wir uns mit einem realistischeren, aber kleineren Ziel zufriedengäben. Deshalb denken wir bei Facebook lieber erst einmal groß, vor allem in Anbetracht der Ressourcen und der Position, die wir haben. Die Idee besteht nicht unbedingt darin, die vier Milliarden alleine zu erreichen. Wenn wir vier Millionen erreichen, hat das einen Multiplikatoreffekt in der gesamten Branche. Einen Dominoeffekt zu erzeugen, ist genauso wirkungsvoll, wenn nicht sogar noch wirkungsvoller, als es selbst zu tun. Dieses langfristige Ziel brechen wir dann weiter runter und fragen uns: Sind es eine Million pro Jahr? Nicht unbedingt. Weil es exponentiell wächst, also langsam beginnt und dann ziemlich schnell wächst. So gehen wir vor.

Florian: Was können andere Unternehmen von euch lernen?

Dianna: Facebook hat eine »Hacking-Kultur«. Das ist die Prämisse, auf der die Unternehmenskultur aufgebaut ist. Die Idee von »Hack« bei Facebook ist: Menschen zu befähigen, Probleme zu lösen. Während andere Unternehmen Menschen dazu drängen, Lösungen *auszuführen*. Das sind wirklich zwei unterschiedliche Dinge.

Florian: Kannst du das noch etwas genauer beschreiben?

Dianna: Ja, wenn wir ein Problem haben, dann können fünf oder zehn Menschen völlig unterschiedliche Ideen haben, wie das Problem gelöst werden könnte. In großen Unternehmen aber wird jeder gezwungen, den gleichen Weg zu gehen. Dadurch hat man dann nicht so viel Innovation und »Out-of-the-box-Denken«. Ich denke, diese Art Lösungen zu finden, ist wirklich sehr besonders an der Facebook-Kultur. Wir haben »Hackathons«, Treffen, die vierteljährlich organisiert werden, wo jeder im Unternehmen dazukommen kann, um Probleme zu lösen. Beispielsweise hatten wir einen Hackathon für das Thema »Internet der Dinge«. Da konnten kritisch denkende Ingenieure innerhalb kürzester Zeit noch mehr experimentieren als sonst und neue Leute treffen und mit denen gemeinsam an Dingen arbeiten, die zwar nicht für den Alltag der Ingenieure, aber für das Unternehmen als Ganzes wichtig sind.

Florian: Was können Start-ups von euch lernen?

Dianna: Sie sollten nicht einfach anordnen, sondern ihren Mitarbeitern Raum zum Experimentieren und Ausprobieren geben. Dabei kommen viel bessere Lösungen heraus, weil alle kreativ sind. Zudem haben wir eine sehr datengetriebene Kultur. Wir treffen Entscheidungen mithilfe von Daten. So sind alle Ingenieure dafür verantwortlich, buchstäblich alle Experimente und Erfahrungen zu protokollieren und somit all diese Daten zu sammeln und sie so zu strukturieren. Analysten und Data Scientists werten diese aus, sodass die Matrix uns dann hilft zu entscheiden, ob ein Experiment funktioniert hat, ein Produkt erfolgreich ist, welche Wachstumsraten wir erwarten dürfen. All diese Dinge unterstützen uns bei der Frage zu entscheiden, ob man das Produkt schließlich auf den Markt bringt oder nicht. Die Aufgabe des Product Managers ist es dann, diese Daten in eine Story zu verpacken und sein Team von der gemeinsamen Mission zu überzeugen.

Florian: Würdest du sagen, dass jede Entscheidung bei euch datengetrieben ist?

Dianna: Ja, unbedingt.

Florian: Deutsche Firmen möchten gern auch etwas von diesem speziellen Silicon-Valley-Spirit haben. Sie wollen wissen, warum Unternehmen dort so erfolgreich sind, warum sie so innovativ sind, und sie wollen versuchen, einige dieser Methoden und Ideen auch selbst anzuwenden. Was würdest du ihnen raten?

Dianna: Ich würde sagen: Ihr dürft nicht nur reden, ihr müsst auch umsetzen! Hört sich einfach an, aber es ist doch so: An Neujahr setzen sich viele Menschen das Ziel, Gewicht zu verlieren. Die wenigsten verfolgen dabei ihr Ziel auf lange Sicht. Genau das aber tun wir alle im Silicon Valley. Das macht den Spirit hier aus: Wir bleiben dran!

Florian: Wie viel Anteil hat das Management am Erfolg von Facebook?

Dianna: Einen großen! Es gibt Dinge, die Facebook zu einer tollen Organisation machen, eins davon sind die Manager. In vielen anderen Firmen, in denen ich gearbeitet habe, wurden Menschen zu Managern gemacht, nur weil es der nächste Schritt in der Karriereentwicklung war, nicht weil sie Manager werden wollten. Bei Facebook ist das nicht so. Man kann beispielsweise auf die nächsthöhere Ebene zum Individual Contributor befördert werden oder man kann Manager werden. Wenn man dann feststellt, dass man es doch nicht mag, als Manager zu arbeiten, kann man wieder zu einem Individual Contributor werden – ohne Gehalt oder Titel zu opfern. Die Manager, die wir haben, sind deswegen großartige Manager, weil sie Manager und Leader sein wollen und nicht weil sie dazu gezwungen worden sind.

Florian: Wie sieht denn die Beziehung zwischen Managern und Mitarbeitern bei Facebook aus? Läuft das auch anders als üblich?

Dianna: Ja, die Beziehung ist auch anders, als man es sonst so gewöhnt ist. Die erste Managerin, die mich bei Facebook betreut hat, hat meinen Blick auf das, was ein Manager bei jedem Einzelnen bewirken kann, total verändert. Sie hat mir eine völlig neue Idee davon gegeben, was Führung bedeuten kann. Sie hat sich dafür eingesetzt, dass ich mein Potenzial wirklich einbringen kann. Bei den Gesprächen ging es nicht nur darum, was ich im Projekt erreichen wollte, sondern darum, wie ich meine Karriere planen sollte und wie die Dinge, die ich im Alltag machte, zu diesem Ziel passten. Diese Art zu führen hat mich sehr beeindruckt. Das ist wirklich schlau, wenn Unternehmen erkennen, dass die Mitarbeiter dann am besten sind, wenn sie leidenschaftlich sind, wenn sie ihre Lebensvision mit dem, was sie in ihrer täglichen Arbeit tun, verbinden können. Denn wenn sie das nicht können, arbeiten sie nicht so hart, sie sind nicht so motiviert. Wenn dich Manager aber immer wieder fragen, was du leidenschaftlich liebst, und das mit dem verbinden, was du tust, dann bekommen die Mitarbeiter ungeheuren Schwung! So kannst du sie dazu bringen, tolle Sachen zu erreichen. Sie denken dann auch viel tiefer nach und übernehmen nicht eine bereits existierende Lösung, weil es halt leichter ist.

Bei Google war es genau das Gleiche. Unser Manager coachte uns dabei, wie wir mit Kunden umgehen sollten. Wir haben Rollenspiele gemacht, um ganz konkret den Umgang mit den Kunden zu trainieren. Eine Unterstützung, die dir normale Manager nicht geben. Das ist genau das, was die hochleistungsfähigen Teams bei Facebook entstehen lässt. Niemand würgt dir irgendeine Lösung rein, die du dann einfach abspulen musst. Das schafft Unlust. Das hat keinen Spirit. Aber so arbeiten leider immer noch ganz viele Firmen.

Florian: Hört sich danach an, als ob die Arbeitswelt im Silicon Valley wirklich anders tickt.

Dianna: Ja, das ist auch so. Ich gebe dir noch ein Beispiel: Zu dieser Mission von Facebook, Menschen miteinander zu verbinden, fallen den Mitarbeitern immer wieder neue Ideen ein. Sie erfinden immer wieder neue Sachen. Das hat gar kein Ende. Das machen die einfach so und nicht weil sie durch die Führungsebene dazu getrieben werden. Wir fokussieren zwar alle ein gemeinsames Ziel, aber es gibt keinen Druck, bei der Lösung einen bestimmten Weg zu gehen. Bei Facebook überlässt man es den Mitarbeitern selbst. Man vertraut ihnen, weil man weiß, dass man die richtigen Leute eingestellt hat. Und die Führungskräfte verstehen ihre Rolle daher ganz anders als üblich. Sie sind dafür da, diesen Teams zu helfen, sodass die Teams bestmöglich performen. Sie haben zudem die Aufgabe, sicherzustellen, dass das, was sie tun, tatsächlich mit dem übereinstimmt, was bei Facebook Ziel ist. Die Manager tun noch mehr. Sie helfen, wenn Mitarbeiter Blockaden haben, diese zu entfernen. Sie stiften für das Team externe Partnerschaften, um das Produkt wachsen zu lassen. Stell dir das mal bei anderen Unternehmen vor! Nur weil wir so anders arbeiten, schaffen wir diese Ziele. Die Größenordnungen sind in der Tat einzigartig. Das ist es, was die Menschen beeindruckt.

Florian: Aber Facebook hat auch das Geld, um die besten Leute an Bord zu holen. Facebook kann tatsächlich beim Personal sehr wählerisch sein, wenn es um neue Teammitglieder geht. Klar, der Vergleich hinkt, aber wenn du Start-ups oder mittelständische Unternehmen betrachtest, die haben eine ganz andere Ausgangsbasis. Sie haben in der Regel nicht das Geld, um die besten Leute zu bezahlen. Wie kann man jetzt als Start-up im Anfangs- und Wachstumsstadium trotzdem seine Mission so konsequent verfolgen, wie ihr das bei Facebook macht?

Dianna: Dazu braucht es nur eins: gute Führung. Führungskräfte müssen in der Lage sein, die Mitarbeiter richtig für die Lösung eines Problems zu begeistern. Ich nenne mal ein Beispiel: Meine Mitbewohnerin hat nach ihrem Abschluss am MIT direkt bei Google angefangen! Dann wurde sie von einer Headhunterin angesprochen, sich doch mal mit der CEO von einem Start-up zu unterhalten, sie wären sehr an ihr interessiert. Nun, sie ist von Google zu diesem kleinen Start-up gewechselt. Was glaubst du, wie der Geschäftsführer des kleinen Start-up-Unternehmens es geschafft hat, sie von einem weltbekannten Konzern abzuwerben?

Ganz einfach: Er hat gezeigt, dass sie eine extrem wichtige Rolle spielen kann, um die Vision des Start-ups zu realisieren; das hat sie mehr motiviert, als weiterhin nur eine Nebenrolle bei Google zu spielen. Sie wollte einen entscheidenden Beitrag dazu leisten, ein Problem zu lösen, das sie persönlich interessierte. Ich kenne eine Menge Leute, die die großen Tech-Unternehmen wie Google und Facebook verlassen haben, weil sie sich dort wie ein kleines Rädchen in einem riesengroßen Getriebe fühlten. In einem Start-up hingegen haben sie das Gefühl, als ob ihnen das Produkt gehören würde, dass sie wirklich Einfluss haben und bei jedem aufregenden Entwicklungsschritt dabei sind! Das ist für einige Leute einfach spannender! Das ist also eine ganz andere Art, wie du Leute dazu bringen kannst, sich deinem Start-up anzuschließen. Gib ihnen einfach eine Menge Verantwortung, um sie zu begeistern!

Florian: Klingt schon fast zu einfach.

Dianna: Tja, so kann man ein Stück Silicon Valley in sein Unternehmen bringen.

Florian: Denkst du, dass Unternehmen Hierarchien brauchen, um gut zu funktionieren?

Dianna: Unternehmen müssen genauer unterscheiden, was zu viel ist und was ausreichend ist, um Struktur zu schaffen und Chaos zu vermeiden. Zum Beispiel gibt es bei Facebook nicht dieses typische Besessensein von Positionen und Titeln. Wenn man bei uns als Produktmanager eingestellt wird, gibt es keinen Senior Produktmanager. Das macht viel aus, weil beide, sowohl der junge Mitarbeiter als auch der Produktmanager, der vorher als CEO bei anderen Unternehmen war, gleichwertig sind. Diese flachen Hierarchien helfen dabei, dass jeder Produktmanager eigene Entscheidungen treffen kann und nicht erst einen Senior Produktmanager fragen muss. Beide haben den gleichen Titel und dieselbe Funktion, also kann jeder selbst entscheiden. Das ist besser fürs Unternehmen!

Florian: Denkst du, dass flache Hierarchien Unternehmen schneller und flexibler machen?

Dianna: Ja, denn die Mitarbeiter müssen nicht auf die Entscheidungen von zehn anderen Menschen warten, die auf dem Papier über ihnen stehen.

Florian: Hast du von deinem Manager gelernt, wie man Entscheidungen trifft?

Dianna: Und ob! Beispielsweise habe ich gelernt, dass es besser ist, die möglichen Lösungen des Problems klar zu umreißen. Viele Manager sind bei uns daran gewöhnt, bei einer Problemlösung die Frage an das gesamte Team zu stellen. Diese Verfahrensweise kann sehr langsam sein, aber natürlich auch ganz neue Wege ermöglichen, wie eben schon erwähnt. Wenn es jedoch schneller gehen muss, was ja häufig der Fall ist, mache ich das anders: Ich nenne meinem Team das Problem, das es zu lösen gilt, und gebe vier oder fünf Alternativen vor, mit denen sich dann alle beschäftigen. So kommt man schneller auf den Punkt, weil die Leute erkennen, dass sie nur einige Dinge zur Auswahl haben.

Florian: Okay, das ist ein guter Ratschlag. Jetzt habe ich noch eine ganz spezielle Frage: Welche Voraussetzungen muss ein Start-up erfüllen, um ein *Unicorn*, ein Einhorn, zu werden, also ein Unternehmen, das kurz vor dem Börsengang mit über einer Milliarde US-Dollar bewertet wird. Kannst du dazu etwas sagen?

Dianna: Ja, klar, ich gebe dir ein Beispiel. Ich war im Iran. Da war eins der zukünftigen Einhörner. Das hieß »Digicolor«. Das war sozusagen das Amazon des Irans, und es wuchs um etwa 300 Prozent pro Jahr oder pro Monat, ich weiß es nicht mehr genau, aber die Wachstumsraten waren exorbitant. Wenn man solche Zahlen sieht, weiß man, dass dieses Start-up das Potenzial hat, ein Einhorn zu werden.

Das ist auch die Art von Unternehmen, die sehr schnell Investments nach sich zieht. Der zweite Punkt ist die Skalierbarkeit des Geschäftsmodells. Manchmal haben die Leute wirklich großartige Ideen für Start-ups, aber diese Ideen können nicht unbedingt auf Millionen oder Milliarden von Menschen ausgedehnt werden, und dann stößt man irgendwann an eine Obergrenze und weiteres Wachstum ist nicht mehr möglich. Vielleicht liegt es daran, dass man sich auf eine Nischengruppe konzentriert hat, zum Beispiel konzentriert sich Gucci auf die reichen Netzwerk-Kunden. Ihr Modell ist dann auch nur bis zu dieser Population skalierbar, es sei denn, sie bringen eine neue *lower end line* heraus, das bedeutet, dass sie sozusagen die Eintrittsgrenze senken, um zu dieser Community zu gehören. Und dann gibt es bestimmte Geschäftsmodelle wie Uber, die in der Lage sind, über die ganze Welt hinweg zu skalieren und zu wachsen und tausendmal kopiert zu werden, und das ist notwendig, um ein Unicorn zu sein, ansonsten wird man immer mit Skalierbarkeitsbeschränkungen kämpfen.

Das sind die Voraussetzungen, um Investitionen anzuziehen. Ein Unicorn wird immer weiter wachsen, solange es mit Geld gespeist wird, und wenn eine ganze Reihe von Investoren es unterstützt, bedeutet dies, dass es wachsen wird und ständig neue Leute anheuert, um auf verschiedene Märkte zu expandieren, und so weiter. Das ist ein weiteres Schlüsselkennzeichen, dass es das Potenzial hat, ein Unicorn zu werden.

Florian: Okay. Und wie unterscheidet sich die Arbeit in den Start-ups von der Arbeit bei Facebook oder Google?

Dianna: Die meisten Start-ups arbeiten natürlich mit begrenzten Ressourcen, wie du ja eben schon selbst gesagt hast, während es sich bei Facebook anfühlt, als sei Geld Wasser. Ich denke, das ist ein großer Unterschied, dass Start-ups immer vorsichtig sein und ihre Pfennige zählen müssen. Sie müssen sicherstellen, dass alles, wofür sie Geld ausgeben, die richtigen Investitionen sind. Sie haben nicht so viel Raum zum Experimentieren, um den richtigen Weg zu finden. Wir bei Facebook hingegen investieren eine Menge Geld, von dem wir wissen, dass es nur in Forschung und Entwicklung fließt. Das macht aber Sinn, denn das wird zwangsläufig zur nächsten großen Innovation führen. Das ist der Hauptunterschied zwischen Start-ups und Facebook. Start-ups müssen am Anfang umsatzgesteuert sein, nicht wie wir missionsgesteuert, weil sie vor allem in neuen Märkten finanziell flüssig bleiben müssen. Einer meiner Freunde sagte, Start-ups in aufstrebenden Märkten können sich nicht den Luxus leisten, innovativ zu sein. Sie müssen die Einnahmen eintreiben, erst dann können sie entscheiden, in eine andere Richtung zu investieren. Während Facebook genug Geld hat, um bei allen Problemen sehr missionsgesteuert zu agieren. Das erschafft natürlich eine sehr einzigartige Kultur!

Mittelstand in der digitalen Pubertät

Als wir unseren Blick geschärft hatten für das, was durch die Digitalisierung auf uns zukommt, war klar, dass sich unsere Aufmerksamkeit nun auf die Unternehmen richten musste: *Wie weit sind unsere Kunden bei der digitalen Transformation?* Angesichts der exponentiellen Geschwindigkeit dieser Technologie spielt der Zeitfaktor eine erhebliche Rolle. Mehr als früher. Das klassische Telefon etwa brauchte 75 Jahre, ehe es 100 Millionen Nutzer erreichte. Facebook schaffte das in vier Jahren und verbindet heute 2,1 Milliarden User. WhatsApp überschritt die 100-Millionen-Marke bereits nach drei Jahren und vier Monaten, Instagram nach zwei Jahren und vier Monaten. Und Pokémon hat für 50 Millionen Spieler weltweit nur zwölf Tage gebraucht. Wir haben es mit einer Dynamik zu tun, mit der wir noch nie zuvor konfrontiert waren. Unser Fokus richtete sich daher auf diejenigen, die diese Transformation in Rekordzeit zu leisten haben: die Führungselite. Wir stellten uns die alles entscheidende Frage: *Hat die Digitalisierung die Führungsstile der Manager verändert?*

Denn wir sind uns sicher, dass es bei dieser Transformation nicht darum geht, die Digitalisierung bloß in den bereits bestehenden Führungsstil zu *integrieren*. Das ist entschieden zu klein gedacht und wäre eine Performance, die weit unter den Möglichkeiten bliebe! Es geht um viel mehr. Gerade weil die Digitalisierung eine Technologie ist, die alles auf den Kopf stellt, was mit ihr in Berührung kommt, muss auch das Führungsverhalten sich *radikal erneuern* oder zumindest um weitere wichtige Elemente erweitern. Schließlich erlauben es die sozialen Medien – Videotelefonie, Wiki, Intranet, Messenger-Dienste und E-Mail –, Führung ganz neu zu gestalten. Sie machen es möglich, *anders* zu kommunizieren, zu informieren, zu kontrollieren, zu delegieren, zu motivieren und zu organisieren.

Also ist jede einzelne Tätigkeit, die bei Führung eine Rolle spielt, von der Digitalisierung betroffen. Arbeitsprozesse können – so unsere These – kommunikativer, motivierender, kreativer, effektiver, transparenter und weniger hierarchisch gestaltet werden.[1]

Sie bieten neue Möglichkeiten der Mitgestaltung für die Mitarbeiter und fordern eine neue Vertrauenskultur ein. Wenn sich aber das Führungsverhalten derart tief greifend ändert, wird sich auch die Unternehmenskultur grundsätzlich ändern müssen. Nimmt man das alles ernst, handelt es sich um nichts weniger als um eine Revolution in den Unternehmen.

Bei dieser Revolution, so vermuteten wir weiter, würde die Generation Y, also jene Menschen, die zwischen 1980 und 1995 geboren sind, langfristig eine zentrale Rolle spielen.[2] Eine Führungsriege, die mit Handy und Internet groß geworden ist und gerade dabei ist, in die Führungspositionen nachzurücken. An ihnen, so hofften wir, könnten wir ablesen, wie der Führungsstil von morgen aussieht. Wir waren uns sicher: So disruptiv die Digitalisierung selbst ist, so signifikant verändert – alle Möglichkeiten der Digitalisierung ausschöpfend – würde auch der Führungsstil sein! Wir nahmen zudem an, dass die sozialen Medien einen erheblichen Einfluss auf das jeweilige Führungsverhalten haben würden.

Nun ging es darum, unsere Thesen in der Praxis zu testen und zu sehen, ob sie sich bestätigen würden. Deswegen suchten wir nach einem wissenschaftlichen Partner, der diese Erhebungen mit fachlicher Expertise begleiten würde, und fanden ihn in Professor Charles Max von der Universität Luxemburg. Die wissenschaftliche Begleitung war wichtig für die seriöse Formulierung, Erhebung und Auswertung der Fragebögen. Denn unser Anspruch war hoch: Wir wollten nicht nur in die Tiefe fragen, sondern auch repräsentative Ergebnisse bekommen. So kombinierten wir qualitative mit quantitativer Forschung.[3]

---

1 Feltes, Florian: Mitarbeiterführung und Social-Media-Nutzung im Führungsalltag von Generation-Y-Führungskräften. Eine explorative Analyse mittels Mixed-Methods-Ansatz. Luxemburg 2016.
2 Ein kurzer Überblick: Veteranen: vor 1950 geboren; Generation Babyboomer: geboren zwischen 1950 und 1965; Generation X: geboren zwischen 1965 und 1980; Generation Y: geboren zwischen 1980 und 1995; Generation Z; geboren zwischen 1996 und 2010.
3 Dabei führte Florian Feltes die Erhebungen durch und wertete sie auch aus, während die Buhr & Team Akademie für Führung und Vertrieb die Studie finanzierte.

Zuerst wurden mit ausgewählten Führungspersönlichkeiten qualitative Gespräche geführt. Die Ergebnisse dieser Befragung waren sodann die Grundlage für die Hypothesen der quantitativen Online-Erhebung, die viele Menschen befragte. Dabei legten wir Wert darauf, dass nicht nur die Führungsebene, sondern auch die Mitarbeiter zu Wort kamen. Schließlich war es unser Ziel, Selbst- und Fremdeinschätzung miteinander zu verbinden, um ein möglichst realistisches Bild von der Situation in den mittelständischen Unternehmen zu erhalten.

Wir riefen in Wirtschaftszeitungen, im Internet und in den Unternehmen dazu auf, an der Befragung teilzunehmen. Die Resonanz hat uns überwältigt: 2527 Menschen ließen uns tief in das Führungsverhalten ihrer Unternehmen schauen! Das haben wir als einen enormen Vertrauensvorschuss empfunden. Unterstützt wurde das Projekt u. a. durch brand eins, Capital.de und Harvard Business Manager.

Ohne dieses Vertrauen, das uns von vielen Menschen entgegengebracht wurde, wären die Erhebungen nicht möglich gewesen. Dafür sind wir dankbar. Die Resultate der Forschungsarbeit wurden nach wissenschaftlichen Kriterien ermittelt und in Bezug zu anderen Studien und Metaanalysen gesetzt, um die Bedeutung korrekt einordnen zu können. Die Ergebnisse sind für den deutschen Mittelstand so wichtig, dass es uns eine Herzensangelegenheit ist, sie so breit wie möglich zu streuen. Denn die Resultate haben uns aufgerüttelt. In vielerlei Hinsicht.

Ergebnisse der Studie über Mitarbeiterführung und Social-Media-Nutzung

Wir – die Autoren – deuten die Ergebnisse der Studie unterschiedlich. Doch bevor wir uns damit auseinandersetzen, stellen wir Ihnen Studiendesign und -ergebnisse zunächst einmal vor.

Studiendesign

- Die Datenerhebung erfolgte im Sinne eines Mixed-Methods-Ansatzes, indem Methoden der qualitativen und quantitativen Sozialforschung miteinander kombiniert wurden:
  - Die Beantwortung der Forschungsfragen erfolgte zunächst anhand von Interviews, die ergebnisoffen waren, um im ersten Schritt die gesamte Bandbreite der Thematik zu erfassen (qualitative Arbeit zur Formulierung der Hypothese[n]).
  - Aufbauend auf den Ergebnissen der qualitativen Studie wurden die sich daraus ergebende(n) Hypothese(n) mittels quantitativer Erhebung an einer größeren Stichprobe getestet.

- Insgesamt haben 2527 Personen an der Erhebung teilgenommen. Davon waren zu diesem Zeitpunkt 1085 Teilnehmer in einer Führungsposition und 1442 Personen ohne Führungsverantwortung. Es lagen insgesamt 1713 vollständig ausgefüllte Fragebogen vor, was einer Ausschöpfungsquote von 67,79 Prozent entspricht. Für die Prüfung der Hypothesen wurden nur Führungskräfte und Aussagen von Mitarbeitern mit direkter Führungskraft berücksichtigt, aus Unternehmen mit mehr als 49 Mitarbeitern und geboren zwischen 1950 und 1995. Für die Führungskräfte ergibt sich damit eine Stichprobengröße von N = 406 und es gibt N = 622 Aussagen von Mitarbeitern über Führungskräfte.

- Erhebungszeitraum: 2014–2016

QUALITATIV:	QUANTITATIV:
• 25 Interviews Darin abgefragt: • Führungsstile/Führungsverhalten • Unterschiede zwischen Gen-Y-Führungskräften und den älteren Generationen • Einsatz sozialer Medien im Führungsalltag • Einfluss der Kontextfaktoren • Unternehmensgröße, Managementebene und Branche → Erstellung von Profilen	Durch Onlinebefragung abgefragt: • 180°: (406) Führungskräfte = Selbstbewertung & (622) Mitarbeiter = Fremdbewertung • vier Führungsstile • Motivation & Herausforderungen bei Social-Media-Nutzung

Quantitative Befragung: Führungskräfte und Mitarbeiter

Managementebene	Generation Y	Generation X	Babyboomer	Gesamt
Lower Management	87 (58,39 %)	77 (45,83 %)	33 (37,08 %)	197 (48,53 %)
Middle Management	49 (32,89 %)	67 (39,88 %)	40 (44,94 %)	156 (38,43 %)
Topmanagement	13 (8,72 %)	24 (14,29 %)	16 (17,98 %)	53 (13,05 %)
Gesamt	149 (100 %)	168 (100 %)	89 (100 %)	406 (100 %)

TABELLE 1: Verteilung der Führungskräfte nach Generationen und Managementebene (absolute Häufigkeit / prozentuale Verteilung)

Managementebene	Generation Y	Generation X	Babyboomer	Gesamt
Lower Management	55 (70,51 %)	166 (54,25 %)	123 (51,68 %)	344 (55,31 %)
Middle Management	19 (24,36 %)	96 (31,37 %)	76 (31,93 %)	191 (30,71 %)
Topmanagement	4 (5,13 %)	44 (14,38 %)	39 (16,39 %)	87 (13,99 %)
Gesamt	78 (100 %)	306 (100 %)	238 (100 %)	622 (100 %)

TABELLE 2: Verteilung der befragten Mitarbeiter nach Generationen und Managementebene (absolute Häufigkeit / prozentuale Verteilung; die Angaben stammen von Mitarbeitern ohne Führungsverantwortung)

Die drei zentralen forschungsleitenden Fragen

Frage 1: Welche Verhaltensweisen und daraus resultierenden Führungsstile zeichnen die Mitarbeiterführung durch Generation-Y-Führungskräfte aus?

Frage 2: Wie nutzen Generation-Y-Führungskräfte Social Media im Rahmen der Mitarbeiterführung?

Frage 3: Welche Zusammenhänge bestehen zwischen dem Führungsstil der Generation Y und ihrer Social-Media-Nutzung?

Zentrale Erkenntnisse der Studie

Die zentralen gesicherten Erkenntnisse der Studie, bezogen auf das Führungsverhalten und die Social-Media-Nutzung der Generation-Y-Führungskräfte,[4] sind in der folgenden Abbildung 1 dargestellt.

Die Erkenntnisse, dargestellt im hellen Bereich, wurden sowohl durch Selbst- als auch durch Fremdbeurteilung in beiden Studienteilen nachgewiesen. Die Ergebnisse in den beiden grauen Bereichen der Abbildung sind als Trends zu bezeichnen, die nur in einer der beiden Perspektiven (also entweder Selbsteinschätzung der Führungskräfte *oder* Fremdeinschätzung durch die Mitarbeiter) Signifikanz aufweisen, in der zweiten Perspektive jedoch nur vergleichbare *Tendenzen* aufzeigen.

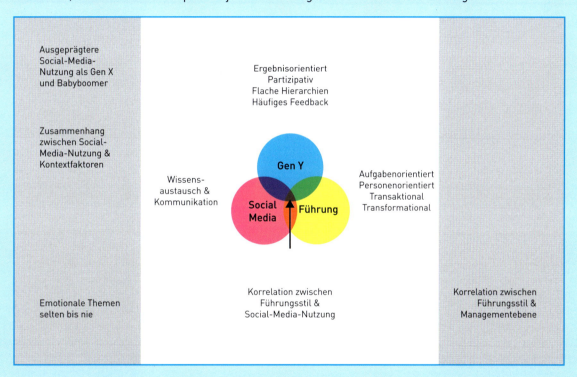

ABB. 1: Zentrale Erkenntnisse zur Mitarbeiterführung und Social-Media-Nutzung von Gen-Y-Führungskräften (aus: Feltes, 2016)

4 Gesehen am 01.06.2018: https://buhr-team.lpages.co/whitepaper-generation-y/

1. Führungsstil(e)

Mit Blick auf das Führungsverhalten zeigt sich, dass es nicht den einen Führungsstil gibt, sondern eine situations- und kontextabhängige Mischform aus den Ansätzen der aufgabenorientierten, personenorientierten, transaktionalen und transformationalen Führung angewendet wird.

2. Kontextfaktor Managementebene

Es konnte gezeigt werden, dass ein Zusammenhang zwischen dem Führungsstil und dem untersuchten Kontextfaktor der Managementebene besteht: So zeichnet sich ab, dass transformationale Führung im Lower Management keine Anwendung findet und im Gegensatz dazu im Topmanagement die aufgabenorientierte Führung am schwächsten ausgeprägt ist. In diesem Zusammenhang kann die Frage für zukünftige Forschungsansätze gestellt werden, inwiefern die bestehenden Führungstheorien und -konzepte die Kontextfaktoren ausreichend berücksichtigen.

3. Führungsverhalten und Social-Software-Nutzung

Unabhängig von der Managementebene und auch den Kontextfaktoren kann der Führungsstil der Gen Y ausgehend von der Selbst-, aber auch der Fremdbeurteilung als ergebnisorientiert, partizipativ und flach hierarchisch beschrieben werden.

Am häufigsten greifen Gen-Y-Führungskräfte auf Feedback zurück und fordern dieses auch von ihren Mitarbeitern ein, sowohl *face to face* als auch via Social Software.

Letztere setzt die Gen Y am häufigsten zum Wissensaustausch und zur Verbesserung der Kommunikation ein. Es zeichnet sich ein klarer Trend ab, dass die Gen Y eine qualitativ und quantitativ ausgeprägtere Social-Media-Nutzung aufweist als die beiden älteren Generationen X und Babyboomer, und das unabhängig vom bestehenden Einfluss der untersuchten Kontextfaktoren.

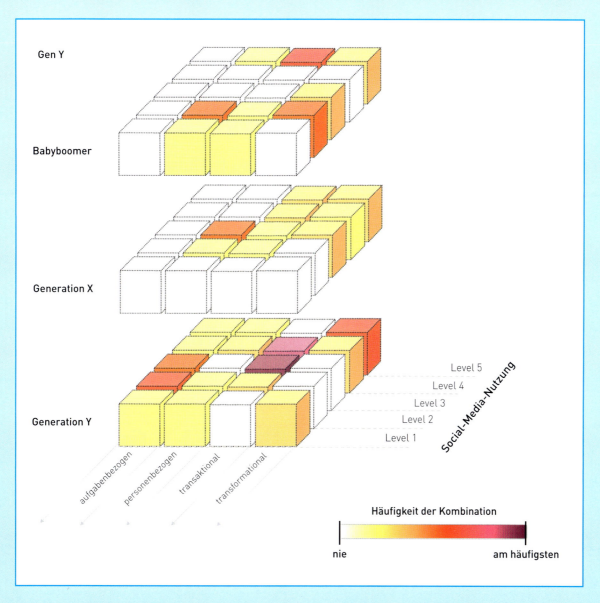

ABB. 2: Profile, basierend auf den qualitativen Interviews, zusammengefasst nach Generationen (aus: Feltes, 2016)

LEGENDE zu Abb. 2: Level Social-Media-Nutzung

1. Level: Die Führungskraft greift nur bei Bedarf zur persönlichen und Mitarbeiterinformation auf Social Media zurück. Insgesamt werden die Tools neben den eigentlichen Arbeitsprozessen eingesetzt.

2. Level: Innerhalb einzelner Projekte läuft die Kommunikation über verschiedene Tools ab. Die Social-Media-Tools sind Bestandteil der Prozesse im Projekt und werden von der Führungskraft entsprechend eingesetzt.

3. Level: Neben der Projektsteuerung gibt es einen strategiebetriebenen Einsatz von Social-Media-Tools, der über einzelne Projekte hinausgeht. Durch den strategischen Einsatz der Tools ändert die Führungskraft ihre Arbeitsprozesse. Es werden Tools zum Wissensaustausch und zur Kommunikation genutzt.

4. Level: Soziale Medien werden fest in die bestehenden Strukturen integriert und genutzt. Beispielsweise gibt es neben einem bestehenden Intranet Social Networks zur Koordination und Kollaboration, welche die Führungskraft aktiv in die Arbeitsprozesse einfließen lässt.

5. Level: Die Führungskraft nutzt und initiiert aktiv Use Cases für ihre Mitarbeiter, beispielweise liefert sie Content für Wikis, Blogs etc. oder führt Tools zur übergreifenden Kollaboration ein. Die Social-Media-Nutzung verändert die Arbeitsprozesse der Führungskraft deutlich.

Da die einzelnen Level teilweise keine trennscharfen Grenzen aufweisen, wurden innerhalb der Profile immer die Level mit der stärksten Ausprägung markiert. Wie bei den Führungsstilen ist die stärkste Ausprägung farblich von den anderen Levels zu unterscheiden (dunklere Färbung).[5]

---

5 Das von Dr. Feltes entwickelte 5-stufige Modell basiert auf dem Modell der Interaktivitäts- und Personalisierungsdimension, vgl. Jäger, W. & Petry, T.: Enterprise 2.0 – Herausforderungen für Personal, Organisation und Führung, in: Jäger, W. & Petry, T. (Hrsg.): Enterprise 2.0 – die digitale Revolution der Unternehmenskultur. Warum Personalmanager jetzt gefordert sind. Luchterhand 2012, S. 25, sowie auf dem Enterprise-2.0-Reifegradmodell von Schönefeld, vgl. Schönefeld, F.: Praxisleitfaden Enterprise 2.0 – Wettbewerbsfähig durch neue Formen der Zusammenarbeit, Kundenbindung und Innovation. Hanser Verlag 2009, S. 203 ff.

Weitere Trends und Interpretationen

Aus den erhobenen Daten lassen sich folgende Interpretationen und Trends schlussfolgern:

1. Gen-Y-Führungskräfte bedienen sich unterschiedlicher Kombinationen aus den aufgabenbezogenen, personenbezogenen, transaktionalen und transformationalen Führungsstilen.

2. Aufgrund der aktuellen Verteilung innerhalb der Managementebenen führen Gen-Y-Führungskräfte besonders häufig transaktional in der Kombination mit starker Social-Software-Nutzung (Level 3 und 4), was auf eine hohe Ergebnisorientierung schließen lässt.

3. Eine stärkere transformationale Führung ist den Gen-Y-Führungskräften aufgrund der Kontextfaktoren nicht möglich, da sie sich häufig in einer Sandwichposition befinden.

4. Vier Merkmale zeichnen den Führungsstil der Gen Y aus:
   - ausgeprägte Ergebnis- und Zielorientierung
   - häufiges Geben und Einfordern von Feedback
   - flache Hierarchien
   - eine starke Teamorientierung

5. Führungskräfte in höheren Positionen können stärker / häufiger transformational führen. Hier befinden sich zum Zeitpunkt der Studie noch überwiegend Führungskräfte aus der Generation X und Babyboomer. Generell zeigt sich: Im Topmanagement ist der transformationale Führungsstil generationsübergreifend (Babyboomer, Gen X, Gen Y) am stärksten ausgeprägt.

6. Im Lower Management wird überwiegend transaktional geführt. Transformationale Führung findet im Low Management nicht statt, auch hier spielen die Kontextfaktoren bzw. die sogenannte Kaskadenführung eine entscheidende Rolle.

7. Ein völliger Wegfall von Hierarchien kann für die Gen Y nicht beobachtet werden. Sie führt mit klaren Verantwortungs- und Entscheidungsbereichen, wodurch schwach hierarchische Strukturen und klare Aufgabenbereiche bestehen bleiben. Trotz der veränderten Zusammenarbeit und Kommunikation durch Social Media bleiben hierarchische Strukturen in den Unternehmen bestehen, jedoch in stark abgeschwächter Form. Mitglieder in Teams, deren Führungskräfte eine virtuelle Basis zur Kol-

laboration nutzen, zeigen zudem mehr Autonomie in ihren Entscheidungen, was auf ein Verflachen der bestehenden Hierarchien zurückzuführen ist.[6]

Bezogen auf die Social-Media-Nutzung zeigt sich, dass Gen-Y-Führungskräfte ein ausgeprägteres Social-Media-Profil aufweisen, vor allem ausgeprägter als die Babyboomer-Führungskräfte.
Es kann zudem festgehalten werden, dass signifikante Zusammenhänge zwischen dem praktizierten Führungsstil und der Social-Media-Nutzung der Gen-Y-Führungskräfte bestehen. Für die Generation Y weisen Führungskräfte mit personenbezogenem Führungsstil die qualitativ stärkste Social-Media-Nutzung auf.

Die in dieser Studie verwendeten Social-Media-Profile zeigen deutlich, dass Social-Media-Nutzung nicht mit Googeln und dem Versenden von Nachrichten endet. Wie in Abbildung 3 erkennbar, können bestehende Arbeitsprozesse durch den Einsatz von Social Software kollaborativer gestaltet und somit der Workflow und die Zusammenarbeit über Hierarchien, Abteilungen und Standorte verbessert werden. Wenn es um den Einsatz sozialer Medien im Unternehmenskontext geht, sollte nicht der Fehler gemacht werden, bestehende Prozesse eins zu eins von analog in digital übersetzen zu wollen; Prozesse und Arbeitsweisen sollten viel eher an die Grundprinzipien und Funktionsweisen sozialer Medien angepasst werden. Um dieses neue Mindset erfolgreich im Unternehmen zu implementieren, zeigen Gen-Y-Führungskräfte, dass sie maßgebliche Gestalter sein können, um die Social-Media-Nutzung auf ein neues Level zu heben.

---

6 NB: Das unter Pkt. 7 genannte Ergebnis entspricht im Übrigen den früheren Arbeiten folgender Autoren, die jedoch den Generationsaspekt nicht berücksichtigt haben: White, C., Vanc, A. & Stafford, G.: Internal communication, information satisfaction, and sense of community: The effect of personal influence. Journal of Public Relations Research (22), 2010, S. 65–84; Levit, A.: The Future World of Work: A Gen Xer's Perspective. The Futurist, 43(5), 2009, S. 39–39.

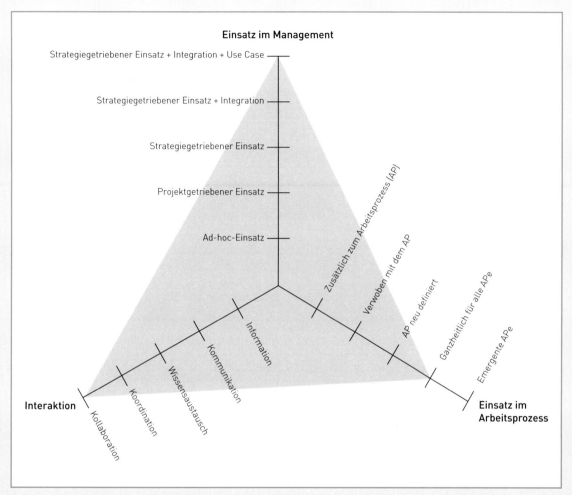

ABB. 3: Beispiel eines Social-Media-Nutzungsprofils einer Generation-Y-Führungskraft (aus: Feltes, 2016)

Wir beide, Andreas und Florian, deuten die Ergebnisse dieser Studie allerdings unterschiedlich. Beim Transfer in die Praxis gibt es verschiedene Möglichkeiten, die Resultate und deren Auswirkungen auf die Praxis zu interpretieren. Das folgende Streitgespräch zeigt, wie die Sichtweise eines erfahrenen Unternehmers und die eines Digital Natives aufeinanderprallen.

STREITGESPRÄCH

»Ihr kneift, wenn es drauf ankommt«

Streitgespräch zwischen Florian Feltes und Andreas Buhr über das Führungsverhalten der Generation Y und den Innovationsstau in mittelständischen Unternehmen.

Andreas: Also, Florian, nachdem ich die Ergebnisse der Studie gelesen hatte, war ich enttäuscht.

Florian: Oha, jetzt bin ich aber gespannt!

Andreas: Was da rausgekommen ist, ist echt lau. Du bist doch mit der These gestartet, dass deine Generation ganz anders führt. Für mich liest sich das aber so, als würden sie ein *bisschen* anders führen, ein *bisschen* kommunikativer, ein *bisschen* hierarchieloser. So wie eine lauwarme Dusche.

Florian: Für dich mag das lauwarm sein, für mich kocht da schon das Wasser! Nein, aber im Ernst: Ich war auch überrascht. Ich dachte, die Ergebnisse wären eindeutiger. Tatsache aber ist, dass die jungen Manager und Managerinnen zwar einen Trend in Richtung kommunikativer und hierarchieloser Führung zeigen und dass dies auch von den direkten Mitarbeitern in der qualitativen Befragung bestätigt wird, aber unterm Strich zeigt sich eher ein diffuses Bild, ein Mix aus verschiedenen Führungsstilen.

Andreas: Genau. Was mich dabei überrascht hat, war vor allem das Ergebnis der Onlinebefragung bei den Mitarbeitern. Die sagen: Mehrheitlich führen ihre Vorgesetzten *aufgabenorientiert*! Und wir wissen doch beide, dass der aufgabenorientierte Führungsstil derjenige ist, der am wenigsten kommunikativ ist. Wie passt denn das zusammen?

Florian: Das waren die Antworten der Mitarbeiter aus der quantitativen Befragung, nicht die, die in den qualitativen Interviews zu Wort kamen. Du vermischst hier gerade die qualitativen mit den quantitativen Ergebnissen …

Andreas: Okay. Aber immerhin hast du online fast 1500 Menschen befragt. Das ist schon eine ziemlich große Erhebungseinheit.

Florian: Ja, richtig. Die haben gesagt: Der aufgabenorientierte Führungsstil ist der, der am häufigsten praktiziert wird.

Andreas *(mit Nachdruck)*: Und damit meinten sie *alle* Führungskräfte. Die haben nicht gesagt: Halt! Stopp! Für die Gen Y gilt das nicht. Die sind anders.

Florian: Nö, haben die nicht gesagt.

Andreas: Also, die sind gar nicht so anders, wie du immer behauptest!

Florian: Ich lese die Ergebnisse nicht so. Ich sehe: Es gibt einen Mix aus verschiedenen Führungsstilen, und zwar aus dem personenbezogenen, dem aufgabenorientierten, dem transaktionalen und dem transformationalen Führungsstil *[siehe Infokasten Führungsstile]*. Letzterer ist sozusagen der Oscar unter den Führungstechniken, weil er mit Visionen und Werten arbeitet und sehr kommunikativ ist.

Andreas: Nach deinen Schilderungen hätte ich erwartet, dass deine Generation ganz entschieden den transformationalen Führungsstil bevorzugt und alle begeistert klatschen. Wie bei der Oscarverleihung: *And the winner is …*

Florian: Moment, warte noch mit deiner Ironie. Die Gen Y führt überwiegend *zielorientiert* und *aufgabenbezogen*, also selten mit Visionen und Werten. Das ist aber häufig erst dann möglich, wenn sie im Topmanagement sitzt! Die Ergebnisse der qualitativen Studie, also der Erhebung, bei der ich Tiefeninterviews geführt habe, belegen: Es gibt einen Trend in Richtung mehr Kommunikation und weniger Hierarchie bei der Gen Y. Das bestätigen nicht nur die direkten Mitarbeiter, auch die älteren Führungskräfte sagen: Seit die Gen Y im Unternehmen ist, sind die Abläufe hierarchieloser und partizipativer, der Austausch ist ehrlicher.[7] Willst du das jetzt kleinreden?

---

7 Feltes, Florian: a. a. O., S. 100 ff.

Andreas: Die Ergebnisse der quantitativen Onlinebefragung widersprechen dem aber. Dort sagen die Mitarbeiter: Sie werden im Wesentlichen aufgabenbezogen geführt, und zwar *generationsunabhängig*.

Florian *(mit Nachdruck)*: Ja, aber wo sind die meisten Gen-Y-Leute zu finden? Im unteren und mittleren Management!

Andreas: Also, wir sind mit Ende zwanzig und wenig Berufserfahrung auch nicht direkt in den Vorstand gewählt worden. Wir haben auch klein angefangen, ich selbst komme von unten. Ganz unten!

Florian: Es geht nicht um Karriere. Ich will etwas anderes sagen: Im unteren und mittleren Management kannst du noch nicht so agieren, wie du gerne möchtest. Du kriegst Vorgaben, die du umsetzen musst. Zwischen *wollen* und *können* klafft da eine große Lücke. Erst im Topmanagement kannst du freier agieren. Es ist also kein Zufall, dass ich im Topmanagement häufiger den transformationalen Führungsstil vorgefunden habe – auch bei der Gen Y.

Andreas: Als meine Generation in die Unternehmen kam, konnten wir auch nicht alles so machen, wie wir es gerne gemacht hätten. So ist das nun mal. Man muss sich anpassen, schauen, was geht.

Florian: *Anpassung* scheint nicht das Problem zu sein. Das belegen die Ergebnisse der Studie doch gerade. Es hat mich sogar geschockt, in welchem Ausmaß meine Generation sich anpasst. Auch die Gen Y führt im unteren und mittleren Management überwiegend aufgabenorientiert, gerade *weil* sie sich anpasst, anpassen *muss*. In der Wissenschaft nennt man das Kaskadenverhalten. Die kriegen den aufgabenorientierten Führungsstil vorgelebt und *imitieren* ihn.[8]

Führungsstil

Kann als wiederkehrende Verhaltensmuster und Eigenschaften einer Führungskraft verstanden werden, die in verschiedenen Situationen auftreten. Der Führungsstil ist jedoch nicht situationsunabhängig.

Hentze, J., Graf, A., Kammel, A. & Lindert, K.: *Personalführungslehre: Grundlagen, Funktionen und Modelle der Führung.* UTB, 4. Aufl. 2005, S. 238.

Aufgabenorientiert

Hier geht es um die Definition klarer Ziele, der Wege zum Ziel, um die Aufgabenstrukturierung und die Kontrolle, die durch entsprechende Techniken wie Lob und Tadel, Anerkennung und Kritik dem Mitarbeiter gegenüber angepasst werden.

Basierend auf dem Managerial Grid: Blake, R. R. & Mouton, J. S.: *The Managerial Grid. Key Orientations for Achieving Production Through People.* Gulf Publishing Company 1964, S. 10 ff.

Blake, R. R. & Mouton, J. S.: *Verhaltenspsychologie im Betrieb.* Econ 1986, S. 28 ff.

Personenorientiert

Mitarbeiter- oder Personenorientierung, auch »Consideration« genannt, ist ein Führungsansatz, bei dem sich der Führende menschlich um den Mitarbeiter kümmert, ihn nach seinem Wohlergehen fragt und nach tendenziell hoher Arbeitszufriedenheit im Team und beim einzelnen Mitarbeiter strebt.

Basierend auf dem Managerial Grid: Blake, R. R. & Mouton, J. S.: *The Managerial Grid. Key Orientations for Achieving Production Through People.* Gulf Publishing Company 1964, S. 10 ff.

Blake, R. R. & Mouton, J. S.: *Verhaltenspsychologie im Betrieb.* Econ 1986, S. 28 ff.

Transaktional

Transaktionale Führung beruht auf einem Austauschverhältnis zwischen Führungskraft und Mitarbeiter auf Basis von Zielvereinbarungen. Klare Ziele stehen im Mittelpunkt, die kontrolliert werden, daher heißt dieser Ansatz auch »Management by Objectives«. Bei Zielerreichung reagiert die Führungskraft mit Lob, Anerkennung oder auch mit Incentives.

Kirchler, E. (Hrsg.): *Arbeits- und Organisationspsychologie.* facultas wuv, 3. Aufl. 2011, S. 478.

Neuberger, O.: *Führen und führen lassen. Ansätze, Ergebnisse und Kritik der Führungsforschung.* UVK Lucius, 6. Aufl. 2002, S. 198 f.

Transformational

Die Führungskraft tritt als moralisches, werteorientiertes Vorbild für die Mitarbeiter auf und erwirbt sich dadurch Respekt und Loyalität. Sie setzt Mitarbeiter je nach Stärken in einem Arbeitsumfeld ein, das ihren Bedürfnissen entspricht. Dieser Führungsstil ist geprägt von Vertrauen und Zutrauen in das Individuum und das Kollektiv. Im Modell von Bernard Bass und Bruce Avolio werden die beiden Ansätze der transaktionalen und transformationalen Führung unter dem Konzept der »Full-Range Leadership Theory« zusammengefasst.

Bass, B. M.: *Leadership and performance beyond expectations.* Free Press 1985.

Bass, B. M. & Avolio, B. J.: *Transformational Leadership Development: Manual for the Multifactor Leadership Questionnaire.* Consulting Psychologists Press 1990.

Bass (1985) formulierte dazu vier interdependente Dimensionen:

> *Idealisierter Einfluss (Charisma) [...] ist der Grad, zu dem eine Führungskraft durch Vorbildwirkung und authentisches Verhalten Identifikationsmöglichkeiten schafft. [...]*
>
> *Inspirierende Motivierung [...] ist der Grad, zu dem eine Führungskraft eine Vision über die Zukunft artikuliert und diese begeisternd kommuniziert. [...]*
>
> *Intellektuelle Stimulierung [...] ist der Grad, zu dem eine Führungskraft dazu anregt, über Probleme [und] Herausforderungen auf neue Art und Weise nachzudenken. [...]*
>
> *Individuelle Berücksichtigung [...] ist der Grad, zu dem eine Führungskraft den individuellen Bedürfnissen und Potenzialen der Mitarbeiter Aufmerksamkeit und Wertschätzung entgegenbringt und zu einer Organisationskultur beiträgt, in der Entwicklungschancen des Einzelnen gefördert werden.«*

(Bass (1985), zitiert nach Kirchler, E. (Hrsg.): *Arbeits- und Organisationspsychologie.* facultas wuv, 3. Aufl. 2011, S. 475 f.)

Andreas: Warum setzen die sich denn nicht mit ihren Vorgesetzten auseinander, kämpfen für ihre Ideen?

Florian: Also, wenn das Aufnahmegerät ausgestellt war, habe ich Sachen gehört, die waren erschütternd! Die Mauern in den Unternehmen sind echt dick. Es scheint eine regelrechte Blockade gegen Veränderungen zu geben.

Andreas: Diese Blockaden sind normal, die gab es früher auch, die wird es auch immer geben. Menschen mögen nun mal keine Veränderungen. Wir haben uns da konsequent durchgebissen. War kein Zuckerschlecken.

Florian: Ah, jetzt kommst du wieder mit dieser Erfahrungskiste! Nein, ich denke, dass das Drama, das wir zurzeit in den Unternehmen zwischen Gen Y, Gen X und den Babyboomern erleben, nichts mit dem üblichen Generationenkonflikt zu tun hat. Es geht um etwas grundsätzlich anderes. Es geht um einen regelrechten Kulturbruch. Wir haben da draußen einen tsunamiartigen digitalen Umwälzungsprozess und drinnen in den Unternehmen wird ein bisschen an den Schrauben gedreht. Hier ein bisschen, dort ein bisschen. Deswegen ist das Ganze auch so lau, mehr lässt die ältere Generation ja gar nicht zu. Angesichts der Aufgabe, vor der wir in der Wirtschaft stehen, ist das zu wenig. Viel zu wenig!

Andreas: Okay, da gebe ich dir recht. Du meinst: Den üblichen Generationenkonflikt jetzt auszufechten, könnte die Unternehmen dramatisch in die Schieflage bringen.

Florian: Genau das meine ich. Wir haben nicht die Zeit, das übliche Fingerhakeln zwischen den Generationen zu veranstalten. Wir beide haben in den letzten drei Jahren eine Menge recherchiert. Du bist, genau wie ich, bestens darüber informiert, wie anders man Führungsaufgaben mithilfe der digitalen Technik organisieren kann. Ich sag nur: Slack, Trello, Wunderlist, Facebook for Business, Google Apps for Business, Zoom *[siehe dazu Infokasten Tools]*. Und was wird in den Firmen am meisten genutzt? E-Mails und Firmenwikis! Das wirkt auf mich, als ob wir uns in den Unternehmen in der Steinzeit der Digitalisierung befinden! Da werden Märkte aufgerollt, neue Geschäftsideen geboren, alte Unternehmen vom Markt gefegt. »Abwarten und Tee trinken« ist nicht!

Andreas: Da sind wir einer Meinung. Der Transformationsprozess muss in den Unternehmen schneller und professioneller über die Bühne gehen.

Florian: Ehrlich gesagt verstehe ich nicht, warum so geblockt wird. Was ist denn besser: den Job zu verlieren, weil das Unternehmen den Anschluss verpasst hat, oder die Abläufe und das Führungsverhalten zu verändern, damit es das Unternehmen auch noch morgen am Markt gibt?

Andreas: Nun mal langsam. Wir müssen die Ergebnisse sehr genau lesen. Dabei ist mir Folgendes aufgefallen: E-Mails und Firmenwikis mögen nicht der neueste Schrei sein, aber es sind *digitale Medien* und sie werden *intensiv* genutzt! Dabei verblüffte mich vor allem, dass es die älteren Semester sind, die die meisten Texte in die Firmenwikis einstellen. Die Gen Y legt da die Hände in den Schoß! Die nutzen das gar nicht. Es sind die Babyboomer und die Generation X, die ihr Wissen mit *allen* im Unternehmen teilen. Welche Generation praktiziert denn nun die von euch so propagierte Idee, das eigene Wissen mit allen zu teilen? Ihr sprecht doch ständig von der Transparenz des Wissens! Da schneiden die Älteren doch entschieden besser ab!

Florian: Nein, der Grund, warum die Jüngeren da nicht mitmachen, hat andere Ursachen. Häufig sind die Systeme veraltet, und es ist einfacher, den Kollegen schnell anzurufen oder ihm zu schreiben, als sich stundenlang durch unübersichtliche Programme zu quälen. Das ist viel pragmatischer.

Tools

Slack ist ein webbasierter Instant-Messaging-Dienst des US-amerikanischen Unternehmens *Slack Technologies* zur Kommunikation innerhalb von Arbeitsgruppen. Slack erlaubt, Nachrichten auszutauschen, mit Einzelpersonen oder in einer Gruppe zu chatten sowie gemeinsam Dokumente zu bearbeiten. Andere Onlinedienste wie Dropbox, Google Drive oder GitHub lassen sich in Slack integrieren. Der Name »Slack« ist ein Akronym; es bedeutet »Searchable Log of All Conversation and Knowledge«.

https://de.wikipedia.org/wiki/Slack_(Software)

GitHub bringt die weltweit größte Entwickler-Community zusammen, um bessere Software zu entdecken, zu teilen und zu entwickeln. Von Open-Source-Projekten bis hin zu privaten Team-Projekten ist GitHub eine All-in-one-Plattform für kollaborative Programmentwicklung.

https://github.com/

Wrike ist eine Cloud-basierte, teamübergreifende Software für Collaboration und Projektmanagement, geeignet für Unternehmen jeder Größe und Branche.

https://www.wrike.com/de/

Trello ist eine webbasierte Projektmanagement-Software. In der weboptimierten Anwendung ist es möglich, auf sogenannten *Boards* gemeinsam mit anderen Mitgliedern Listen zu erstellen. Sie können beliebig bearbeitet werden und mit Checklisten, Anhängen und einem festgelegten Termin versehen werden.

https://de.wikipedia.org/wiki/Trello

Wunderlist ist ein kostenloser Onlinedienst zur Verwaltung von Aufgaben und Notizen.

- Sinn und Zweck der Anwendung von Wunderlist ist es, eine Liste offener Punkte zu verwalten.
- Einträge können hierarchisch, alphabetisch oder nach Datum sortiert werden. Erinnerungen sind möglich.
- Aufgaben werden mit einer Beschreibung in Textform versehen, Bilder können ab Version 3 angehängt werden.
- Wunderlist gleicht alle eingegebenen Daten über die Geräte ab, auf denen ein Nutzer angemeldet ist.
- Durch die Integration von Open Graph und lokaler Adressbücher können Freunde eingeladen werden, an der Bearbeitung einer Aufgabe teilzunehmen.

https://de.wikipedia.org/wiki/Wunderlist

Dropbox (engl. *to drop* = fallen lassen; *box* = Schachtel) ist ein 2007 eingeführter Filehosting-Dienst (auch *Cloud Storage* genannt) des Unternehmens Dropbox Inc. Hat man eine Datei in der Dropbox hochgeladen, kann man sie von jedem ans Internet angeschlossenen Computer abrufen. Das System dient der Onlinedatenspeicherung, aber auch dem Austausch von Daten zwischen verschiedenen Personen.

https://de.wikipedia.org/wiki/Dropbox

G Suite (Google Apps for Business): Gmail, Docs, Drive und Google Kalender für Unternehmen

https://gsuite.google.com/intl/de/

Pipedrive ist ein in Estland entwickeltes intuitives CRM-Tool für Sales.

https://www.pipedrive.com/de

Zoom ist ein cooles Videokonferenz-Tool, mit privaten Konferenzräumen, ähnlich wie Google Hangouts oder Skype.

https://zoom.us/

Workplace by Facebook ist eine kollaborative Plattform, die von Facebook Inc. betrieben wird und am 10. Oktober 2016 gestartet wurde. Sie kann verwendet werden, um über Gruppen zu kommunizieren und mit Kollegen zu chatten, und bietet die Funktionen der sozialen Netzwerke in einer Unternehmensumgebung.

https://en.wikipedia.org/wiki/Workplace_by_Facebook

Andreas: Die Argumentation leuchtet mir nicht ein. Die Älteren stellen doch viele Texte ein. Aber nicht, weil schon alles gesagt ist. Warum tun sie das? Aus reiner Nächstenliebe? Meine Antwort lautet: Die Firmenwikis sind nicht harmlos. In ihnen wird beschrieben, wie Prozess- und Arbeitsabläufe funktionieren. Wer das definiert, sagt, wo es langgeht. Eine *Macht*frage. Ich wusste gar nicht, dass die Gen Y so naiv ist.

Florian: Eben noch hast du gesagt, die Älteren wollten ihr Wissen mit allen teilen. Jetzt erhebst du die Wiki-Kiste zur Machtfrage. Was denn nun?

Andreas: Beides ist richtig. Warum macht ihr da nicht mit? Bringt euer Wissen ein, verändert die Dinge.

Florian: Ich denke, der Kampf um die Firmenwikis lohnt sich nicht. Da gibt es ganz andere Möglichkeiten, Abläufe von Grund auf anders zu organisieren. Das wissen auch die Digital Natives in den Unternehmen. Die Tools habe ich ja schon genannt.

Andreas: Ich bin da zwar anderer Meinung, aber selbst wenn die Wikis nicht euer Ding sind, bleibt doch die Frage: Warum kämpft die Gen Y nicht dafür, dass die neuen Tools eingeführt werden und ihr Potenzial auch genutzt wird?

Florian: Du weißt doch selbst: Wenn diese Tools auf der Führungsebene nicht genutzt werden und das Ganze nicht vorgelebt wird, ist es schon vor der Einführung zum Scheitern verurteilt!

Andreas: Ja, dann muss man dafür kämpfen, dass die Tools da oben eingesetzt werden! Ihr seid echte Mimosen! Wenn ihr nicht sofort das bekommt, was ihr euch wünscht, macht ihr den Abgang. Neueste Studien belegen: Der Exodus der Gen Y aus den mittelständischen Firmen ist enorm.[9]

Florian: Wundert mich nicht. Wir denken einfach ökonomisch. Wir rechnen uns aus, wie lange es braucht, diejenigen zu überzeugen, die immer sagen »Das geht nicht!« oder »Das haben wir immer so gemacht!«. Wir schauen auf den Markt, sehen die vielen tollen Start-ups, und wenn dann einer mit einem Vertrag winkt, fällt die Entscheidung nicht schwer.

Andreas: Ja, klar, in den Start-ups ist alles viel cooler. Oft geht denen aber ziemlich schnell wieder die Puste aus. Viele Start-ups überleben die ersten fünf Jahre nicht.[10] Die Gescheiterten trösten sich dann mit Fuckup Nights *[siehe dazu Interview mit Pepe Villatoro]*. Vielleicht darf ich an Folgendes erinnern: Als 2007 die Finanzkrise kam, sind die Start-ups reihenweise über die Wupper gegangen, die deutschen mittelständischen Unternehmen hingegen sind glänzend aus der Krise herausgekommen. Irgendwie wissen die wohl, wie man mit Schwierigkeiten fertig wird. Und sie wissen offenbar auch, wie man neuen Herausforderungen begegnet. Sonst gäbe es sie nicht mehr am Markt. Warum sollen die nicht auch die digitale Transformation schaffen? Eins dürfen wir nicht vergessen: Mittelständische Unternehmen bieten die meisten Arbeitsplätze in Deutschland. Und diese Arbeitsplätze sind um einiges sicherer als anderswo. Im Ausland werden wir dafür bewundert.

Florian: Was heißt denn Sicherheit in einer Zeit, in der viele Arbeitsverträge auf ein oder zwei Jahre befristet sind? Wir sind Unsicherheit gewöhnt. **Sicherheit spielt auch nicht mehr die gleiche Rolle wie früher. Das Ausleben von *Möglichkeiten* ist wichtiger.** Und da ist der Fun-Faktor bei den Start-ups entschieden höher. Die haben von Anfang an eine andere Unternehmensphilosophie *[siehe dazu Interview mit Elisa Naranjo]*. Die lassen einen mitreden und mitentscheiden. Du hast in so einem Unternehmen einfach mehr Gestaltungsspielraum, als wenn die Abläufe festgefahren sind und dann im Klein-Klein mühsam geändert werden müssen. Sinn und Spaß schließen sich nicht aus.

Andreas: Das Leben besteht nicht nur aus Spaß.

10 Gesehen am 12.02.2018: https://www.deutsche-startups.

Florian: Das wissen wir auch. Aber was spricht dagegen, dass Arbeit auch Spaß machen kann?! Du weißt selbst: Wenn du mit Spaß bei der Sache bist, machst du einen besseren Job!

Andreas: Auch wenn du mich jetzt altmodisch findest: Deine Generation scheint mir manchmal wie in Watte gepackt. Ihr habt alle eine tolle Ausbildung, habt studiert, seid in der Welt herumgereist, und eure Eltern haben euch gelobt, wie toll ihr seid. Es war von allem immer reichlich da. Eine behütete Generation. Dabei sind zwei Sachen zu kurz gekommen: erstens, die Zähne zusammenbeißen, wenn es ernst wird. Wenn Marathon gefordert ist und nicht bloß ein kurzer Sprint. Zweitens: Euch fehlt die Selbstkritik. Die Frage »Was muss *ich* besser machen?« stellt ihr euch nicht. Ändern müssen sich immer nur die anderen.

Florian: Das stimmt doch gar nicht!

Andreas: Doch! Wenn ihr auf Widerstände stoßt, weicht ihr aus, seid beleidigt. Wie oft höre ich, dass »ihr runterkommen müsst«. Meine Güte. Kommt doch erst mal hoch! Der Kampf fängt doch erst an! Da ist die Generation nach euch, die Generation Z, schon wieder härter im Nehmen. Es ist doch so: Nur wenn man die Auseinandersetzung annimmt, kann man auch etwas ändern. Ihr aber weicht dem Konflikt aus, ihr erwartet, dass euch die Sachen auf dem Silbertablett serviert werden. Dieses Sichdurchsetzen gegen Widerstände seid ihr einfach nicht gewöhnt. Ihr kneift, wenn es drauf ankommt!

Florian: Wir kneifen nicht! Richtig ist: Die meisten von uns hatten gute Startchancen. Aber das kannst du uns jetzt nicht zum Vorwurf machen! Du hast doch auch dafür gesorgt, dass deine Söhne eine gute Ausbildung erhalten haben. Das aber sind nur die Startbedingungen. Dagegen sieht unsere Zukunft gar nicht so rosig aus. Ich nenne mal nur ein paar Stichworte: Klimakatastrophe, Zusammenbruch des Rentensystems, kollabierendes Gesundheitssystem. Und wenn du schon den Marathon ansprichst, sage ich: Wir gehen die lange Strecke, wenn wir einen *Sinn* darin sehen. Wenn wir wirklich einen Beitrag dazu leisten können, globale Probleme zu lösen, nicht weil irgendwie eine Stückzahl um zehn Prozent gesteigert werden soll. Wachstum nur des Wachstums wegen erscheint uns wenig sinnvoll. Das muss schon mit höheren Zielen verbunden sein.

Andreas: Soll ich dir mal was sagen? Ich denke, wenn ihr eure Einstellung an dem Punkt nicht ändert, werdet ihr auch die »höheren Ziele«, die Weltverbesserung, nicht durchhalten. Denn gerade für solche langfristigen Ziele braucht man den ganz langen Atem. Das habt ihr einfach nicht drauf! Und ich gebe zu: Möglicherweise haben wir Älteren daran sogar eine Mitschuld. Wir hätten euch öfter gegen die Wand laufen lassen sollen. Dann lernt man das! Einstehen für das, was einem wichtig ist! Das muss jeder können, der führen will, der gestalten will und der Erfolg im Leben will.

Florian: Und genau das machen wir doch. Wir stehen für die Dinge ein, die in unseren Augen wichtig sind und nicht nur den Umsatz um drei Prozent steigern. Es geht um Fairness, Nachhaltigkeit, Transparenz und auch darum, dass man Spaß im Leben haben kann!

Andreas: Die hehren Ziele haben viele am Anfang ihres Berufslebens. Das glättet sich dann mit den Jahren.

Florian: Das finde ich traurig.

Andreas: Schauen wir mal, wie es sich entwickelt. Fakt ist: Der Exodus aus den mittelständischen Unternehmen ist groß. Die Gen Y bleibt nicht lang. Höchstens zwei Jahre. Dann ist Schluss. Die meisten machen sogar noch früher den Abgang! Und das, obwohl es tolle Produkte und Dienstleistungen im Mittelstand gibt, bei denen es sich lohnt, sie ans digitale Zeitalter anzupassen. Aber dafür habt ihr keinen Blick. Da ist das FlixBus-Unternehmen eine wohltuende Ausnahme. Die haben sich nicht eingebildet, alles neu erfinden zu müssen. Die haben die Idee des Busreisens einfach weiterentwickelt, diese Art des Reisens auch für junge Leute attraktiv gemacht *[siehe dazu Interview mit Daniel Krauss]*.

Florian: Aber das ist nicht nur bei FlixBus so. Es gibt noch viel mehr Beispiele, wo junge Leute Probleme erkannt haben und diese mit einer Dienstleistung ändern! Und ich stimme dir zu. Es gibt wirklich viele coole Produkte, die von mittelständischen Unternehmen hergestellt werden und die nur ein Update bräuchten, dann wären die fit für die nächsten Jahre. Ich denke aber, es sind weniger die Produkte und Dienstleistungen, die den Exodus bewirken. Es sind die hierarchischen, starren, unflexiblen Strukturen, die uns in die Arme anderer Unternehmen treiben.

Andreas: Klar, solche Start-ups haben zunächst viel Sex-Appeal, aber wenn die wachsen, müssen die auch ganz anders gemanagt werden. Das hat dir Elisa Naranjo von einhorn doch im Interview erzählt. »Auf Zuruf« – das klappt dann nicht mehr. Mit anderen Worten: Früher oder später kommt ihr genau an den gleichen Punkt, der euch aus den mittelständischen Unternehmen hinausgetrieben hat. Der schmerzhafte Punkt, an dem nur noch Durchbeißen hilft. Nur Konsequenz und die richtige Haltung führen zu nachhaltigen Ergebnissen. Also, warum macht ihr das dann nicht gleich bei den etablierten Unternehmen?

Florian: Wenn wir wirklich das Gefühl hätten, dass die Ziele stimmen und die Bereitschaft da ist, etwas zu ändern, dann würden wir uns reinhängen. Ich kann das aber nicht erkennen und viele andere aus meiner Generation auch nicht. Im Gegenteil. Schließlich kannst du die Ergebnisse der Studie auch andersherum lesen: Nicht die Gen Y ist lau, sondern der Innovationsstau ist so groß, dass trotz viel guten Willens sich das Leben in den Unternehmen anfühlt, als würden wir dort auf der Stelle treten. Eine echte Sisyphusarbeit: Du rollst den Stein hoch und er rollt wieder runter. Und dann musst du wieder von vorn anfangen. *Es ändert sich aber nichts!* Das ist total frustrierend!

Andreas: Weißt du, Florian, beides ist mühsam: der Umbau alter Strukturen, aber auch der Aufbau neuer Strukturen! Ich sag doch: Der Punkt, an dem ihr die Zähne zusammenbeißen müsst, kommt auf jeden Fall. Deswegen ist es wichtig, dass ihr lernt, wie man damit umgeht. Ihr aber träumt von einem »Shortcut«. Ihr wollt nicht den normalen Weg gehen, sondern ihr sucht die Abkürzung zum Erfolg. Dieser Traum sagt viel über euch aus: Eine tolle Idee haben, sich voll reinhängen, aber nur zwei Jahre oder so, und dann abkassieren und sich den Rest des Lebens von dieser »Anstrengung« ausruhen und in Muße leben.

Florian: Es geht nicht um Shortcut oder Träumerei, es geht darum, wirklich etwas zu verändern! Dann sind wir auch bereit, dafür zu kämpfen, alles andere ist doch verlorene Liebesmüh! Aber um bei deinem Shortcut zu bleiben – du gibst aber doch zu, dass die Vorstellung verführerisch ist, oder?

Andreas: Weiß ich nicht, ein solches Leben stelle ich mir ziemlich langweilig vor. Ich suche immer wieder die Herausforderung.

Florian: Okay, das Glück sucht jeder woanders. Ich will noch mal auf Folgendes zurückkommen: Die Blockaden und der Innovationsstau in den mittelständischen Unternehmen sind so dramatisch, dass viele von uns meinen: Da wird sich *nie* etwas ändern.

Andreas: Da täuscht ihr euch! Ich denke, die Bereitschaft, etwas zu ändern, ist viel größer in den mittelständischen Unternehmen, als ihr glaubt. Oder ist es spätestens dann, wenn der Leidensdruck hoch genug ist und an der Erkenntnis kein Weg mehr vorbeiführt, dass etwas umgestaltet werden muss. Dann sind doch eure Chancen da! Ihr müsst sie nur ergreifen! Manchmal muss man eben doch ein bisschen Geduld haben.

Florian: Wenn wir so lange warten, ist es vielleicht für die Unternehmen zu spät! Im Moment aber scheint der Leidensdruck noch nicht groß genug zu sein. Der Widerstand gegen Veränderungen in den Unternehmen ist enorm. Zugespitzt könnte man sagen: Die Studie hat gezeigt, dass nach wie vor *überwiegend* aufgabenorientiert geführt wird und dass derjenige, der nicht spurt, sanktioniert statt motiviert wird,[11] die Demotivation geht runter bis auf die unterste Ebene. Es gibt ein bisschen Spielraum für mehr Kommunikation und weniger Hierarchie. Die Veränderungen bewegen sich allerdings im Millimeterbereich. Und die Nutzung der digitalen Medien erschöpft sich im Schreiben von E-Mails und Firmenwikis! *Das soll innovativ sein?* Ich dachte, Unternehmer stehen auf Innovationen!

Andreas: Vielleicht wollt ihr zu viel auf einmal? Wenn eure Verweildauer in den etablierten Unternehmen länger wäre, könntet ihr noch eine Menge von dem lernen, was ihr später sehr gut gebrauchen könntet, auch dann, wenn ihr selbst einmal gründet.

Florian: Als da wäre?

Andreas: Full-Range-Leadership. Meine Trainingserfahrung sagt mir, dass die Babyboomer und die Generation X diejenigen sind, die souverän zwischen den verschiedenen Führungsstilen hin und her wechseln können. Von den verschiedenen Facetten der transaktionalen Führung bis hin zum transformationalen Führungsstil. Wir werden zudem noch einige Jahre ohne Vollautomation auskommen, selbst dann, wenn alles viel schneller geht als früher. Die analoge Welt und die digitale Welt werden in den Unternehmen noch eine Weile parallel existieren. Und einige Aufgaben werden niemals vollautomatisiert sein, nämlich die, bei denen das Persönliche eine Rolle spielt, beispielsweise im Vertrieb – da bin ich sicher. Das wird sich hybrid gestalten: ein Wechsel zwischen digital und analog. **Entscheidend ist: Du musst verschiedene Führungstechniken beherrschen und souverän zwischen ihnen wechseln können. Schließlich wird nach einiger Zeit so manches, was »old fashioned« erschien, irgendwann wieder modern.**

Florian: Ach ja?

Andreas: Ich nenne mal ein Beispiel: Emmas Enkel! Der neue Tante-Emma-Laden. Topidee eines unserer Kunden, leider hat die Metro nach der Übernahme das Konzept nicht mehr weiterführen wollen. Früher war das mal völlig out, als die ersten Supermärkte aufkamen. Heute sind Bioläden »in«, und die sind, wenn man genau hinguckt, nichts anderes als Emmas Enkel – nur mit neuem Label. Früher waren alle Lebensmittel bio, und dieser persönliche Moment, der in den Bioläden so gefeiert wird, den gab es auch schon in den Tante-Emma-Läden. Persönlich nicht nur gegenüber dem Kunden, sondern auch gegenüber den Mitarbeitern. In vielen kleinen Bioläden ist wieder der persönliche Führungsstil angesagt. Das ist also gar nicht so neu! Deswegen wäre ich an deiner Stelle vorsichtig mit Aussagen, dieser oder jener Führungsstil sei obsolet. Aus der Praxis weiß ich: Jede Unternehmenskultur ist anders, und das oft aus gutem Grund! Nur wenige Führungstechniken zu beherrschen, finde ich bedenklich. Damit machst du dir als Führungskraft deinen Handlungsspielraum viel zu klein. Das ist gefährlich!

Florian: Aber du stimmst mir doch zu, dass es so, wie es jetzt ist, nicht weitergehen kann, oder?

Andreas: Da stimme ich dir zu. Manchmal habe ich im Training sogar den Eindruck, dass das Ausmaß der Veränderung, das mit der Digitalisierung einhergeht, gar nicht verstanden wird. Manche verkünden mir stolz, dass sie eine WhatsApp-Gruppe gegründet haben, und meinen dann, das wäre genug der Veränderung! Oft ist es aber auch so, dass die Ängste bei den Mitarbeitern und auch bei den Führungskräften groß sind angesichts der enormen Herausforderungen, vor die uns die Digitalisierung stellt. **Ich glaube, dass die größten Barrieren in dieser Umbruchphase aus dem *emotionalen* Bereich kommen. Es geht um die Menschen! Genau da müssen die Führungskräfte ansetzen, wenn sie den Transformationsprozess vorantreiben wollen.** Wer führt, muss verstehen, wo der andere emotional steht. Eine Führungskraft muss wissen, wie sich die Jungen und die, die schon mehr Berufserfahrung haben, fühlen. Und als sei das nicht schon schwierig genug, müssen die Führungskräfte auch noch beide im Unternehmen zusammenführen. Das ist eine echte Herausforderung. Vor allem in diesen Zeiten. Aber einige haben das schon verstanden. Das hat die Studie doch gezeigt.

Florian: Ja, ich habe mich im Nachgang mit verschiedenen Personen darüber unterhalten. Es gibt einige Topmanager, die wirklich als Role-Model dienen, wie Dr. Andreas Jacobs, Michael Kutschinski von OgilvyOne oder Dr. Karl Nowak, der Vorstand bei Bosch ist. Die setzen das um!

Andreas: Sie haben verstanden, worum es geht. Sie sehen, wie heute Wertschöpfungsketten entstehen. Und sie wissen, dass Kommunikation elementar ist, weil die, die zusammenarbeiten, nicht im Büro nebenan sitzen, sondern auf einem anderen Kontinent, und wenn wir mit denen chatten oder skypen, haben die vielleicht gerade Mitternacht oder es herrscht brütende Hitze. Wenn so gearbeitet wird, wird plötzlich die *Person* ganz wichtig, vor allem die Persönlichkeit desjenigen, der die Gruppe führt und zusammenhält. In der Vergangenheit haben wir uns auf Standards und Benchmarks konzentriert. Sozusagen *funktional* geführt. Das wird sich ändern!

Florian: Da sprichst du meiner Meinung nach etwas ganz Entscheidendes an! Ich glaube auch, dass aufgrund der globalen Arbeitsweise, die ohne Digitalisierung gar nicht möglich wäre, das Persönliche ganz wichtig wird. Wenn die Führungsperson nicht authentisch, nicht glaubwürdig ist, klappt die Zusammenarbeit nicht. Da kann es noch so viele Regeln und Benchmarks geben. Wenn eine Führungsperson Menschen nicht mitreißen kann und niemand ist, dem man vertraut, kommt man über Zeitzonen und geografische Entfernungen nicht zueinander.

Andreas: Richtig. Ich denke, man kann an dem Beispiel auch noch etwas anderes ablesen: Neue Techniken erzeugen neue Verhaltensweisen. Das scheint mir der Knackpunkt zu sein. Genau an der Stelle knirscht es zwischen denen, die schon lange im Betrieb sind, und denen, die zu deiner Generation gehören. Da gibt es viel gegenseitiges Unverständnis.

Florian: Genau das meine ich. **Durch die Digitalisierung und die damit verbundenen neuen Lebensformen ist der Kulturbruch zwischen den Generationen viel größer als früher. Deswegen glaube ich auch nicht an den typischen Generationenkonflikt. Der Bruch geht viel tiefer.** Ich denke, wir befinden uns in einer Art Zeitenwende. Da ist noch viel Aufklärungsarbeit zu leisten.

Andreas: Das denke ich auch. Dann lass uns doch mal die neuen Verhaltensweisen der Digital Natives betrachten, damit wir klarer sehen.

(Copyright: FlixMobility GmbH)

Name: Daniel Krauss
Unternehmen: FlixBus
Branche: Mobility
Position: CIO / Co-Founder
Alter: 34

Daniel Krauss wurde 1983 in Neheim-Hüsten (Hochsauerland) geboren. Er studierte Wirtschaftswissenschaften an der Fernuniversität Hagen. Krauss hat unter anderem für die Siemens AG und Microsoft gearbeitet. Die Autoren sprechen mit ihm über gutes Timing und über den Unterschied zwischen Revolution und Reform.

DANIEL KRAUSS:

»Busfahren ist wieder in«

Andreas: Ihr habt mit FlixBus den Busmarkt aufgerollt. Heute ist FlixBus im Bereich Fernbusreisen führend, ihr habt Mitbewerber wie Postbus oder MeinFernbus aufgekauft. Habt ihr das allein mit eurer aggressiven Preispolitik geschafft?

Daniel: Die günstigen Preise spielen sicher eine wichtige Rolle, aber letztlich hatten wir Glück und ein verdammt gutes Timing. Wir haben einfach viele kleine Entscheidungen richtig getroffen. Eine davon war definitiv unser Businessmodell. Denn es war recht schnell klar, dass sich in diesem Markt nicht die Spieler mit dem großen Geld, sondern die, die schnell und flexibel auf Kundenwünsche reagieren, durchsetzen werden.

Andreas: Inwiefern geht ihr flexibler auf Kundenwünsche ein als die anderen Mitbewerber am Markt? Kannst du uns ein konkretes Beispiel nennen?

Daniel: Wir bekommen tagtäglich wahnsinnig viel Feedback von unseren Kunden über Facebook, Twitter oder Instagram und natürlich über unsere Qualitätsumfragen. Dieses Feedback nutzen wir, um unseren Service noch besser an die Kundenbedürfnisse anzupassen. Neben der Verbesserung des Komforts an Bord steht bei uns vor allen Dingen die digitale Komponente im Vordergrund. Kürzlich haben wir eine Pilotphase für Sitzplatzreservierungen gestartet und bieten auf vereinzelten Verbindungen nun die Möglichkeit, feste Plätze im Bus zu buchen. Zudem haben wir das neue Feature »Where is my bus« in unserer mobilen iOS-App integriert, mit dem unsere Kunden jederzeit nachvollziehen können, wo sich ihr Bus befindet.

Florian: Was habt ihr noch richtig gemacht?

Daniel: Wir haben dem Busfahren ein radikales Upgrade verpasst: Ticket per App, Echtzeitinformationen zum Busstandort, Stromanschlüsse und Internet in den Bussen und vor allem: freundliche, hilfsbereite Fahrer und Fahrerinnen. Der Kunde bekommt ein durchgängig gutes Nutzererlebnis. Auch unsere Kerndienstleistung stimmt: Wir fahren alle wichtigen Städte in Deutschland und in Europa an, und das zu sensationell günstigen Preisen. Wir haben ein Netzwerk, das 26 Länder umfasst. Wer mit uns reist, hat die Möglichkeit, ganz Europa zu entdecken!

Florian: Ganz ehrlich, wirklich innovativ ist es nicht, Busreisen anzubieten. Wie seid ihr das angestaubte Image der Branche losgeworden?

Daniel: In der Tat: Busreisen hat man in der Vergangenheit eher mit Kaffeefahrten und dem Verkauf von Heizdecken verbunden. Wir aber wollen unseren Kunden ein komplett neues Reiseerlebnis bieten. Durch moderne Servicestandards wie etwa Wi-Fi oder Aircondition an Bord bietet FlixBus eine echte Alternative. Eine, die auch junge Leute begeistert. Aber du hast recht: Dabei verstehen wir uns eher als Reformer denn als Revolutionäre. Wir haben das Reisen mit dem Bus zwar nicht erfunden, wir haben es aber intelligent ans 21. Jahrhundert angepasst. Wir haben die Idee weiterentwickelt, wo es nötig war, ohne Bestehendes zu zerstören. So sieht eine gelungene Reform aus.

Florian: Ihr habt mittlerweile über 1000 Mitarbeiter. Rund 7000 Fahrer und Fahrerinnen stehen euch über eure regionalen Buspartnerunternehmen zur Verfügung. Die Riesenflotte der grünen Busse ist nahezu in ganz Europa auf den Straßen zu sehen. Ihr seid nun nicht mehr das kleine Start-up, sondern ein großes Unternehmen. Mit Investoren wie Daimler, der Holtzbrinck-Gruppe und der amerikanischen Beteiligungsgesellschaft Silver Lake habt ihr Konzerne mit ins Boot geholt, auch wenn ihr als Gründer nach wie vor die Mehrheit habt. Seid ihr noch Mittelständler oder auf dem Weg zum Konzern?

Daniel: In den letzten fünf Jahren haben wir es geschafft, uns von einem deutschen Fernbusunternehmen zu einer internationalen Mobilitätsplattform zu entwickeln. Ein derartig schnell wachsendes, mittlerweile internationales Team erfordert gute Abstimmung und Zusammenarbeit. Durch viel Mut, Teamgeist, Kundenorientierung und Gründerspirit haben wir viel erreicht. Wir möchten als Unternehmen auch in Zukunft agil, schnell und flexibel bleiben.

Andreas: Was waren in der Gründungsphase die größten Herausforderungen für euch als Führungskräfte?

Daniel: Belastend war am Anfang vor allem die Frage, ob der Fernbusmarkt tatsächlich liberalisiert wird. Als die Zitterpartie vorbei war, mussten wir die nächste Hürde nehmen und traditionelle, sicherheitsliebende Mittelständler von unserer Idee überzeugen: Wir machen das Marketing und den Vertrieb und ihr fahrt die Busse.

Andreas: Offenbar habt ihr sie überzeugt.

Daniel: Ja. Darüber sind wir sehr froh, denn das sind traditionelle Familienunternehmen mit jahrelanger Erfahrung in der Busbranche. Sie verantworten die tägliche Durchführung der grünen Busflotte. Die Fahrer sind das Gesicht von FlixBus im täglichen Kundenkontakt. Von ihnen hängt maßgeblich ab, dass unsere Kunden sicher und zufrieden ans

Ziel kommen. Uns gehört übrigens nur ein Bus. Den mussten wir anschaffen, weil das Gesetz das vorschreibt.

Florian: Was war dann der nächste Schritt?

Daniel: Danach mussten wir ein gutes Team an den Start bringen. Es ist absolut entscheidend, die richtigen Leute zu finden, die zur Unternehmenskultur passen und die die Idee vom Produkt mit dir teilen.

Andreas: Kann ich mir vorstellen. Das ist ja immer der springende Punkt. Und wie habt ihr euer Wachstum gemanagt?

Daniel: Am Anfang waren wir als Gründer noch an vielen Prozessen beteiligt, wie zum Beispiel am Prozess der Personalgewinnung. Das hat sich natürlich geändert. Wir haben strukturierte Prozesse eingeführt und somit auch Verantwortung abgegeben. Wir setzen sehr viel Vertrauen in unser Team, dass es den Spirit unseres Unternehmens weiterträgt und begeisterungsfähige Kollegen findet, die auch mal querdenken können.

Florian: Mein Eindruck ist, dass das Thema Mobilität sich gerade sehr stark verändert, vorwiegend in den großen Städten. Dort wird immer mehr eine umweltschonende Mobilität – Car-Sharing, E-Mobility, Bike-Sharing – praktiziert. Wie können auch die ländlichen Regionen und die kleinen Städte davon profitieren?

Daniel: Wir jedenfalls tragen eine Menge dazu bei, dass man auch in den kleineren Städten nicht gezwungen ist, ein Auto zu haben. Wir bauen unser Netzwerk stetig aus, so fahren wir beispielsweise nicht nur die Großstädte an, sondern auch kleinere Orte wie Liezen, wo rund 7000 Menschen leben. Viele kleine Orte und Städte sind durch FlixBus jetzt mit ganz Europa verbunden. Wir kurbeln auch deren Wirtschaft an, denn die Besucher bringen Geld. Sie kaufen ein oder essen etwas. Zudem schaffen wir Arbeitsplätze in den Busunternehmen, die mit uns zusammenarbeiten. Zum Thema umweltschonende Mobilität sage ich nur: Durch uns wird Reisen umweltfreundlicher. Ein Bus transportiert schließlich nicht *eine* Person, sondern viele Menschen. So werden Abgase reduziert.

Florian: Ist es in Wahrheit nicht andersherum? Dass jetzt viele Menschen mehr als zuvor reisen, weil es die günstigen Angebote gibt? Das entlastet die Umwelt nicht.

Daniel: Das glaube ich nicht, denn Reisen ist insgesamt sehr günstig geworden. Es gibt Billigflieger, Mitfahrgelegenheiten und vieles mehr. Die Menschen sind heute einfach mobiler als früher. Reisen würden die Menschen auch ohne uns. Mit uns können sie es aber bequemer, günstiger und ökologischer.

Florian: Was unterscheidet euch vom klassischen Busunternehmen? Und was können die öffentlichen Verkehrsanbieter von euch lernen?

Daniel: Rund zwei Drittel der befragten Fernbusfahrer gaben an, sich sehr stark mit der Marke FlixBus zu identifizieren. Das freut uns sehr, denn die Mitarbeiter sind das wichtigste Qualitätsmerkmal unseres Produkts. Diese starke Identifikation der Mitarbeiter mit der Marke gibt es, soweit ich weiß, bei anderen Anbietern und auch bei öffentlichen Verkehrsanbietern nicht.

Florian: Was können die anderen noch von euch lernen?

Daniel: Es ist wichtig, nah am Produkt und am Kunden zu sein. Da muss man immer am Ball bleiben. Aufgrund dieser Nähe wissen wir ganz genau, was unsere Kunden wollen. Aufgrund dieser Rückmeldungen kann unser Team die Produktinnovationen und das Angebot stetig ausbauen. Im Gegensatz zur Konkurrenz können wir daher oft viel schneller und flexibler auf Veränderungen reagieren. So haben wir die Busse voll bekommen und können das Geschäft, trotz günstiger Ticketpreise, auch rentabel betreiben.

Andreas: Daniel, wie motiviert ihr euer Team?

Daniel: Das ganze Team muss hart arbeiten, um stets das beste Produkt und Angebot zu liefern. Deshalb ist es wichtig, seine Erfolge zu feiern, auch die kleinen. Trotz aller Erfolge dürfen wir eine gewisse Demut nie verlieren! Unsere wichtigsten Aufgaben als Führungskräfte sind: das Team zu motivieren und strategisch in die Zukunft zu schauen. Auch bei Rückschlägen muss man den Kollegen signalisieren: »Dumm gelaufen, aber Kopf hoch, beim nächsten Mal wird es besser!«

Andreas: Würde es FlixBus ohne die Digitalisierung geben?

Daniel: Auf jeden Fall spielt die Digitalisierung bei uns eine wichtige Rolle. Beispielsweise kannst du über Google Maps in Echtzeit sehen, wo unsere Standorte sind, wo du umsteigen kannst. Dann kommt noch das große Streckennetz hinzu. Wer 26 Länder anfährt, kann nur digital mit allen intensiv kommunizieren. So können wir Abläufe sehr effektiv organisieren. Meiner Ansicht nach ist durch dieses globale Arbeiten entscheidend, wer du als Führungskraft bist, sonst folgen dir die anderen nicht. Durch die Digitalisierung haben wir auch einen europaweiten Kundenstamm. Ohne das Internet wären wir nicht so schnell gewachsen.

Andreas: Letzte Frage: Worauf bist du stolz?

Daniel: Dass wir das Busfahren wieder sexy gemacht haben!

(Copyright: Elisa Naranjo)

Elisa Naranjo ist Head of Fairstainability bei der Kondommarke einhorn. Einhorn versteht sich als Social Business. Naranjo ist unter anderem dafür verantwortlich, dass nicht nur die Lieferkette »sauber« ist, sondern auch die inneren Unternehmensstrukturen nachhaltig und sozial gestaltet werden.

ELISA NARANJO:

»Wirtschaft neu denken – sozial, digital, profitabel«

Florian: Elisa, wer oder was ist »einhorn«?

Elisa: Einhorn ist ein Start-up, das sich zum Ziel gesetzt hat, die Wirtschaft zu ›unfucken‹. Wir wollen mit einhorn den Beweis liefern, dass man groß denken, ein skalierbares Unternehmen aufbauen und gleichzeitig an den großen Herausforderungen unserer Zeit arbeiten kann, wie etwa Klimawandel oder globale Ungerechtigkeit. Wir wollen nicht Teil des Problems, sondern der Lösung sein. Wir haben uns über Crowdfunding finanziert und innerhalb weniger Wochen über 100 000 Euro durch Vorabverkauf eingesammelt. Seitdem finanzieren wir uns über den Cashflow. Das ist natürlich ein Traum, keine Investoren im Rücken zu haben! Mittlerweile sind wir 18 Einhörner.

Florian: Das klingt nach einem Unternehmen, in das man gern seine ganze Energie steckt. Was hält dich bei einhorn?

Elisa: Ich habe Wirtschaft und Entwicklungszusammenarbeit (Business and Development Studies) in Kopenhagen studiert. Ich bin halb Ecuadorianerin, man kann also sagen, dass zwei Herzen in meiner Brust schlagen. Ich liebe andere Kulturen und ich liebe es, herauszufinden, was in anderen Ländern »normal« ist. In dem Sinn faszinieren mich auch Unternehmenskulturen, was sie beeinflusst und ob und wie man sie verändern kann.

Florian: Elisa, du bist Head of Fairstainability. Kannst du sagen, was sich hinter dieser Jobbezeichnung verbirgt?

Elisa: Unsere Kondome sollen fair und nachhaltig hergestellt werden. Das heißt: Wir reinvestieren 50 Prozent unserer Gewinne in die Lieferkette, damit auch die Menschen, die auf den Kautschukplantagen für uns arbeiten, fair bezahlt werden. Das ist der eine Aspekt. Da die Kondome aus Naturkautschuk hergestellt werden, versuchen wir aber auch, den Chemikalieneinsatz auf den Kautschukplantagen zu verringern. Das ist der andere Aspekt. Denn die Natur soll durch unser Produkt so wenig wie möglich belastet werden. Generell gilt: Wir schauen uns die gesamte Wertschöpfungskette sehr genau an und wollen diese immer weiter in Richtung fair und nachhaltig verbessern. Genau das sind meine Aufgaben als Head of Fairstainability.

Florian: Ihr versteht euch als Social Business. Viele Menschen denken, dass »social« und »business« nicht zusammengehen. Worum geht es dabei?

Elisa: Ja, wir sind ein Social Business. In der Tat: Viele glauben, das sei ein Widerspruch in sich. Wir aber sind davon überzeugt, dass beides ganz wunderbar zusammengeht. Anders als bei »Shareholder-Value only« nutzen wir unser Produkt oder das Unternehmen, um soziale Herausforderungen zu lösen. Beispielsweise schafft unser Produkt

Arbeitsplätze. Zugleich ist es aber auch Business. Wir verdienen Geld damit.

Florian: Dann ist ein herkömmlicher Unternehmer auch sozial. Der schafft auch Arbeitsplätze.

Elisa: Okay, aber der achtet vielleicht nicht darauf, dass die gesamte Lieferkette dem Prinzip von »fair und nachhaltig« folgt. Das betrifft die Bezahlung genauso wie die Arbeitsbedingungen, aber auch den Umgang mit der Natur, etwa, wie der Kautschuk gewonnen wird. Selbstverständlich soll auch das Produkt selbst für die Kunden eine gute Sache sein. Es verhindert Krankheiten und ungewollte Schwangerschaften und hat zudem keine Nebenwirkungen. Der Anspruch, Wirtschaft neu zu denken, geht aber noch weiter. Wir müssen uns fragen, wie wir uns selbst managen. Ist auch das Management im Unternehmen sozial und fair?

Florian: Und? Ist es das?

Elisa: Am Anfang, als wir nur zehn Leute waren, war klar, welche Prioritäten wir haben, wer welche Aufgaben macht. Wir mussten nicht darüber reden. Wir mussten einfach in die Gewinnzone kommen. Dann aber wurden wir profitabel. Das war ein Einschnitt. Wir wuchsen auf 16, 17, 18 Leute an, und dann war es irgendwie nicht mehr so selbstverständlich, wie wir uns organisieren. Wir hatten plötzlich mehrere Abteilungen, und dann war nicht mehr so klar, wie die Aufgaben verteilt werden. Wir mussten uns also über die Organisation Gedanken machen. Wir mussten auch darüber nachdenken, was wir mit dem Geld anfangen. Wir wollten schließlich ein Unternehmen aufbauen, das anders ist, auch in den Unternehmensstrukturen.

Florian: Wie habt ihr euch entschieden?

Elisa: Wir haben uns erst einmal schlau gemacht. Ich habe natürlich das Buch *Reinventing Organizations* gelesen. Das ist ein Leitfaden, wie man sinnstiftende Formen der Zusammenarbeit organisiert. Das wird gemeinhin mit New Work bezeichnet. Im Rückblick würde ich sagen, ich bin in diese Aufgabe, die Arbeit bei einhorn sozial und fair zu gestalten, ziemlich naiv reingestolpert. Heute weiß ich besser über das Thema Bescheid und bin nun auch für solche Fragen im Unternehmen verantwortlich. Einen Titel habe ich mir dafür aber noch nicht gegeben.

Florian: Ach, du gibst dir den Titel selbst?

Elisa: Ja, klar.

Florian: Ist so ein Titel denn für euch noch wichtig?

Elisa: Also, für uns intern nicht, für die Außenwelt schon. Wenn irgendwo »CEO« drunter steht, bekommt man natürlich schneller eine Antwort. Für die Pressearbeit spielt das auch eine Rolle. Man kriegt ganz andere Anfragen.

Florian: Ich komme nochmals auf das sinnstiftende Management zurück. Welche Ideen hattet ihr? Wie habt ihr das Anderssein umgesetzt?

Elisa: Also, die erste Idee war, Privates und Berufliches zu verbinden. Ich nenne mal ein Beispiel: Wer schon immer Lust hatte, irgendwann mal ein Buch zu schreiben, sollte das tun, also einen Kosmos finden, in dem er sich entfalten kann. Wenn dieses Buch zugleich auch gut fürs Unternehmen ist, ist die Sache perfekt. Das ist mit sinnstiftendem Management gemeint.

Florian: Hört sich ungewöhnlich an. Aber das ist ja nur ein Beispiel. Was habt ihr konkret umgesetzt?

Elisa: Vor eineinhalb Jahren haben wir uns zusammengesetzt und uns alle gefragt, was wir eigentlich im Leben erreichen wollen. Persönlich und beruflich. Wir haben uns gefragt: Wo wollen wir hin? Es war toll, sich darüber auszutauschen. Dabei kam zum Beispiel heraus, dass viele von uns irgendwann ein Haus im Grünen haben wollen, einfach weil Berlin als Stadt manchmal sehr stressig ist. Und dann haben wir gesagt: Okay, wenn man das als Privatperson macht, kann man sich das wahrscheinlich nie leisten oder erst mit 40 oder so. Wenn man das aber als Unternehmen macht, ist das gar nicht mal so teuer. Also haben wir beschlossen, uns gemeinsam ein Haus zu suchen. Ein Haus, um sich zurückziehen und in Ruhe arbeiten zu können, aber auch, um mal am Wochenende mit Freunden hinzufahren. Die Umsetzung dieser Idee hat dann ewig gedauert, weil sich niemand wirklich dahintergeklemmt hat. Seit November haben wir irgendwo im Nirgendwo endlich eine Wohnung angemietet.

Florian: Ihr habt also jetzt eine Firmenwohnung – kein Haus – im Grünen. Wie nutzt ihr die?

Elisa: Wir sind mit den Teams hingefahren. In so einer ruhigen Umgebung im Grünen können wir wunderbar Brainstorming machen oder ganz in Ruhe arbeiten. Die private Nutzung der Wohnung wird im Sommer und Frühjahr natürlich zunehmen. Ich denke, wenn man so arbeitet, kann man sich ganz anders fokussieren. Aber die Wohnung kann man auch nutzen, wenn das Wetter toll ist. So nach dem Motto: Du arbeitest an deinen Projekten, sitzt dabei im Garten und lässt dir die Sonne auf den Bauch scheinen. Wir wollen Privates und Berufliches sinnvoll miteinander verbinden.

Florian: Und wenn alle zur gleichen Zeit hinwollen?

Elisa: Dann müssen wir das absprechen, einen Plan machen.

Florian: Die Spontaneität geht dann aber flöten, oder?

Elisa: Es gibt sechs Schlafplätze und zur Not kann man auch noch zelten. Aber das war so die erste

Idee, die wir hatten, als wir darüber nachdachten, dass wir anders arbeiten wollen, als es gemeinhin üblich ist. Wir schaffen uns einen Mikrokosmos, der so ist, wie wir ihn wollen. Dahinter steht folgender Gedanke: Wenn man nicht glücklich ist mit seiner Aufgabe im Unternehmen, dann muss man eben eine andere Aufgabe finden. Wir sehen jedenfalls keinen Sinn darin, dass Menschen, die bei einhorn arbeiten, unglücklich sind.

Florian: Aber es gibt doch bestimmt auch bei euch Aufgaben, die nicht so angenehm sind.

Elisa: Ja, klar. Es gibt Aufgaben, die keiner machen will. Dachten wir zumindest und wollten diese ungeliebte Arbeit zunächst gerecht unter uns aufteilen, aber dann haben wir festgestellt, dass es Leute im Team gab, die sagten, sie hätten richtig Bock, das zu machen. Das wusste nur vorher keiner. Natürlich gibt es auch Aufgaben, da meldet sich keiner. Wir haben uns dann überlegt, wie wir die gestalten können, damit sie mehr Spaß machen. Zunächst dachten wir an ein rotierendes System und teilten die Arbeit in kleine Häppchen auf, sodass es für keinen zu viel wird.

Florian: Was will denn keiner machen?

Elisa: Telefondienst. Immer wenn man ans Telefon geht, hat man danach irgendwie mehr zu tun oder, keine Ahnung, irgendwelche doofen Anfragen. Und dann haben wir gesagt: Okay, wir könnten das ja auch witzig machen, das heißt, jeder, der ans Telefon geht, muss erst mal einen Witz erzählen. Es gibt Mitarbeiter, die sind so witzig, dass wir uns alle darauf freuen, wenn die Telefondienst haben.

Florian: Was ist denn die beste Ansage? Oder muss ich dafür erst bei euch anrufen?

Elisa: Die beste Ansage stammt von Sandra, die hatte den Trailer von der Serie *Game of Thrones* einfach an einer Stelle umgetextet. Statt des Spruches: »Wir haben Feinde im Westen, Osten, Norden und Süden«, untermalt mit dramatischer Musik, hat sie das Wort »Feinde« einfach durch »Penis« ersetzt. Immerhin sind wir ja ein Kondomanbieter. Also, das war schon echt sehr, sehr lustig! Oder wir haben uns am Telefon verstellt und den Anrufern gesagt: »Wir sind von der katholischen Kirche und müssen den Feind von innen bekämpfen. Deshalb haben wir jetzt einhorn infiltriert.«

Florian: Aber auf Dauer ist es anstrengend, immer witzig sein zu müssen, oder?

Elisa: Das mit den Witzen hat zwei, drei Monate gut geklappt, und jetzt ist es so, dass sich zwei Leute gezielt Gedanken gemacht haben, was man alles für witzige Ansagen machen könnte. Auf die Sprüche können wir immer zurückgreifen. Mittlerweile ist es so, dass wir uns entweder mit einem lustigen Spruch melden oder ganz normal – je nachdem, wie wir drauf sind. Alles in allem ist der

Telefondienst nicht mehr so nervig, weil wir ihn ein bisschen aufgelockert haben.

Florian: Das klingt alles sehr unterhaltsam, aber ihr seid nicht nur spaßig, sondern auch profitabel. Ich vermute, dass bei euch auch hart gearbeitet wird.

Elisa: Ja, sicher, bei uns wird auch viel gearbeitet. Man glaubt es kaum, aber das ganze New-Work-Thema zum Beispiel ist wirklich sehr anstrengend. Das ist auch meine größte Kritik am New-Work-Hype. Es wird immer so getan, als ob die selbstführenden Teams ganz von alleine funktionieren, wenn man das nur erst einmal eingeführt hat. Das stimmt einfach nicht! Das ist viel harte Arbeit, bis die Teams sich tatsächlich selbst führen!

Florian: Was genau verstehst du unter selbstführenden Teams?

Elisa: Selbstführende Teams sind für mich Teams, die selbst bestimmen, wie sie arbeiten und sich organisieren wollen, wer die Entscheidungen trifft und wie. Das kann für jedes Team anders sein. Wenn ein Team sich zum Beispiel entscheidet, die Verantwortung auf die bekannte Art in eine Hand zu geben, also sich hierarchisch zu organisieren, ist das völlig okay. Wichtig ist, dass die Entscheidung beim Team lag.

Florian: Glaubst du, dass für jeden die Selbstführung das Richtige ist?

Elisa: Ob das für jeden etwas ist? Manche brauchen mehr Anleitung als andere. Für einige ist es hingegen total leicht, Verantwortung zu übernehmen, die tun sich damit nicht schwer. Aber Verantwortung hat immer zwei Seiten, eine gute und eine schlechte. Die gute macht Spaß. Deshalb wollen auch alle Führungskräfte werden. Wenn du führst, kannst du dir deine Aufgaben selbst aussuchen. Du kannst strategisch arbeiten und selbst bestimmen, was du machen willst, wohin du willst. Aber Verantwortung hat natürlich auch eine negative Seite. Du musst Dinge ansprechen, die unangenehm sind. Du bist verantwortlich, wenn etwas nicht gut läuft. Früher war das die Aufgabe des Chefs, und als Mitarbeiter konnte man sich zurücklehnen und meckern, dass der Chef das ganz anders machen müsste oder dies und jenes nicht sieht. Bei einhorn ist das anders. Da muss man sich selbst darum kümmern, und das ist Arbeit. Trotzdem glaube ich, dass die herkömmliche Methode, die Bevormundung, schlechter ist.

Florian: Glaubst du denn, dass in traditionellen Unternehmen mehr bevormundet wird?

Elisa: Natürlich gibt es auch in den traditionellen Unternehmen richtig gute Führungskräfte. Es ist ja nicht so, dass alle dort unglücklich sind. Die Mitarbeiter und Mitarbeiterinnen sind aber dann unglücklich, wenn sie eine Führungskraft haben, die ihnen wenig Autonomie bei der Arbeit zugesteht. Oft dürfen die Kollegen die Arbeit nicht so gestalten, wie sie es für sinnvoll halten. Es wird in unserer Wirtschaft viel zu wenig denjenigen zugehört, die wissen, wie sich die Arbeit konkret vor Ort gestaltet. Stattdessen wird einfach von oben entschieden. Das meine ich mit Bevormundung. Dazu gibt es doch Unmengen an Daten; 70 Prozent der Menschen sind am Arbeitsplatz unzufrieden und 15 Prozent haben innerlich längst gekündigt. Deswegen macht es für uns bei einhorn Sinn, darüber nachzudenken, wie wir die Arbeit selbstbestimmter organisieren können, damit die Menschen, die bei uns arbeiten, mit ihrem Job zufrieden sind. Viele mittelständische Unternehmen beklagen sich über einen Fachkräftemangel. Die sollten sich mal fragen, warum die Leute nicht zu ihnen kommen oder schnell wieder gehen. Sie müssen sich was einfallen lassen, um sie bei der Stange zu halten.

Florian: Wie überzeugt man seinen Chef, sich auf so etwas einzulassen?

Elisa: Das kommt ganz stark auf die Unternehmenskultur an, zum Beispiel darauf, ob es ein grundsätzliches Vertrauen zwischen Führungsebene und Team gibt, wenn man zusammen neue Wege beschreitet. Das ist entscheidend. Ich glaube, es ist um einiges leichter, wenn der Chef bereits überzeugt ist. Prinzipiell sollte man Schritt für Schritt vorgehen. Als Erstes könnte die Führungskraft das Team fragen, wie jeder seine Aufgaben und seine Ziele definiert, und dann, wie die Aufgaben verteilt werden sollen. Wenn das gut klappt, kannst du den nächsten Schritt gehen. Das ist nicht so, als ob man einen Schalter betätigt und dann ist alles anders. Das ist kontinuierliche Arbeit. Ich bin überzeugt: Eine gute Führungskraft bezieht die Mitarbeiter und Mitarbeiterinnen in die Ideen und Strategien mit ein. Eine gute Führungskraft ist nicht jemand, der sagt: »Friss oder stirb!« In einem solchen Veränderungsprozess ist es auch immer sinnvoll, das Gegenteil aufzuzeigen. Wenn man sein Team nicht einbezieht, bedeutet es, dass die Ziele vorgegeben werden. Ziele, von denen die Mitarbeiter nicht unbedingt überzeugt sind. Die machen das, was ihnen gesagt wird, weil sie müssen. Mehr nicht. Bei den eigenen Zielen aber sind sie zu 100 Prozent motiviert. Was ist besser?

Florian: Keine Frage.

Elisa: Dieser Austausch im Team ist extrem wichtig, vor allem aus unternehmerischer Sicht. Es ist schließlich nicht so, dass die Führungskräfte die Weisheit mit Löffeln gegessen hätten. Die machen auch Fehler. Wer als Führungskraft seinen Mitarbeitern zuhört, kann Fehler massiv verringern. Aber wir haben in Deutschland leider überwiegend eine andere Führungskultur. Wer aber in Zukunft im Dialog denkt, ist als Unternehmer erfolgreicher.

Florian: Ich finde das extrem spannend, was du sagst. Mir scheint, in Berlin sitzen ziemlich viele coole Start-ups, die die Welt verändern wollen. Da wird über das Gehalt oder die Urlaubstage gemeinsam abgestimmt. Es gibt allerdings in Deutschland auch noch eine ganz andere Szene: die klassischen mittelständischen Unternehmen, die im Bayrischen Wald oder im Sauerland sitzen und in zweiter oder dritter Generation das Unternehmen führen, wie es immer geführt wurde. Die sind erfolgreich und fragen sich: »Warum sollen wir uns verändern?«

Elisa: Darauf gibt es keine pauschale Antwort. Aber ich vertrete die Auffassung, dass du unglaublich viel gewonnen hast, wenn du Leute findest, die mit Herzblut dabei sind und die sich engagieren, und wenn du ihnen den Raum gibst, dieses Engagement auch auszuleben. Noch etwas kommt hinzu: Unsere Welt dreht sich einfach immer schneller. Das ist kein Klischee. Du kannst heute über Nacht als Unternehmen verschwinden, weil das gleiche Produkt morgen aus China kommt. Oder Hotels kommen auf die Idee und bieten morgen ihren Gästen Kondome an. Wenn 18 Leute oder 200 mitdenken, ist die Wahrscheinlichkeit, dass man als Führungskraft den eigenen Markt richtig einschätzt und besser informiert ist, viel größer. Im Moment aber liegt dieses Potenzial in vielen Unternehmen einfach brach.

Florian: Dann machen die Unternehmer im Mittelstand alles falsch?

Elisa: Nein, damals hatten diese hierarchischen Strukturen ihren Sinn, aber in einer Gesellschaft, die immer komplexer und vernetzter wird, wird das nicht mehr funktionieren. Ich brauche den Rat und das Wissen meiner Mitarbeiter, weil die Welt sehr ungewiss geworden ist. Oft erfordert es der Markt, dass sehr schnell reagiert wird. Dann muss der Mitarbeiter auch die Möglichkeit haben, diese Entscheidung treffen zu können. Lange Entscheidungsketten sind in einem solchen Fall tödlich. Ich nenne dir ein Beispiel: Eine Kollegin wechselte zu uns, weil sie sich mehr persönliche Entfaltung im Job gewünscht hatte. Vorher arbeitete sie in einem Konzern für Fast Moving Consumer Goods an Produkten für junge Frauen. Dort saßen dann 50-jährige Herren in diversen Gremien und haben darüber entschieden, welches Produkt für diese Zielgruppe auf den Markt kommt und wie es vermarktet wird. Ich halte solche Strukturen für sehr gefährlich, vor allem aus unternehmerischer Sicht.

Florian: Du meinst, wer sozialer, vernetzter, kommunikativer denkt, wird auch sein Unternehmen in der digitalen Welt leichter auf Kurs halten können?

Elisa: Genau das meine ich. Aufgrund der traditionellen Hierarchien sind derart dysfunktionale Systeme entstanden, die die Zielgruppe überhaupt nicht mehr verstehen. Das ist für ein Unternehmen sehr gefährlich. Außerdem sind junge Leute gegenüber dem Internet und den digitalen Tools viel offener als die Älteren. Sie verstehen diese Internetwelt besser, bei den Entscheidungen dürfen sie aber nicht mitreden. Das heißt nicht, dass die älteren Leute nicht mehr gebraucht werden, die haben viel

Expertenwissen, viel Erfahrung, aber es muss eine bessere Kommunikation zwischen Jung und Alt geben. Eine Kommunikation auf Augenhöhe, ansonsten besteht die Gefahr, dass in den Unternehmen eine Menge gegen die Wand gefahren wird. Wir sind in der Wirtschaft an einem Punkt angekommen, an dem die klassischen hierarchischen Strukturen dringend daraufhin überdacht werden müssen, ob nicht gerade sie der Unternehmenskiller sind in einer digitalen Welt, die enorm komplex ist und die ein wahnsinniges Tempo hat.

Florian: Du hast das Stichwort gegeben: Digitalisierung. Unterstützt die digitale Technologie euren Führungsstil? Und wenn ja, wie?

Elisa: Ich glaube, das ist auf jeden Fall so. Wir sind viel vernetzter. Kommunikation kann zeitnah passieren. Wir bei einhorn nutzen viel Slack, um direkt zu kommunizieren. Alle wissen zu jeder Zeit, was gerade passiert. Die Außenwelt nehmen wir viel auf Instagram mit. Täglich machen wir kleine Videos aus dem Büro oder wo immer wir gerade sind. Deshalb wissen auch Bewerber schon relativ gut, worauf sie sich bei uns einlassen. Da ist weniger Platz für eine Scheinwelt. Außerdem bekommen wir einmal pro Woche alle finanziellen Kennzahlen, inklusive aktuellem Kontostand. Das kommt per E-Mail; das ist jetzt nicht das superinnovative digitale Tool, zeigt aber gut, dass es bei der Wahl des Tools auch darauf ankommt, *was* man kommuniziert. Klar, durch digitale Tools wird vieles leichter. Mit unserem Lieferanten in Malaysia sind wir über WhatsApp in Kontakt, und zwar direkt mit den Leuten, die uns sofort weiterhelfen können. Da muss man nicht erst endlos weitergereicht werden.

Florian: Wie geht ihr bei einhorn mit den immer wieder geäußerten Argumenten um, dass die Gen Y sich nur um sich selbst dreht, nicht hart arbeiten, sondern nur Spaß haben will und keine Verantwortung übernimmt?

Elisa: Das ist mir zu wenig differenziert. Die Welt ist nicht schwarz oder weiß. Es gibt junge Leute, die Verantwortung übernehmen, und es gibt ältere Leute, die keine Verantwortung übernehmen, und umgekehrt. Es gibt da auch ein weitverbreitetes Missverständnis in Bezug auf New Work und selbstführende Teams. Denn das bedeutet nicht, dass man keine Verantwortung übernimmt. Im Gegenteil: Im besten Fall sind sogar alle für alles verantwortlich. Dass jeder sich einsetzt, wenn er sieht, dass man sich auf eine gefährliche Situation zubewegt oder sich ein Skandal anbahnt oder Ähnliches. Ich gebe aber gerne zu: Verantwortung wird von Menschen unterschiedlich wahrgenommen. Ich bezweifle aber, dass dies eine Frage der Generation ist. Das ist eine Frage der Persönlichkeit.

Florian: Glaubst du, dass ihr bei einhorn an eure Grenzen kommt, wenn euer Unternehmen weiter wächst, also wenn ihr ein Konzern werden würdet?

Elisa: Diese Frage kriegen wir natürlich immer gestellt. Und ganz ehrlich: Ich weiß es nicht, aber ich finde die Idee, Wirtschaft neu zu denken, wirklich einen Versuch wert. Nur damit kein Missverständnis aufkommt: Sachen wie New Work zu organisieren, ist verdammt harte Arbeit, und wir werden auch in Zukunft noch sehr viel daran arbeiten müssen. Die Strukturen und Prozesse, die wenigen, die wir haben, funktionieren vielleicht jetzt, aber wenn wir dann 60 Leute sind, müssen wir wieder etwas anderes machen. Wenn wir 300 sind, müssen wir erneut etwas ändern, und wenn wir ein internationales Team sind, müssen wir uns wieder neu erfinden. Mein persönlicher Ansatz ist, dass wir eine selbstlernende Organisation werden, in der wir uns immer wieder selbst an die Außenbedingungen adaptieren. Das bedeutet aber auch, dass dieser Veränderungsprozess nie wirklich abgeschlossen sein wird. Social Business, New Work, selbstführende Teams – das alles sind Prozesse, die immer weitergehen.

Florian: Changemanagement sozusagen als Dauerzustand. Aber es ist doch so: Beim Thema »change« jubeln alle, solange es sie nicht selbst betrifft. Bei euch ist der ständige Wechsel normal. Ihr setzt voraus, dass die Mitarbeiter damit umgehen können. Unterstützt ihr die Mitarbeiter dabei, gebt ihr ihnen etwas an die Hand oder vertraut ihr ihnen und lasst sie machen?

Elisa: Auch darauf gibt es keine pauschale Antwort. Bei Change-Prozessen ist es ja meistens so: 20 Prozent finden alles doof, weitere 20 alles toll und 60 Prozent wissen nicht, was sie davon halten sollen. Die meisten Manager stürzen sich dann auf die, die den Wechsel nicht wollen, um die zu überzeugen. Viel wichtiger aber wäre es, die 60 Prozent Unentschiedene mitzureißen. Wir sind da auch noch nicht perfekt, das ist gar nicht so leicht, aber wir sagen, um vielen die Angst zu nehmen: Wir können immer wieder zum Status quo zurück, wir testen die Dinge jetzt aus, setzen eine Frist und dann schauen wir uns die Ergebnisse an. Ob sich das gut anfühlt oder nicht. Dabei ist es unsere Strategie, die Veränderungen von den Teams aktiv von ihnen selbst gestalten zu lassen.

Florian: Kannst du ein konkretes Beispiel nennen?

Elisa: Nehmen wir das Thema Gehalt. Das war ein sehr aufreibendes Thema, wie du dir denken kannst. Wir haben einen Gehaltsrat gegründet. Jeder konnte sich nominieren lassen, drei wurden gewählt. Die haben versucht, alle Vorschläge transparent zu machen. Bei wichtigen Entscheidungen sind dem ganzen Team alle Pro- und Kontra-Argumente zur Verfügung gestellt worden. Dann sind wir mit jedem Einzelnen das neue Gehaltssystem durchgegangen und haben geschaut, wie sich das für alle anfühlt und wo wir noch etwas verändern müssen. Wenn wir von jemandem kritisiert wurden, haben wir überlegt, ob wir es noch besser machen können. Wer kritisiert, wird bei uns meistens mit in die Verantwortung genommen. Nur kritisieren und dann die Verantwortung abgeben, das funktioniert nicht. Dann wurde abgestimmt. Das klingt jetzt nach der ganz großen Strategie. Das war aber nicht so, diese Vorgehensweise hat sich so entwickelt. Bei kleineren Stellschrauben wurde auch schon mal einfach ausprobiert. Da wird geschaut, was passiert. Wir hinterfragen uns oft, stellen uns auch immer wieder die Frage, ob wir nicht doch mehr Strukturen und Regeln brauchen. Wie gesagt, das ist ein ständiger Prozess.

Florian: Darf ich noch eine Frage zu eurem Gehaltssystem stellen? Wie sieht das im Einzelnen aus?

Elisa: Am Anfang haben wir gefragt: Wie viel wollt ihr denn alle netto haben? Da wurden keine verrückten Beträge genannt, weil alle wussten, dass wir damals noch nicht profitabel waren und dass wir selbst in den darauffolgenden Monaten alles erwirtschaften müssten, was wir haben wollten, ansonsten würden wir pleitegehen. Deshalb konnten wir damals komplett frei bestimmte Gehälter praktizieren. In dem Moment aber, als wir profitabel wurden, haben wir das abgeschafft. Ich glaube, wir hatten Angst, dass das ein Selbstbedienungsladen wird. Und dann haben wir in einem sehr zähen und langjährigen Prozess ein modulares System entwickelt. Es gibt ein Grundgehalt, das bekommt jeder, egal was er für eine Ausbildung hat. Ein Gehalt, von dem jeder leben kann. Das sind ungefähr 2500 Euro brutto, netto sind das rund 1630 Euro. Wir haben aber noch weitere Module. Die haben wir in vielen Workshops entwickelt, in denen wir gefragt haben: Was bedeutet euch Gehalt? Welche Ängste verbindet ihr mit Gehalt? Welche Elemente sollte ein Gehaltssystem haben? Aus den Antworten haben wir dann verschiedene Module entwickelt. Das kann sich jeder im Netz anschauen unter https://einhorn.my/faires-gehalt-fuer-alle/.

Florian: Und zu welchen Ergebnissen haben die Workshops geführt?

Elisa: Zum Beispiel: Wenn du ein Kind bekommst, haben wir errechnet, dass das im Monat rund 400 Euro kostet, minus Kindergeld. Du bekommst bei uns also in Zukunft 400 Euro obendrauf, einfach so, wenn du ein Kind bekommen hast. Wir haben drei bei uns, die Eltern sind. Modul zwei hat folgenden Hintergrund: Wenn man persönliche Herausforderungen hat, weil man zum Beispiel die Eltern pflegt oder man in eine doofe Situation kommt, wollen wir, dass derjenige, der bei uns arbeitet, zu uns kommen kann, und wir ihm helfen können, damit er wieder den Kopf frei bekommt; so eine Art Versicherung. Wir haben auch gefragt, ob alle das gleiche Gehalt bekommen sollen. Das aber wollten wir nicht, weil wir es nicht fair finden, wenn alle das Gleiche verdienen. Wir haben dann ein weiteres Modul entwickelt, in dem berücksichtigt wird, ob jemand studiert hat, wie viele Jahre

Berufserfahrung er hat und so weiter. Wer schon sieben Jahre gearbeitet hat, bekommt mehr als jemand, der gerade bei uns anfängt.

Florian: Diese Staffelung gibt es aber auch in herkömmlichen Unternehmen …

Elisa: Bei uns ist es aber nur ein Modul von mehreren. Wir haben festgestellt, dass wir nicht nur den Lebenslauf betrachten wollen, sondern auch das Leben des Mitarbeiters bei einhorn. Wenn beispielsweise ein Studienabgänger zu uns kommt, der sich total einbringt und das ganze Ding rockt, also sehr wichtig für das Unternehmen ist, fänden wir es unfair, wenn jemand wie er nicht die Chance bekäme, mehr zu verdienen.

Florian: Leistung und Geld zählen also auch bei euch.

Elisa: Ja, wir wollen sozial *und* profitabel sein und das spiegelt auch die Gehaltsstruktur wider. Wir haben dann einen bestimmten Rahmen entwickelt, in dem man sich selbst einordnen kann, wie viel man verdienen möchte und wie man die eigene Leistung in diesem Gehaltssystem einordnet. Beispielsweise hat jemand angegeben, dass er noch viel lernen muss, erst am Anfang seiner Karriere steht, aber ein gutes Entwicklungspotenzial hat. Ein anderer hat gesagt, dass er viel Verantwortung trägt, schon lange dabei ist und sehr viele Aufgaben erledigt. Jeder konnte sich selbst einschätzen und sagen, wo er sich wiederfindet.

Florian: Ist das Gehaltssystem nach oben offen oder wird irgendwann der Deckel draufgemacht?

Elisa: Das ist begrenzt. Das höchste Gehalt darf nur dreimal so hoch sein wie das niedrigste.

Florian: Wie seht ihr bei einhorn die Entwicklung der Gehälter bei den DAX-Konzernen? Findet ihr es gerecht, wenn ein sogenannter Topmanager Millionen einstreicht und auch noch Beteiligungen am Unternehmen hat und die Leiharbeiter, die das Auto zusammenschrauben, noch unter dem Mindestlohn arbeiten? Ist das gut für ein Unternehmen? Ist das gut für die Gesellschaft?

Elisa: Ich sehe das sehr kritisch. Ich glaube, die großen Unterschiede zwischen Topmanagement und »einfachen« Angestellten sind eine der großen Herausforderungen unserer Zeit. Das wird in Zukunft noch mehr Gewicht bekommen – auch durch die Digitalisierung. Wir brauchen immer weniger Leute, um immer mehr Umsatz zu machen; wenn dieser dann in den Händen nur weniger landet, ist das sozialer Zündstoff. Nicht umsonst fühlen sich zunehmend mehr Leute »abgehängt«. Wie kann es sein, dass der Vorstand eines Autokonzerns 350-mal mehr verdient als ein Angestellter? Das klingt so, als ob die Wertschöpfung vor allem beim Topmanager stattfände. Wenn man das mit der Verantwortung begründet, verstehe ich nicht, warum er dann, trotz massiver Fehler im Management, Boni kassiert. Die einfachen Angestellten aber sind es, die bei einer Krise des Unternehmens als Erste den Job verlieren. Das haben wir doch beim Dieselskandal gesehen. Das ist doch eine schreiende Ungerechtigkeit!

Florian: Sollten denn dann alle gleich viel verdienen?

Elisa: Ich bin ja nicht der Meinung, dass alle gleich viel verdienen sollten, aber ich glaube, es sollte Grenzen geben und die Führungsebene sollte vor allem bei Fehlern ein Zeichen setzen und auf Boni verzichten. Das ist auch ein Zeichen des Mitgefühls, wenn andere unter den gemachten Fehlern leiden. Ohne auf Augenhöhe miteinander umzugehen, ist eine Kultur des Vertrauens und des kritischen Austauschs nicht möglich.

Florian: Gibt es etwas, was du anderen Unternehmern und Unternehmerinnen unbedingt noch mitteilen möchtest? Was können die von euch lernen?

Elisa: Dass sie vieles im Kleinen mal ausprobieren können und dafür nicht die perfekte Strategie brauchen. Einfach in kleinen Schritten. Da kann man verschiedene Dinge ausprobieren, bis man der Lösung näher kommt. Wichtig ist es auch, dabei im Hinterkopf zu haben, dass man jederzeit zum alten Status quo zurückkehren kann. Das ist kein Scheitern! Man muss diese Lern- und Erfahrungsprozesse viel lockerer nehmen. Einfach ausprobieren, wie man die Leute einbinden kann, wie das funktioniert, wie die Ergebnisse sind. Vor allem sollte man die Mitarbeiter fragen, wie die Strategie der nächsten fünf Jahre aussehen sollte. Mit den Mitarbeitern in den Dialog treten, zuhören. Kleine Sachen zur Wahl stellen, so was in der Richtung.

Florian: Ich will noch einmal kurz auf das Gehaltssystem zu sprechen kommen. Ihr seid ein Start-up, also relativ neu. Da kann man über so etwas reden, aber in einem etablierten Unternehmen, in dem sich die Leute die Hierarchieleiter hochgeboxt haben, stößt ein solches Modulsystem, wie ihr es habt, vermutlich nicht auf Begeisterung.

Elisa: Kann sein, aber auch in etablierten Unternehmen kann man eine Menge bewegen, wenn man will. Wichtig dabei ist es, das Management mitzunehmen. Die haben lange daran gearbeitet, eine Führungsposition im Unternehmen zu bekommen. Sie vor vollendete Tatsachen zu stellen, kann nicht funktionieren. Die Führungskräfte müssen am Ende Antreiber der Veränderung sein. Sie müssen von der Sache überzeugt sein. Deswegen sind die kleinen Schritte so wichtig. Anfangen, schauen, was geht. Dann erst nimmt man sich die nächste Baustelle vor.

Florian: Ich danke dir für das offene Gespräch!

(Copyright: Whatchado)

Jubin Honarfar, echter Wiener mit iranischen Wurzeln, galt als Studienabbrecher zunächst als Systemfehler. Nach einigen Jahren bei der UNO beschließt er mit Jugendfreunden, eine vor Langem entstandene Idee Realität werden zu lassen: »whatchado« war geboren. Heute ist er CEO und Co-Founder dieser Berufsorientierungsplattform, verantwortet die strategische Ausrichtung und leitet ein Team aus über 40 Persönlichkeiten, mit dem er den Arbeitsmarkt für immer verändern möchte. Zudem ist er viel beachteter Keynote-Speaker, Start-up-Enthusiast, Autor und Unternehmer.

JUBIN HONARFAR:

»Hochglanz-Imagefilme will niemand mehr«

Florian: Jubin, bitte erkläre uns kurz in zwei, drei Sätzen, was ihr genau macht und warum ihr euer Unternehmen gegründet habt.

Jubin: Die einen sagen, whatchado sei eine Berufsorientierungsplattform, die anderen sagen, es sei eine Karriereplattform. Am Ende des Tages handelt es sich um dasselbe. Die Menschen möchten einen Job haben, in dem sie sich wohlfühlen, in dem sie das Gefühl haben, dass sie sich entfalten können, ihr Talent zur Geltung kommt. Das ist vor allem für die Generation Y, die Sinnsucher, wichtig. Wir haben uns bei der Gründung Folgendes gedacht: Es gibt mittlerweile so viele Jobmöglichkeiten, da hat sich wirklich etwas geändert. Die ältere Generation hatte nicht diese Auswahl. Zwar waren in den Siebzigern die Arbeitslosenzahlen extrem gering, die Jobs lagen auf der Straße, aber es gab dennoch eine beschränkte Anzahl von Berufsprofilen.

Andreas: Das ist jetzt tatsächlich anders.

Jubin: Richtig, das ist jetzt anders. Jetzt gibt es eher ein Überangebot an unterschiedlichen Berufen. Auch dank der Anglizismen hast du Tausende von Jobbezeichnungen allein im deutschsprachigen Raum, bei denen kein Mensch mehr weiß, was sie bedeuten, teilweise nicht mal die eigene Personalabteilung. Da haben wir uns gedacht: Wir wollen ein bisschen mehr Transparenz in diese Berufsbezeichnungen bringen, damit wir die Entscheidungsfindung für den User im Netz vereinfachen. Unser User ist zwischen 14 und 35 Jahre alt, gehört also zur Generation Y oder Generation Z. Das heißt nicht, dass wir keine über 35-Jährigen haben, aber unser Fokus liegt auf den unter 35-Jährigen. Denen geben wir Berufsorientierung anhand von realen Beispielen, indem wir zeigen, was sich hinter diesen Bezeichnungen verbirgt. Bei uns erzählen Menschen im Videoformat, was sie beruflich machen und wie sie dahin gekommen sind. Der Einzelne kann dann selber entscheiden, ob es ihm gefällt oder nicht. Wir haben ein Matching-Tool entwickelt, in dem wir dem Nutzer unseres Portals Fragen zu den persönlichen Interessen stellen, ähnlich wie bei den Dating-Portalen. Durch dieses Matching kannst du entdecken, welche Möglichkeiten es für dich gibt, welche Berufsangebote in diesem riesigen Jobfeld zu dir passen. Du erfährst auch, was andere, die so ticken wie du, bereits gemacht haben. Also, whatchado ist eine Berufsorientierungsplattform für eine neue Generation, die an das Thema Berufswahl ganz anders herangeht. Eine Berufsplattform, auf der sich Arbeitgeber, Berufstätige und Jobsuchende treffen können.

Florian: In der Tat, da gibt es heute viel mehr Möglichkeiten. Auf der anderen Seite sind die Einstiegsqualifikationen für bestimmte Berufe heute viel höher als früher. Das wundert mich, denn wir haben einen großen Fachkräftemangel. Wie geht ihr mit dieser paradoxen Situation um?

Jubin: Ich gebe dir vollkommen recht. Man braucht nur mal die Jobannoncen von Unternehmen anzuschauen, um zu sehen, was heutzutage alles für einen Einstiegsjob gefordert wird. Und dann wundern sie sich, warum sie keine Leute finden. Die Einstiegshürden sind hoch, vielleicht zu hoch.

Wie gehen wir damit auf unserer Plattform um? Wir differenzieren. Zunächst möchten wir dem User zeigen, was der Arbeitsmarkt bietet. Im ersten Schritt wollen wir keine Grenzen setzen, sondern wollen ihm auf der Basis seiner Interessen erst einmal die Möglichkeiten zeigen. Erst als zweiter Schritt richtet sich der Fokus auf den Werdegang. Da wird es dann konkreter. Du musst vielleicht nicht BWL studiert haben, aber wichtig sind bei dem Job analytische Fähigkeiten oder Durchhaltevermögen oder was auch immer. Das heißt, in den Videos, die ich mir dann als User ansehen kann, erkenne ich bestimmte Attribute und kann diese für mich selbst einordnen. Bringe ich die Hard Skills und Soft Skills mit oder nicht? Ist dies das Richtige für mich?

Natürlich kann ein Video nicht stellvertretend für den gesamten Beruf stehen. Deshalb interviewen wir für das ganze Berufsfeld nicht nur eine Person, sondern mehrere. Den Rettungssanitäter und den Mechatroniker, Männer, Frauen, ehemalige Azubis, die einfach einen Lehrberuf ergriffen und diesen Karriereweg eingeschlagen haben. So können wir die unterschiedlichen Wege zum Job sichtbar machen. Den letzten Schritt muss aber der Jobsuchende selbst gehen. Wir sagen: Du bist mit 14, 15 oder 16 Jahren mündig genug, selbst gewisse Entscheidungen zu treffen. Wir nehmen dich ein Stück weit an die Hand, zeigen dir die Möglichkeiten und lassen dich dann entdecken, ob es zu dir passt.

Florian: Wie gehen die Unternehmen mit eurer Idee um?

Jubin *(lacht)*: Dazu gibt es eine kleine Anekdote. Wir hatten vor zwei Jahren einen Arbeitgeber, der eine Stelle ausgeschrieben und sie als »Wildlife Control Operator« bezeichnet hat. Er hat die Stelle nicht besetzen können. Lange Zeit nicht. Wir haben uns gefragt, was mit dieser Stellenbeschreibung eigentlich gemeint war. Mit dem Job wurde ein Förster gesucht! Der klassische Förster aber ist nicht 18 und hat nicht unbedingt die größte Affinität zur englischen Sprache, der hat meistens schon Berufserfahrung, ist wahrscheinlich über

40 und hat Englisch im Berufsleben kaum benutzt. Die konnten die Stelle nicht besetzen, weil sie sich gedacht hatten, sie müssten einen schicken englischen Ausdruck verwenden, klingt natürlich viel cooler als Förster. Erst als sie die Jobbezeichnung auf Förster geändert hatten, konnten sie die Stelle besetzen. Das ist ein gutes Beispiel dafür, wie man simple Dinge so kompliziert gestalten kann, dass es dann schon wieder einen Übersetzer braucht. Whatchado hilft dabei, Berufsbezeichnungen greifbarer zu machen und den Menschen in den Mittelpunkt zu rücken.

Andreas: Mit wie vielen Unternehmen arbeitet ihr zusammen?

Jubin: Inzwischen sind es über 250 Unternehmen. Wir haben die klassischen Konzerne, die über große Budgets verfügen, genauso wie die kleinen und mittelständischen Unternehmen. Die Großen können alles Mögliche ausprobieren, was es so am Markt gibt, das tut denen finanziell nicht weh. Auf der anderen Seite haben wir aber auch kleine Betriebe mit 14 Personen, die sagen: Wir müssen digital präsent sein, wir wollen wachsen, wir sind ein Start-up, aber wir sind nicht Google. Wenn wir digital nicht präsent sind, findet man uns nicht. Die Unternehmen wissen, dass sie, anders als früher, heute nach außen sichtbar auftreten und an ihre Zielgruppe herantreten müssen.

Wir haben die Erfahrung gemacht, dass in Italien, Spanien, Frankreich, also dort, wo die Arbeitslosigkeit deutlich höher ist als in Deutschland, das Employer Branding, die Marke des Arbeitgebers, eine geringere Bedeutung bei den Stellenausschreibungen hat als bei uns. Denn diese Unternehmen können den Job nach einer Ausschreibung schnell besetzen, sie brauchen sich nicht so zu präsentieren wie bei uns. In Deutschland sind wir in diesem Punkt viel verwöhnter. Den Generationen Y und Z geht es gut. Die meisten haben keine finanziellen Probleme, sind vom Elternhaus gut versorgt, wurden immer unterstützt, sei es vom Sozialstaat oder von den Eltern. Deswegen müssen sich die Unternehmen gegenüber dieser Generation positiv in Szene setzen. Sie müssen sich bemühen, damit die Gen Y und Z anbeißen, da mehrere Unternehmen um dieselbe Person buhlen. Diese Selbstpräsentation der Unternehmen ist nicht neu, das gab es auch früher. Neu aber ist, dass es nun die Mitarbeiter sind, die für das Unternehmen sprechen, wenn eine Stelle ausgeschrieben wird. Denn die Außendarstellung soll so authentisch wie möglich sein.

Es gibt eine Studie, die herausgefunden hat, dass die klassischen Imagefilme der Unternehmen von den Generationen Y und Z total abgelehnt werden. Also, diese Aussagen: Wir sind Weltmarktführer, haben steigende Umsatzzahlen und so weiter. Das interessiert den heutigen 25-Jährigen nicht. Er möchte erleben, wie seine potenziellen Kollegen drauf sind, warum die den Job überhaupt machen. Der möchte sich von ihnen überzeugen lassen. Nach dem Motto: Das ist die richtige Entscheidung. Da gehe ich auch hin!

Andreas: Und jetzt zerren die Unternehmen alle ihre Mitarbeiter vor die Kamera?

Jubin: Natürlich gibt es Unternehmen, die sagen: Warum soll ich meine Mitarbeiter vor der Kamera reden lassen? Da gibt es eine gewisse Scheu. Es schwingt auch immer Angst mit. Oh Gott, was ist, wenn der Mitarbeiter vielleicht etwas Falsches sagt? Die Angst ist aber unbegründet, denn ein Video, in dem der Mitarbeiter sagt, wie schrecklich es in der Firma ist, wird niemals online gehen. Das Ziel eines Unternehmens ist es, gewisse Stellen im Unternehmen positiv und authentisch darzustellen, um andere dafür zu begeistern. Positive Beispiele, mit denen wir uns in der Arbeitswelt identifizieren sollen. Doch auf unserer Plattform fangen wir auch das weniger Positive ein. Es geht nicht darum, Sachen zu beschönigen, sondern darum, Mitarbeiter, die als Vorbild gut funktionieren, vor die Kamera zu bitten, um sie ihre Geschichte erzählen zu lassen. Als Unternehmer muss ich erkennen, dass ich die Mitarbeiter, die im gleichen Alter sind wie die, die ich für mein Unternehmen gewinnen will, für die Firma sprechen lassen muss. Es bringt beispielsweise nichts, den Vorstand in einem Hochglanzvideo reden zu lassen, um Azubis zu gewinnen. Das geht an der Zielgruppe vorbei.

Florian: Haben die Unternehmen das verstanden?

Jubin: Heute schon, aber in der Anfangsphase gab es echte Missverständnisse. Die glaubten, sie könnten auf der neuen Plattform alles machen. Da gab es ein Handelsunternehmen, das gesagt hat, super, da machen wir mit, wir kontaktieren eine Agentur, die schicken Models. Wir haben dann nachgefragt, was diese Models machen sollten. Die Antwort: Die Frauen sollten blond sein, die Männer athletisch, und denen wollten sie dann ein Skript geben, was sie sagen sollten. Wir haben geantwortet, dass eine so unauthentische Kiste nicht funktionieren wird. Denn wir leben im 21. Jahrhundert. Wir haben durch das Internet eine große Transparenz. Wir haben XING, wir haben LinkedIn, wir haben Facebook, wir haben viele Social-Media-Kanäle. Die Bewerber finden sehr rasch heraus, dass das gar keine Mitarbeiter sind, und wenn dann alle hübsch sind und aalglatt daherreden, ist das völlig unglaubwürdig. Mit anderen Worten: Du gibst am Ende des Tages als Unternehmen viel Geld aus für etwas, was die Zielgruppe gar nicht erreicht. Im schlimmsten Fall hast du vielleicht sogar einen Shitstorm. Wir haben dann mit dem Handelsunternehmen gearbeitet, sie haben ihre Idee nicht weiterverfolgt, und als sie das Video am Ende gesehen haben, haben sie gesagt: Das passt!

Andreas: Hast du den Eindruck, dass die Unternehmen sich an eure Empfehlungen halten?

Jubin: Wir haben keine hundertprozentige Kontrolle über die Videos. Ich kann nicht einschätzen, ob die vielleicht doch andere Menschen als ihre Mitarbeiter für das Video nehmen, aber eins ist doch klar: Seit der Lewinsky-Affäre von Bill Clinton traut sich niemand mehr, auf Video zu lügen. Das verfolgt dich ein Leben lang! Das wird abgestraft! Wahr ist aber auch: Nicht jeder Arbeitgeber ist offen genug, um seine Mitarbeiter für die Firma werben zu lassen. Das ist schade. Damit bringt er sich selbst um die besten Chancen bei der Suche nach neuen Mitarbeitern.

Florian: Du hast gesagt, dass es durch den Fachkräftemangel und durch die Generationen Y und Z Druck gibt und ein Umdenken in den Unternehmen stattgefunden hat in Bezug auf das Employer Branding. Da geben sich die Unternehmen Mühe, einen guten Eindruck auf die Gen Y und Z zu machen. In den Unternehmen sieht das aber dann ganz anders aus. Meine Studie hat gezeigt, wie dick die Mauern in den Unternehmen immer noch sind, vor allem im Mittelstand. Da rennen die Generationen Y und Z gegen die Wand, rennen gegen Strukturen, die so starr sind, dass das mit dem äußeren Erscheinungsbild, der Präsentation auf eurem Portal, möglicherweise gar nicht übereinstimmt. Wie geht ihr damit um?

Jubin: Es gibt kein einziges Unternehmen in der Welt, und das schließt auch uns ein, bei dem das, was nach außen präsentiert wird, zu hundert Prozent nach innen gelebt wird. Das gibt es nicht. Die Außendarstellung ist immer Image. Die Außensicht beinhaltet immer nur das, was präsentiert werden soll. Das, was in einer Firma nicht funktioniert, siehst du auf den Videos nicht. Google oder Apple machen das auch nicht anders. Es wird immer eine Differenz zwischen innen und außen geben.

Florian: Wie ist es denn bei euch im Unternehmen?

Jubin: Ich habe an der Wirtschaftsuniversität in Wien studiert, aber nicht fertigstudieren können, weil die Unternehmensgründung dazwischenkam. Auch dort wurde den Studenten verklickert: Du kannst alles erreichen und du bist die Führungskraft von morgen. Dabei reden wir von 19- bis 24-jährigen Studenten, die vielleicht gar keine Berufserfahrung oder höchstens zwei Praktika haben, dann ihren Bachelor machen und danach auf den Arbeitsmarkt kommen. Die glauben tatsächlich, der erste Job sei direkt eine Führungsposition. Auch wir hatten bei uns im Unternehmen genügend Beispiele, wo sehr junge, ambitionierte Topleute gekommen sind, die teilweise sogar Berufserfahrung hatten. Nach zwei Monaten wollten die eine Führungsposition haben, ohne zu wissen, was das überhaupt bedeutet. Viele wollen die Vorteile der Führungsposition, viele Freiheiten und weniger Kontrolle. Die Verantwortung aber, die mit Führung einhergeht, den Mitarbeitern gegenüber, dem Markt gegenüber, den unterschiedlichen Stakeholdern gegenüber, ist den meisten gar nicht bewusst.

Erfahrung bedeutet, das Innenleben eines Unternehmens kennenzulernen. Und das braucht

Zeit. Man kann darüber streiten, wie lange das dauert, aber es benötigt eine gewisse Zeit, bis du die Abläufe eines Unternehmens, das Geschäftsmodell, das Produkt, die unterschiedlichen Bereiche kennengelernt hast, denn eine Führungskraft soll schließlich kein Silodenken haben. Wenn du Scheuklappen trägst und dich nur auf die Führungsposition fokussierst, wirst du nicht lange eine Führungskraft bleiben. Wir bieten daher die Möglichkeit, die verschiedenen Bereiche zu durchlaufen. Als Führungskraft musst du verstehen, wie im Unternehmen alles miteinander zusammenhängt.

Andreas: Wie kommt ihr im Unternehmen denn mit Gen Y und Z klar?

Jubin: Also, die ticken schon anders, obwohl ich selbst noch zu dieser Gruppe gehöre. Sinn in der Arbeit zu finden, ist schon wichtig, aber eben nicht für alle. Manche haben ein sinnerfülltes Leben außerhalb der Arbeit und nicht jeder in der Gen Y oder Z will auch Führungskraft werden. Eines kann ich allerdings nicht unterschreiben: Diese selbstorganisierten Teams, in denen jeder selbst definieren kann, was er macht – mit viel Freiheit und wenig Führung von oben. Das hängt ganz stark von den Personen in bestimmten Teams ab, ob das funktioniert und überhaupt vom Einzelnen gewollt wird.

Florian: Viele Experten sagen, dass die digitalen Technologien das Führungsverhalten grundlegend verändern werden. Wie siehst du das?

Jubin: Ja, es gibt die Herausforderung, in Zukunft viel agiler zu arbeiten. Agiles Arbeiten bedeutet mittlerweile, Prozesse zu vereinfachen. Nehmen wir mal das klassische Projektmanagement. Da gibt es Tausende von Tools und digitalen Applikationen. Doch das perfekte Projektmanagement gibt es nicht, auch nicht mit den neuen digitalen Tools. Wir dürfen auch in der digitalen Welt nicht vergessen: Die künstliche Intelligenz ist momentan noch nicht so weit, dass sie tatsächlich schon vieles übernehmen könnte. Der Mensch spielt immer noch eine sehr große Rolle. Das heißt, diese Tools, die Prozesse erleichtern sollen, sind zwar schön, aber es sitzt immer noch ein Mensch auf der anderen Seite, und der Mensch hat sich nicht viel verändert, er ist immer noch derselbe wie vor 500 Jahren. Wenn die Tools von den Mitarbeitern nicht gut bedient werden, dann bringt das beste Tool nichts. Wenn der Mitarbeiter nicht bereit ist, das neue Tool zu nutzen, dann spuckt das Tool auch nicht die Ergebnisse aus, die man haben will.

Andreas: Du siehst also diesen Hype um die Digitalisierung kritisch.

Jubin: Ich denke, wir brauchen eine differenzierte Betrachtung. Was allerdings schwieriger für Führungskräfte im Digitalzeitalter geworden ist, ist die permanente Erreichbarkeit. Das zieht sich wie ein roter Faden bis zum Mitarbeiter, der eine mittlere Führungsposition hat und vielleicht Social-Media-Manager ist. Der ist auch am Sonntagabend um

22 Uhr am Smartphone erreichbar. Denn es gibt diese Erwartungshaltung gegenüber Führungskräften: Du musst 24 Stunden am Tag erreichbar sein, auch um 23 Uhr musst du noch reagieren. Dabei geht es beim Thema Erreichbarkeit weniger um die Technik als um die Frage: Was kann ich einem Menschen zumuten? Muss er auch am Wochenende erreichbar sein? Ich denke, da liegt die große Herausforderung, die Mitarbeiter nicht zu verjagen, weil sie überfordert sind und in einen Burn-out schlittern.

Andreas: Die Burn-out-Zahlen in Deutschland sind in der Tat alarmierend.

Jubin: Richtig, wir haben in Österreich und Deutschland die geringsten Krankmeldungen pro Mitarbeiter, aber die meisten Burn-out-Fälle und Depressionen im Vergleich zu anderen Ländern. Die Mitarbeiter melden sich nicht mehr krank, weil sie Angst haben, den Job zu verlieren. Wir machen die Gesellschaft kaputt, wenn wir nicht darüber nachdenken, was Wachstum um jeden Preis bedeutet. Whatchado ist kein klassisches Start-up, wir sind zwar gewachsen und haben uns in den Umsatzzahlen und auch bei den Userzahlen fast jährlich verdoppelt. Aber bei dieser totalen Wachstumsfixiertheit haben wir nie mitgespielt. Nach dem Motto: Gib Gas, irgendwann wollen wir 50 Millionen wert sein und den Exit machen. Sicher, es gibt Projekte, bei denen es einfach erforderlich ist, mal mehr zu arbeiten, weil man sonst gewisse Deadlines nicht einhalten kann, aber dieses krankhafte Spiel des permanenten Wachstums macht die Menschen anfällig.

Florian: Es ist spannend, was du sagst, weil es da eine paradoxe Situation in der Arbeitswelt gibt. Auf der einen Seite hast du aufgrund des Fachkräftemangels eine gewisse Macht beim Arbeitnehmer, auf der anderen Seite kann das Unternehmen sehr viel Druck aufbauen, wenn du in der Firma arbeitest.

Jubin: Das hast du wunderschön gesagt mit dem Druckaufbauen. Nehmen wir einen Kochtopf. Wenn zu viel Druck da ist, wird der Deckel irgendwann hochgehen. Du kannst nichts dagegen tun. Das ist beim Menschen noch viel schlimmer. Es gibt den Ängstlichen, der sagt: »Ich finde keinen anderen Job, ich bin ein Sicherheitsmensch, ich darf den Job nicht verlieren.« Von dem kann ich unendlich viel fordern. Als Arbeitgeber habe ich das Gefühl: »Den habe ich in der Hand, denn der hat Angst, er rennt mir nicht davon.« Wenn er dann aber krank ist und nicht mehr seine Leistung bringt, ist das viel schlimmer. Was bringt mir das, wenn jemand 20 Stunden im Unternehmen herumsitzt und keine Leistung bringt?

Andreas: Ich nehme an, dass die Mitarbeiter begeistert sind von dem, was du da sagst.

Jubin: Also, wenn du meine Mitarbeiter fragst, würden die sagen: »Das klingt jetzt zwar alles sehr schön, was der da sagt, aber der fordert schon einiges von uns.« Um ehrlich zu sein: Ich bin es leid, diese Bewerbergespräche zu führen, in denen der Großteil der heutigen Generation nur einen 25- bis 30-Stunden-Job sucht. Mensch, ich brauch eine 40-Stunden-Kraft! Denn mit 25 Stunden kannst du in einem kleinen und jungen Unternehmen schlecht planen. Dann nämlich brauche ich jemanden, der die restlichen 15 Stunden auf 40 Stunden auffüllt. Ja, das ist schon eine Krux mit dieser Generation. Die wollen viel Freizeit haben, damit sie die Projekte, die sie nicht beim Arbeitgeber machen können, in der Freizeit weiterverfolgen können. Ich aber suche jemanden, der Vollzeit arbeitet. Ansonsten ist der Overhead sehr groß, wenn ich die Anzahl der Mitarbeiter steigern muss, da ich sonst zu wenig Vollzeitkräfte habe. Und das erhöht natürlich auch die Kosten. Aber die Realität sieht so aus und die Arbeitgeber müssen sich überlegen, wie sie das besser in den Griff bekommen, und hierzu muss ich mich auch zählen.

Außerdem erwarte ich gar nicht von meinen Mitarbeitern, dass sie länger als zwei oder drei Jahre hier sind. Mein Ziel als Arbeitgeber ist es, dass ich meinen Mitarbeitern den richtigen Rahmen zur Verfügung stelle, damit sie ihr Potenzial in kürzester Zeit abrufen können. Dadurch entwickeln sie sich dann auch viel schneller. Und wenn sie dann nach ein paar Jahren weg sind, ist das überhaupt kein Problem, denn sie haben geholfen, das Unternehmen schneller zu entwickeln. Ich erwarte auch nicht, dass sie hier 60 Stunden in der Woche sitzen, aber ich erwarte die Bereitschaft zu mehr Leistung, wenn diese erforderlich ist. Nur dann haben wir reale Chancen, auf diesem Markt zu existieren und im Wettbewerb mit anderen zu bestehen. Wir sind nicht Apple mit Milliarden auf dem Sparkonto. Gleichzeitig musst du aber aufpassen, dass du deine Mitarbeiter nicht ausbrennst. Die Gefahr ist immer da. Nicht so sehr, weil sie so viel arbeiten müssen, sondern weil es in unserer Gesellschaft keine Ruhephasen mehr gibt.

Florian: Das hört sich nach großer Gesellschaftskritik an.

Jubin: Wir haben in unserer Gesellschaft etwas sehr Ungesundes herangezüchtet, denn es fällt uns schwer, so etwas wie Langeweile zu ertragen. Wir können einfach nicht mehr unsere Gedanken schweifen lassen. Wenn so eine Situation eintritt, haben alle sofort das Smartphone in der Hand, sind auf Instagram, Snapchat, Facebook unterwegs, checken ihre Mails, LinkedIn, Google und hunderttausend Sachen, die sie abonniert haben. Wir haben einen Überfluss an Informationen. Ich habe mittlerweile eine kleine Tochter, und ich bin daher viel früher müde als sonst, aber das Smartphone begleitet mich noch bis ins Bett! Und das Erste, was ich morgens mache: Ich schau auf das Display, um zu checken, welche Nachrichten ich bekommen habe. Ich sehe dann, dass es recht viele sind, ich habe aber auch noch die Aufgaben in der Familie. Dann stellt sich das schlechte Gewissen ein, denn das Smartphone sagt mir, dass irgendwelche Sachen auf mich warten.

Meinen Mitarbeitern geht es genauso. Wenn ich es also als Arbeitgeber nicht schaffe, meinen Mitarbeitern Ruhemomente zu gönnen, dann wird die Leistung am Arbeitsplatz nicht erbracht. Das Problem aber ist, dass die meisten sich heute in ihrer Freizeit nicht ausruhen, die wollen ganz viel erleben. Das ist der Anspruch der Gen Y und Z. Wenn ich aber weder auf der Arbeit noch in meiner Freizeit zur Ruhe komme, ist der Burn-out vorprogrammiert. Und wenn ich immer wieder sehr herausfordernde Sachen in meiner Freizeit mache, versuche ich mir die Ruhe halt auf der Arbeit zu holen. So sieht die Realität aus!

Andreas: Ich weiß, wovon du sprichst ...

Florian: Okay, letzte Frage: Was denkst du, wie viele von den Jobs, die ihr momentan auf eurer Seite anbietet, werden in den nächsten Jahren durch die Digitalisierung komplett wegfallen oder sich so verändern, dass die Unternehmen ganz neue Videos drehen müssten?

Jubin: Es wird in fünf Jahren Jobs geben, da wissen wir nicht einmal, wie wir die nennen sollen. Dennoch glaube ich, dass es die meisten Jobs, die wir auf der Plattform haben, auch noch in fünf Jahren geben wird, aber vielleicht nicht mehr so viele wie heute. Ich glaube nicht, dass Jobs einfach von heute auf morgen verschwinden. Das wird zwar immer erzählt, aber die Realität des Arbeitsmarkts sieht anders aus. Ich bin sehr vorsichtig mit solchen Prognosen. Vieles von dem, was wir glauben, was morgen eintritt, tritt meistens doch nicht ein oder ganz anders.

Zwei Sachen zeichnen sich jedoch ab: Ich glaube, dass es für gewisse Jobs einen Personalmangel geben wird. Zudem brauchen wir nicht nur an der Uni die Bereitschaft, neue Studienrichtungen einzurichten, sondern auch innerhalb von Organisationen und Unternehmen muss es in Zukunft möglich sein, umzuschulen, denn die Berufsprofile verändern sich. Solche Aussagen finde ich realistisch. Das Zukunftsinstitut in Hamburg hingegen hat behauptet: Das Internet wird sich nicht durchsetzen. 2010 haben die gesagt, Facebook werde sterben. Für solche Prognosen werden die bezahlt! Deswegen sag ich: Wir leben im Hier und Jetzt, stattdessen reden wir ständig über das Jahr 2030! Wenn ich die letzten drei Jahre zurückblicke, hat sich schon einiges verändert, aber nicht in dem Ausmaß, wie alle gedacht haben. Deshalb möchte ich eigentlich lieber über die Gegenwart reden, wenn wir die nicht schaffen, schaffen wir auch die Zukunft nicht!

Wie führen Professionals unterschiedlicher Generation?

Wir haben Führungskräfte aus den Generationen X, Y und Babyboomer gebeten, uns von ihrem Führungsstil und ihrer Ansicht über die durch die digitale Revolution hervorgerufenen Veränderungen zu erzählen. Hier sind ihre Statements aus der Unternehmenspraxis.

Anke Gummersbach, Chief Operating Officer Big Data & Advanced Analytics, Commerzbank AG
Gen-X-Führungskraft

»Die Gen Y arbeitet gerne im Team, und es ist für sie auch völlig normal, Themen so über den Schreibtisch hinweg im Team zu bearbeiten, egal ob Führungskraft oder Mitarbeiter. Das macht es an vielen Stellen leichter, schnell Informationen zu besorgen und sich mit anderen zu vernetzen, und hilft dadurch besonders bei komplexen Themen, die für Führung sehr relevant sind.«

»Der Führungsstil ist dem Mitarbeiter gegenüber sehr viel partizipativer und sehr viel wertschätzender als früher.«

»In früheren Zeiten war Führung das Sinnbild für Karriere. Dahinter stand auch ein gewisses hierarchisches Denken. Zudem war man als Führungskraft deutlich besser bezahlt. Das ist heute nicht mehr so, auch bei uns nicht.«

Ulf Reichardt, Hauptgeschäftsführer der IHK Köln
Gen-X-Führungskraft

»Die Generation Y ist ja schon da, als Kunde, als Arbeitnehmer, als Partner, als Nachfolger. Und sie ist es gewohnt, in transparenten, vernetzten Strukturen zu agieren. Die Generation davor ist in Hierarchien und mit ihnen entsprechenden Kommunikationsstrukturen groß geworden und manche Vertreter dieser Generation mögen sich mit Veränderungen nicht recht wohlfühlen. Sie suchen dann Ausreden, warum alles so schlimm ist, anstatt sich mit der Veränderung zu beschäftigen. Das merke ich oft bei Vorträgen hier in der IHK Köln. Es mag eine gewisse Hilflosigkeit dahinterstehen oder auch das Gefühl, nicht mehr dazuzugehören. Das kann ja auch schnell passieren. Denn dieses Auseinanderfallen in den Reaktionsmustern finden wir nicht nur bei der digitalen Revolution. Wahrscheinlich war es schon immer so, dass die ältere Generation verwundert auf die jüngere Generation geschaut hat. Nur dauert dieser Wandel nicht wie früher Jahrzehnte, sondern passiert innerhalb weniger Jahre. Die Kluft ist daher so groß wie nie zuvor. Wir müssen das schnell überwinden, und da sehe ich eigentlich die Älteren in der Pflicht, offen zu denken und die Prozesse und Strukturen verstehen zu lernen.«

Silvia Karp, Senior Manager Brand, Otto Group
Gen-Y-Führungskraft

»Die Mitarbeiter übernehmen Aufgabenbereiche eigenverantwortlich und reporten ihre Ergebnisse direkt an mich. Ich greife nur dann ein, wenn es sein muss, sonst lasse ich es laufen.«

»Nur damit keine Missverständnisse aufkommen: In dem Moment, in dem der Junior oder Praktikant mir eine Aufgabe abnimmt, erwarte ich ein gewisses Ergebnis.«

»Ich erachte es als sinnvoll, eine Kultur des regelmäßigen Feedbacks zu etablieren. Ich glaube nicht, dass es zielführend ist, wenn man sich nur quartalsweise zusammensetzt und nur dann ein ausführliches Feedback bekommt/gibt. Für die höchste Ergebniseffizienz sollte Feedback eher wie Coaching sein, etwas Konstantes und Zeitnahes, was sich wie ein roter Faden durch die tägliche Arbeit zieht. Allerdings vermuten viele hinter dem Wort ›Feedback‹ gleich ein Riesending. Das Feedback kann und sollte m. E. eine direkte Rückmeldung auf eine unmittelbare Handlung sein. Feedback muss kein zweistündiges Meeting sein. Viel wichtiger, als jedes Mal lange zu reden, ist, dass das Feedback kontinuierlich stattfindet.«

»Ich glaube nicht, dass wir eine Drückeberger-Generation sind. Ergebnisse müssen erbracht werden und werden auch erbracht.«

»Um es kurz zu machen: Ich rufe lieber jemanden an oder schreibe eine Mail, anstatt mich zwei Stunden in irgend so ein internes Wiki einzulesen.«

»Wenn es um geschäftliche Netzwerke geht, wie zum Beispiel LinkedIn oder XING, dann verlinke ich mich. Bei Facebook würde ich die Anfrage zwar nicht ablehnen, aber versuchen, mein Profil so reduziert wie möglich für die sichtbar zu machen. Ich bin da eher etwas konservativ, aber es gibt zum Glück die Funktionen, die helfen, die Privatsphäre zu schützen. Auf Twitter bin ich nicht unterwegs und auf Instagram würde ich mich nicht mit Geschäftspartnern verlinken, da ich hier nur privat unterwegs bin.«

Michael Kutschinski, Global Chief Creative Officer, OgilvyOne Worldwide
Gen-X-Führungskraft

»Wir erstellen selbst ziemlich viel Inhalt für das Social Web. Wir betreuen Kunden, die haben auf Facebook knapp 35 Millionen Fans. Dadurch sind wir sowieso relativ nah an dieser Materie und prüfen, was wir für die Marken machen können. Und so halten wir es auch untereinander. Wir schicken uns, wenn wir irgendwas gesehen haben, das formlos zu, größtenteils Videos. Und dann nicht mehr über Mail, sondern über Facebook oder WhatsApp. So zu kommunizieren, können wir auch nicht verbieten, weil sich die Mitarbeiter genau damit auseinandersetzen müssen, wie Menschen heutzutage miteinander kommunizieren.«

»Diese Generation [Y] ist viel projektorientierter. Viel kurzfristiger. Die wollen viel schneller Ergebnisse auf der Straße haben.«

»Die Gen Y hat kurzfristige Ziele, das passt auch zu dem kurzfristigen Feedback. Das macht diese Generation aus, und ich muss wirklich sagen, ich finde das extrem gut.«

»Diese Generation [Y], finde ich, macht das brillant. Ich gebe mal ein Beispiel: Ich habe einen Artdirektor, der die Praktikanten besser führt als jeder Kreativdirektor, einfach weil er einen anderen Stil hat. Sicher, er hat auch weniger Verantwortung auf dem Tisch als der Kreativdirektor, er spürt weniger Druck. Aber er kriegt das hin, weniger Druck weiterzugeben. Und diese Generation hat andere Filtermechanismen, ich weiß nicht, ob man das lernen kann, die verhalten sich miteinander ganz anders. Die denken nicht mehr ganz so hierarchisch. Das ist genau das, was ich gut finde. Wir sind eher ein Team. Und eigentlich ist es ja scheißegal, was auf meiner Visitenkarte steht.«

Florian Roth, Manager Procurement & Operations, Infront B2Run GmbH
Gen-Y-Führungskraft

»Vor den Events setzen wir uns mindestens einmal oder zweimal pro Woche kurz zusammen und besprechen, wie weit die einzelnen Projekte sind. Wenn ich das Gefühl habe, dass es gut läuft, dann kontrolliere ich nicht ganz so exakt. Wenn ich allerdings gesehen habe, okay, da sind ein paar Sachen nicht so gelaufen, wie ich mir das wünsche, dann lasse ich mir Sachen vorher zuschicken, sodass ich sie korrigieren kann. Ich versuche aber dabei nie so oberlehrerhaft zu sein.«

»Ich versuche das eher auf Augenhöhe zu machen, eher im Rahmen des Teams. Ich muss aber ehrlich sagen, nur, solange es geht. Also, es gibt immer mal wieder so Situationen, wo entweder ein Termin drängt oder einfach Entscheidungen gefällt werden müssen. Dann gebe ich das vor oder sage, es wird so gemacht, wie ich es jetzt für richtig halte.«

»Ich finde es gerade in Konfliktsituationen nach wie vor wichtig, sei es mit Kunden oder mit Mitarbeitern, dass ein persönliches Gespräch stattfindet. Da finde ich Telefon oder Skype nicht passend. Denn wenn es wirklich eine Konfliktsituation gibt, sind ganz viele Sachen viel schneller gelöst oder geklärt, wenn man sich zusammensetzt.«

Dr. **Marcel Megerle**, Geschäftsführer des Family Offices der Sparkassen-Finanzgruppe
Gen-Y-Führungskraft

»Wir haben damals in unserer Beratung ein Seminarprogramm gehabt, in dem es darum ging, wie die Unternehmen mit dem Web richtig umgehen und wie man Social Media für das Unternehmen nutzen kann. Mein Eindruck war, dass unsere Generation bei dem Thema Internet viel zu sagen hatte, die haben dann intern Aufklärungsarbeit geleistet. Ich glaube, viele wissen nicht, welche Dynamiken sich da entwickeln können. Insofern muss man als Berater viel Aufklärungsarbeit leisten.«

»Also, ich würde ganz klar unterstreichen, dass da ein ganz anderes Führungsverhalten ist. Dieses andere Führungsverhalten führt aber oft zu Konflikten. Wir sind meistens besser ausgebildet. Früher hat eine Ausbildung gereicht, dann wurden die Arme hochgekrempelt und sich alles selbst erarbeitet. Dann gab es halt eine Person, die gesagt hat, wo es langgeht. Der heutige Führungsstil ist viel partizipativer, viel hierarchieloser, viel teamorientierter, vieles wird im Team entschieden. Das hat es früher nicht gegeben. Und dann kommt halt so ein junger Mann wie ich und sagt zu seinem Vater, dem Chef: ›Ja, Papa, die Entscheidung haben wir im Team getroffen‹, und der Vater sagt: ›Sag mal, hast du noch alle Tassen im Schrank? Hier wird entschieden, was die Familie macht. Denk dran, *du* musst später den Kopf dafür hinhalten, nicht dein Team. Du kannst die Verantwortung nicht ans Team delegieren.‹ Also, da treffen total unterschiedliche Vorstellung von Führung aufeinander. *Clash of Generations*.«

Dr. **Andreas Jacobs**, bis 2015 Executive Chairman der
Jacobs Holding AG
Babyboomer-Führungskraft

»Es gibt innerhalb von Unternehmen Konfliktpotenziale, weil es immer noch Hierarchiestufen nach dem Senioritätsprinzip gibt, und wenn man dann als 25-Jähriger anfängt zu arbeiten, fragt man sich, was dieser alte Sack da oben will: ›Der ist doch viel langsamer als ich, der denkt doch viel langsamer als ich.‹ So wird das Senioritätsprinzip massiv infrage gestellt. Das ist mit Sicherheit ein Konfliktpotenzial.«

»Ich finde es auch angenehm, dass man wesentlich impulsiver in der Firma arbeiten kann, wenn einem eine Idee kommt, dass man einfach sagt: ›O. k., ich schicke dir jetzt die Pipeline‹, und dass man dafür nicht erst mal eine Sekretärin braucht, die das abtippt, und bis die fertig ist, ist dann auch der Impuls tot. Ja, dann ist die Emotion tot, und insofern sind solche Tools auch dazu da, ein bisschen ungezwungener zu sein, aufmerksamer zu sein, Impulse in die Generation hineinzutragen.«

»Wir müssen die klassischen Hierarchiestufen überwinden und die jüngeren Menschen einbinden, damit sie am Ende nicht weggehen und eines Tages sagen: ›Das ist alles langweilig hier.‹ Für die Jungen ist Facebook eine tolle Sache. Das macht denen viel mehr Spaß, da gibt es viel weniger Hierarchiestufen und der Chef ist 30 Jahre alt. Damit sie nicht weglaufen, müssen wir sie einbinden.«

Prof. **Klemens Skibicki**, u. a. Professor für Economics, Marketing und Marktforschung an der Cologne Business School
Gen-X-Führungskraft

»Das führt dazu, dass mein Führungsstil sehr partizipativ ist, weil ich mit allen über Social Networks verbunden bin, das heißt, ich bin mit ihnen in engem Austausch, ich halte sie im Thema und helfe ihnen so, sich selber zu positionieren. Für Mitarbeitergespräche habe ich selten Zeit und über Social Media ist das viel leichter. Es hilft mir auch zu sehen, was sie tun und wie es ihnen geht. Wenn sie nach Feierabend noch zusammen feiern gehen, weiß ich, wie die Stimmung bei den einzelnen Mitarbeitern ist. Was sie posten, signalisiert mir, ob einer gut oder schlecht drauf ist. Das macht Führung einfacher. Sonst müsste ich viel mehr Einzelgespräche führen. Ich kann sogar besser als *face to face* sehen, was die Mitarbeiter so machen. Dennoch sind die persönlichen Gespräche nicht ersetzbar, aber sie werden genährt und leichter aufrechterhalten durch Social Media.«

Prof. Dr. **Karl Nowak**, Vorstand Einkauf und Logistik, Bosch
Babyboomer-Führungskraft

»Also, es gibt einen großen Unterschied, der auf jeden Fall die älteren Generationen betrifft. Die sind zu hundert Prozent geprägt von der Idee der Perfektion und Korrektheit. Die jüngere Generation sagt: ›Ich brauche nicht 100, sondern nur 70 Prozent. So komme ich schneller zu Ergebnissen.‹ Die interessiert dann auch die Qualität, ob das jetzt orthografisch ganz korrekt ist, nicht so sehr.«

»Ich habe meinen Führungsstil angepasst. Dabei war es das Wichtigste, eine Feedbackkultur zu erzeugen. Denn es ist heute wichtig, dass man weiß, wo man steht, wie man ankommt und erkennen kann, ob die Ziele von den Mitarbeitern weitergetragen und akzeptiert werden.«

»Viele bloggen und posten. Das machen auch viele Führungskräfte, viele Kollegen von mir, sie nutzen das, um das Unternehmen zu positionieren. Das finde ich gut. Ich mach das auch manchmal, wenn ich das Gefühl habe, ich muss dazu etwas sagen. Ich erwarte es aber von niemandem. Die Leute müssen sich damit beschäftigen, aber sie müssen dort nicht aktiv sein. Sie geben mir dann auch den Hinweis, dass ich schon lange nicht mehr gebloggt habe oder im System war, wo die Mitarbeiter diskutieren.«

Alexander Fritzsche, Junior-Chef der Mech. Kokosweberei August Schär KG
Gen-Y-Führungskraft

»Die Mitarbeiterführung bei jüngeren Führungskräften ist viel persönlicher.«

»Wir sind halt ein sehr familiäres, traditionelles Unternehmen und die Mitarbeiter sind noch traditioneller oder eher *old school*, die würde ich überfordern, wenn ich den Laden umkremple. Und irgendwie gehört das Ganze ja auch zu unserer Story als Unternehmen.«

Miriam Schumacher, Store Managerin, s.Oliver
Gen-Y-Führungskraft

»Also, ich kriege öfters Anfragen, aber ich befreunde mich mit keinem, der im Moment mit mir arbeitet. Wenn jetzt einer zum Beispiel weggeht wegen des Studiums, weil er fertig ist oder so, und ich hatte ein gutes Verhältnis, dann ist das o. k., sich im Netz zu befreunden, sonst nicht. Da gibt es eine Grenze. Ich will nicht jedes Mal, wenn ich irgendwas poste, nachdenken, was meine Mitarbeiter darüber denken könnten. Das ist mir dann einfach zu viel.«

Jana Tepe, CEO und Co-Founderin von Tandemploy
Gen-Y-Führungskraft

»Wir sind ohne Frage im Zeitalter der Digitalisierung angekommen, arbeiten aber oft noch so wie im Zeitalter der Industrialisierung: in starren Systemen und Strukturen, die kaum Raum für flexibles Handeln und (Zusammen-)Arbeiten lassen. Dabei passt neue Arbeit nicht in alte Muster. Und wir brauchen zweifelsohne neue Arbeitsweisen – und eine höhere Flexibilität in unserem Denken und Handeln –, um mit den stark veränderten Marktanforderungen umgehen zu können. Wenn wir in Organisationen kreativ und innovativ bleiben wollen, den Wandel aktiv gestalten möchten, dann müssen wir bei unseren Strukturen und Arbeitsweisen beginnen – und diese sukzessive öffnen.«

»Neue Arbeit bedeutet auch immer notwendigerweise neue Führung, andere Führung. Führung, die weiterhin eine Richtung gibt, einen Rahmen setzt, Räume für Innovation, Ideen und Mitgestaltung schafft – aber die auch an den richtigen Stellen loslässt und auf Vertrauen statt auf Kontrolle setzt.«

»Auch Führung muss flexibler werden. Mir fällt es schwer, zu sagen, wie die perfekte Führungskraft von heute auszusehen hat. Denn auch hier ändert sich einfach sehr schnell sehr viel. Ich denke, dass Führungskräfte, die mit Herz, Mut und offenem Denken an ihre Aufgabe gehen, sich auch einmal Fehler eingestehen – aber immer im Dialog mit ihren Teams sind und diesen auf Augenhöhe begegnen, gut gewappnet sind.«

Sebastian Kaivers, Engineering Manager, Husky Injection Molding Systems
Gen-X-Führungskraft

»Fangen wir mit dem Intranet an. Wir nutzen das Intranet sehr stark, auch als Datenmanagementsystem. Man kann sich da ziemlich einfach Informationen besorgen. Dann haben wir für jedes Projekt, das wir entwickeln, Wikis. Da ich mich nicht um alle Projekte persönlich kümmern kann, suche ich mir drei, vier wichtige raus, lass mir die Wikis in meine Inbox geben, und wenn dann irgendwas ist, hab ich direkt alle projektrelevanten Informationen und muss nicht erst zum Ingenieur gehen, um die Info zu bekommen.
Ich lege sehr viel Wert darauf, dass alle Projekte sauber dokumentiert werden. Wenn jemand ausfällt, krank ist oder Urlaub macht, ist es wichtig, dass der Nächste mehr oder weniger eins zu eins, basierend auf der Dokumentation, weitermachen kann.«

»Mein globales Team setzt sich mindestens zweimal im Jahr zusammen, um strategische Fragen zu klären, hinzu kommen die projektbezogenen Diskussionen. Also *round about* acht globale Meetings an verschiedenen Standorten. Es gibt viele Problemstellungen, die einfach effektiver zu lösen sind, wenn man in einem Raum sitzt.«

»Wir probieren, so viel wie möglich über Videokonferenz zu machen. Das Schöne an den Videos ist, dass man sehen kann, wie die Leute reagieren. Gerade bei schwierigen Themen gibt es oft Meinungsverschiedenheiten. Das ist ganz normal, dass unterschiedliche Konzepte kontrovers diskutiert werden, da ist es halt wichtig zu sehen, wie weit man gehen kann. Wie reagiert die andere Person? Also, ich bin ein Riesen-Fan.«

»Ich arbeite eigentlich nur mit Ingenieuren zusammen. Ingenieure sind halt kreativ und in dem Aufgabenfeld ist Kreativität sehr wichtig. Deswegen versuche ich, ihnen den nötigen Freiraum zu geben. Also schaue ich, dass sie immer noch in die richtige Richtung laufen; wenn sie rechts und links ein bisschen abweichen, ist das o. k., Hauptsache, die Richtung bleibt. Wenn die Abweichung zu stark ist, greife ich ein.«

»Wir setzen uns einmal die Woche mit dem Team zusammen, das mir direkt reportet. Zusätzlich setze ich mich jede Woche einmal mit jedem Mitarbeiter zusammen, also Einzelgespräche, und dann gibt es natürlich die Diskussionen über die laufenden Projekte.«

Stephan Neuhoff-Schröder, Geschäftsführer der GPK Gesellschaft für medizinische Prävention und Kommunikation mbH
Gen-Y-Führungskraft

»Weil ich anders führe, haben die Mitarbeiter ein viel offeneres Verhältnis zu mir; sie kommen schneller zu mir, wenn es Probleme gibt. Wir versuchen dann gemeinsam eine Lösung zu finden. Da gibt es einen Unterschied zum Führungsstil meines Vaters. Die Mitarbeiter sind ihm gegenüber ängstlicher, wenn es ein Problem gibt. Es dauert viel länger, bis sie zu ihm gehen, und wenn, dann kostet es sie eine sehr große Überwindung. Das steht einer guten und zeitnahen Lösung manchmal im Wege.«

»Es war so, dass ich die technischen Möglichkeiten angeschaut und dann eine Lösung vorgeschlagen und installiert habe. Ich habe den Mitarbeitern erklärt, warum wir das jetzt nutzen, aber dann auch, dass es Veränderungen geben wird. Ich wollte sie davon überzeugen, dass man dann noch schneller arbeiten kann, dass Verbindungen schneller aufgebaut werden können. Ich wollte, dass alle es verstehen, weil es tatsächlich unsere Arbeitsabläufe verbessert.«

»Bei uns gibt es eigentlich nur direkte Gespräche. Das ist aber nicht so, dass jemand ins Büro zitiert wird und dann die Leviten gelesen bekommt. Wenn es ein Problem gibt, dann geht man bei uns runter in die Produktion, sagt demjenigen: ›Pass mal auf, der Kunde hat sich beschwert‹, und dann ist die Sache gegessen. Bei uns muss keiner E-Mails schreiben. Das Unternehmen wird sehr familiär geführt. Bei den Kunden ist das anders. Da wird viel telefoniert und werden viele E-Mails geschrieben. Viel geht auch noch über Fax, weil sich viele Leute, gerade in unserer Nische, weigern, Internet zu benutzen. Die haben keine E-Mail-Adresse, haben keine Internetseite oder sonst was. Die schicken dann ein Fax. Es gibt Leute, die machen auch heute noch keine Überweisung, die schicken einen Scheck, per Post. Ja, ist halt wirklich so, man kann es kaum glauben. Aber wir müssen das akzeptieren.«

Andreas Buhr, CEO der Buhr & Team Akademie
Babyboomer-Führungskraft

Vor der eigenen Haustüre kehren

»Wer anderen beibringen will, wie die Digitalisierung funktioniert, was das konkret bedeutet, wer andere in Veränderung begleiten will, der muss zuerst einmal bei sich selbst beginnen. Das haben wir auch in unserem Team getan. Wir haben uns ganz bewusst einen externen Digital-Trainer gebucht, denn mit dem eigenen Team zu trainieren, kann auch für uns zu Konflikten führen.«

Das eigene digitale Profil entdecken

»Wenn wir Menschen für die Digitalisierung fit machen, dann lassen wir sie zunächst ihr eigenes Profil im Internet recherchieren. Sie müssen sich selbst googeln. Das haben viele noch nie getan. Die sind dann völlig erstaunt, was so alles über sie im Netz schon zu finden ist. Dann checken wir die Social-Media-Kanäle: LinkedIn, Facebook, Twitter, YouTube, Bewertungsportale, Wikipedia-Einträge, Amazon, die Websites. Die Nutzung dieser Kanäle wird eingeübt, im Unternehmen weiter trainiert und einige Wochen später im Live-Onlineseminar nachgehalten. Die Mitarbeiter müssen lernen, ›digital zu leben‹. Das ist wichtig.«

Die Social-Media-Kanäle professionell bespielen

»Schritt zwei beinhaltet den Aufbau einer systematischen Internetpräsenz des Unternehmens. Die Webseite und die Social-Media-Kanäle müssen systematisch und professionell bespielt werden. Wir fragen, wie oft die Webseite von Besuchern angeklickt wird, wie die Reaktionen sind, ob die Seite Besucher der Seite in Kunden konvertiert, wie die Texte internetaffin gestaltet werden müssen, ob der Newsletter wirklich gelesen wird, ob Influencer für das Unternehmen engagiert werden. Wir empfehlen zudem Originaltöne von Kunden, Mitarbeitern oder Geschäftspartnern einzufangen und sie in die Kanäle einzustellen, damit die Auftritte im Netz etwas zu bieten haben. Es geht schließlich um Sichtbarkeit. Um für Kunden im Netz attraktiv zu sein, wird der Aufbau eines eigenen YouTube-Kanals immer wichtiger.«

Die 6-Icons-Recherche

»Wir trainieren, wie sich die Mitarbeiter mithilfe einer digitalen 6-Icons-Recherche auf ein Verkaufsgespräch vorbereiten sollen. In dieser Recherche wird der zukünftige Gesprächspartner einer systematischen digitalen Analyse unterzogen, sodass am Ende ein sehr genaues Profil von der Person vorliegt. Vielleicht erzählen uns ihre Beiträge, die sie zum Beispiel in den Social Media eingestellt hat, wie sie tickt. Wie kompetent jemand fachlich ist, erfahren wir vielleicht auf den Bewertungsportalen im Netz. Im Vorfeld zu wissen, wer der andere ist, ist ein riesiger Pluspunkt in vielen Geschäftsgesprächen, vor allem im Verkauf. Eine gute Vorbereitung ist der Schrittmacher des Erfolgs.«

Digitaler Marathon

»Wir organisieren Veranstaltungen an einem angenehmen Ort mit Isomatte, Sitzkissen und tollem Ausblick, um ein Wochenende lang nur eins zu machen: zu begreifen, was man heutzutage digital schon alles machen kann, eine Art digitale Entwicklungsveranstaltung in konzentrierter Form. Das öffnet die Augen. Das hat einen Aha-Effekt.«

Die Papierkorb-Methode

»Die Papierkorb-Methode ist eine Übung, bei der die Papierkörbe und die Drucker aus den Räumen entfernt werden. So müssen wir während der mehrtägigen Trainingseinheit konsequent digital leben. Da kommen nicht wenige an ihre Grenzen.«

Die Rolle rückwärts

»Auch Start-ups, die vollkommen digital leben, finden den Weg zu uns. Nicht weil deren Mitarbeiter digital geschult werden müssten, sondern um als Gründer klassische Führungsthemen zu trainieren. Wie trenne ich die verschiedenen Rollen, die ich im Unternehmen habe, sinnvoll voneinander? Wie führe ich ein Bewerbungsgespräch? Wie ein Kündigungsgespräch? Was ist bei einem Mitarbeitergespräch wichtig? Die Digitalisierung hat Führungsfragen nicht überflüssig gemacht. Im Gegenteil. Start-ups brauchen Orientierung in Führungsfragen, vor allem, wenn sie ganz schnell wachsen.«

Der Sales-Pitch

»Manchmal kommt es im Leben auf wenige Sekunden an, beispielsweise im Verkaufs-Pitch. In einem kurzen Moment sagen, wer ich bin, was ich will und welchen Mehrwert der andere von mir und meinem Unternehmen hat – das gehört heute dazu, vor allem weil in digitalen Zeiten die Aufmerksamkeitsspanne des Users in wenigen Sekunden erschöpft ist. Wir erstellen ganze ›Pitch Books‹, um so die Berufsvokabeln zu trainieren. Immerhin gibt es kein Geheimwissen mehr. Das fordert uns alle, Dinge schneller auf den Punkt zu bringen.«

Die Digitalisierung verändert unser Verhalten

Menschen neigen dazu, Technik als neutral zu betrachten. Technik ist aber nicht neutral. War sie nie. Sie wird erfunden und genutzt, um gewisse Ziele zu erreichen. Nehmen wir das Beispiel Auto: Ein Auto ist ein Fortbewegungsmittel, das es uns ermöglicht, von A nach B zu gelangen; und zwar schneller als mit der Postkutsche. Doch *Mobilität* und *Schnelligkeit* sind keine Werte an sich, sondern Eigenschaften, die nur eine expandierende, mobile Gesellschaft verinnerlicht, so wie es während der Industrialisierung der Fall war. Die Erfindung des Verbrennungsmotors ist eine Erfindung, die in einer mobilen Gesellschaft *nützlich* ist und daher an Wert gewinnt. Eine selbstgenügsame, immobile Gesellschaft braucht keinen Verbrennungsmotor.

Mit diesem Blick müssen wir auch auf die Digitalisierung schauen. Informationen können als Daten gespeichert und umgewandelt werden, sodass daraus wieder neue Informationen und Erkenntnisse gewonnen werden können. Informationen können insgesamt schneller und einfacher ausgetauscht und verarbeitet werden.

Daher sorgt die Digitalisierung dafür, dass Kommunikation einfacher und schneller ablaufen kann, denn nichts anderes ist die Verarbeitung und der Austausch von Informationen. Am Anfang waren es nur wenige Wissenschaftler, die diese neue hochkommunikative Technik nutzten, bevor sie sich dann auch außerhalb der Wissenschaft ausbreitete. Bei der Digitalisierung handelt es sich also um einen Prozess, dessen inhärentes Ziel es ist, Daten effizient zu verarbeiten, um vor allem *Kommunikation einfacher und schneller* zu machen. Darin liegt ihr Nutzen für uns.

Dieser Transformationsprozess umfasst die Entwicklung vereinfachter, schnellerer Prozesse und neuer Fähigkeiten, die wir erwerben, sowie die Entwicklung neuer Customer Experiences. Sie erfordert die Verbindung und Vernetzung von Produkten und Prozessen mit dem Menschen und der Umgebung und nicht zuletzt die Entwicklung neuer Geschäftsmodelle und das Erschließen neuer Märkte. Ob diese Ziele immer erreicht werden, welche Nebeneffekte auftreten oder wann die Ziele sich ins Gegenteil verkehren, sei an dieser Stelle dahingestellt. Wichtig ist es zu verstehen, dass es bei der Digitalisierung im Kern um *Kommunikation* in Kombination mit *Geschwindigkeit* geht.

Wenn wir auf die Beispiele im ersten Kapitel schauen, sehen wir die Stoßrichtung dieser Technik realisiert. Die Digitalisierung bringt Menschen schneller zusammen. Durch hohe Geschwindigkeit, Transparenz, Vernetzung und Mobilität wird die Verbindung zwischen Menschen zudem erleichtert.

Unter Experten herrscht Einigkeit, dass eine angewendete Technik erhebliche Auswirkungen auf unser Verhalten hat.[1] Um beim Beispiel Ottomotor zu bleiben: Unser Anspruch, uns zu jeder Zeit individuell und schnell fortbewegen zu können, führt dazu, dass viele Menschen Auto fahren lernen und diese neue Fähigkeit in ihrem Alltag nutzen. Doch mit dem Fahrenkönnen sind die Folgen der Verhaltensänderung noch nicht umfassend umschrieben. Die Möglichkeit, schnell und individuell mobil zu sein, führt beispielsweise zu einer ganz anderen Terminplanung. Mit Auto können wir an einem Tag mehr Termine an verschiedenen Orten wahrnehmen als früher.

[1] Gesehen am 27.01.2018: https://www.leopoldina.org/de/veranstaltungen/veranstaltung/event/2464/

Mit Auto ist es auch realisierbar, zu Menschen Kontakt zu halten, die weit entfernt vom eigenen Wohnort leben. Das sind Verhaltensänderungen, die ohne die Erfindung des Verbrennungsmotors nicht möglich gewesen wären. Es ist daher unverkennbar:

Neue Technologien wirken in sehr direkter Weise auf unser Verhalten ein. Wer also in Zukunft Führungsaufgaben zu bewältigen hat, muss die Frage stellen: Welche Verhaltensänderungen verursacht die Digitalisierung?

Diese Verhaltensänderungen zu begreifen, ist für Führungskräfte elementar, wenn Sie die Herausforderungen der Zukunft meistern wollen. Die Veränderungen, die die Digitalisierung unserem Verhalten – und damit der ganzen Gesellschaft –, abverlangt, sind derart grundlegend, dass wir von einer *disruptiven Technik* sprechen. Eine Technik, die ein neues Zeitalter einläutet (siehe dazu Kapitel 1).

Schließlich gilt: Lebewesen müssen ihr Verhalten immer an die Lebensbedingungen anpassen, die sie vorfinden. Das sichert ihr Überleben. Vögel etwa, die in der Stadt leben, zwitschern lauter als ihre Verwandten auf dem Land, weil sie sonst von ihren Artgenossen nicht gehört werden.[2] Auch Menschen müssen ihr Verhalten anpassen, wenn sich ihre Lebensbedingungen ändern – egal ob diese von der Natur erzwungen oder vom Menschen selbst geschaffen sind. So erzeugte zum Beispiel die Industrialisierung große Umbrüche im Verhalten der Menschen. Die Idee etwa, dass der Mann der Alleinernährer der Familie ist und die Frau die Kinder hütet, kam erst auf, als die Löhne in den Fabriken stiegen.[3] Nun machte die Arbeitsteilung Sinn – der Mann an der Werkbank, die Frau zu Hause bei den Kindern.

[2] Gesehen am 27.01.2018: https://www.galileo.tv/earth-nature/warum-werden-voegel-in-grossstaedten-immer-lauter/
[3] Gesehen am 27.01.2018: https://familien-nordwestschweiz.ch/buergerliche-kleinfamilie/

Mit der Digitalisierung ist es nicht anders. Auch hier sind die anstehenden Veränderungen umfassend und dramatisch, weil sie mit den gewohnten Lebensgewohnheiten brechen. Produktivität entsteht heute beispielsweise nicht mehr dadurch, dass lange gearbeitet wird. Das gilt nur noch für den operativen Bereich. Heute entsteht Produktivität immer mehr durch Kreativität und intellektuelle Leistung (siehe dazu Interview mit Rolf Schrömgens). Das war im Industriezeitalter anders. Um die Auslastung der Maschinenkapazitäten zu gewährleisten, musste der Unternehmer die Mitarbeiter zu Pünktlichkeit und Fleiß anhalten, denn genau das waren Verhaltensweisen, die die damalige Technik und die damit aufs Engste verbundene Arbeitsorganisation einforderten. Auch die Arbeitsteilung und die Schichtarbeit innerhalb der Fabrik waren organisatorische Anpassungen an die Fließbandarbeit.[4] Die hohen Taktzeiten der Maschinen waren für den unternehmerischen Erfolg entscheidend, denn die Nichtauslastung der Maschinen kostete Geld. Plötzlich waren Minuten und Stunden nicht einfach *Zeit*, sondern *Taktzeiten*, in denen produziert oder eben nicht produziert wurde. Ein Mensch, der nicht pünktlich und fleißig war, konnte in diesem Arbeitsprozess nicht gebraucht werden.

Doch das industrielle Zeitalter ist vorbei und mit ihm Verhaltensweisen, die zu dieser Technik gehörten. Es verwundert daher nicht, dass auch die Digitalisierung neue Verhaltensweisen gebiert. Beispielsweise ermöglicht sie, unabhängig von Ort und Zeit zu arbeiten. In Zukunft ist es daher sinnlos, bei Tätigkeiten, die nicht operativ sind, Menschen weiterhin zu zwingen, jeden Tag zu pendeln und damit lange Anfahrtszeiten, Staus, Abgase und Zeitverluste in Kauf zu nehmen. Es ist eine logische Folge der digitalen

[4] Gesehen am 27.01.2018: http://www.faz.net/aktuell/wirtschaft/massenproduktion-hundert-jahre-fliessband-12126094-p2.html

3. Die Digitalisierung verändert unser Verhalten

Technologie, dass sich die Aufmerksamkeit von der *Anwesenheitspflicht* auf das *Arbeitsergebnis* verlagert. Während die Menschen früher zur Arbeit gingen, ist die Arbeit heute »beim Menschen«. Unternehmen, die das verstanden haben, richten bereits heute Prozessabläufe und Mitarbeiterverträge darauf aus.[5]

Wir sind mittendrin in diesem umwälzenden, aber auch aufregenden Veränderungsprozess! Das kann selbstverständlich nicht ohne Folgen bleiben für das, was wir Führung nennen. Nur wer diese grundlegenden Verhaltensänderungen verstanden, den neuen Zeitgeist eingeatmet hat, ist auch in der Lage, damit umzugehen. Nur dann kann eine Führungskraft die richtigen Impulse setzen, um Menschen im digitalen Zeitalter zu führen.

Um nachvollziehen zu können, wie das Internet uns alle verändert, haben wir uns während unserer dreijährigen Recherche intensiv mit Digital Natives ausgetauscht. Menschen, deren Lebensrhythmus durch die Digitaltechnik bestimmt wird und bei denen die Auswirkungen der Digitalisierung am genauesten zu beobachten sind. Um eins klarzustellen: Ein Digital Native (das heißt, ein »Eingeborener« des digitalen Zeitalters) zu sein, ist nicht zwingend eine Frage des Alters. Entscheidend ist, ob die digitale Technik den Lebensrhythmus bestimmt. Wir haben unsere Analyse auf diese Menschen konzentriert, weil ihr radikal anderes Leben unseren Blick schärft für das, was sich ändert und wie wir damit umgehen sollten. Die Beobachtungen zeigen uns in aller Deutlichkeit, wohin die Reise geht – auch wenn längst noch nicht alle so leben wie Digital Natives. Doch es werden immer mehr.

[5] Vereinigung der bayerischen Wirtschaft: Position – Der Mensch in der digitalen Arbeitswelt, Oktober 2015, S. 10; gesehen am 27.01.2018: https://www.arbeitenviernull.de/fileadmin/Futurale/Statements/PDFs/vbw.pdf

Wie sich das menschliche Verhalten ändert und wie Führungskräfte darauf reagieren müssen, haben wir Ihnen in diesem Kapitel zusammengestellt. Das ist eine große Herausforderung für Führungskräfte, zugleich aber auch der einzige Weg, die Zukunft zu meistern. Ein Weiter-so kann nicht funktionieren.

Während unserer Recherchen haben wir festgestellt, dass die Digitalisierung in fünf Bereichen veränderte Strukturen schafft, die auf das Verhalten wesentlich einwirken:

1. Minimierung der Bedeutung von Raum und Zeit
2. Permanenter Wandel
3. Exponentielle Geschwindigkeit
4. Transparenz des Wissens
5. Enorme Bedeutung des Sozialen

Diese Bereiche werden wir im Folgenden näher beleuchten. Doch zunächst sprechen wir mit Rolf Schrömgens darüber, wie die Digitalisierung Unternehmensführung verändert.

(Copyright: Trivago)

Rolf Schrömgens gründete 2005 die Hotel-Metasuchmaschine Trivago. Das Unternehmen ging 2017 an die Technologiebörse NASDAQ an der Wall Street in New York. Der Unternehmenswert liegt seitdem bei rund fünf Milliarden US-Dollar.

ROLF SCHRÖMGENS:

»Ständige Disruption verhindert Lern- prozesse«

Andreas: Rolf, du hast zweimal ein Start-up gegründet. Hast du das immer nach der gleichen Methode gemacht?

Rolf: Nein, beim ersten Mal habe ich es ganz klassisch gemacht: Ich habe viel Kapital aufgenommen, 20 Millionen Dollar, habe Leute eingestellt und bin dann aufgrund des externen Geldzuflusses extrem schnell gewachsen. Ich habe unglaublich viel Geld ausgegeben und wahnsinnig viele Leute von außen reingeholt. Ich selbst hatte damals eigentlich wenig Ahnung von Technologie, als die erste große Internetwelle über uns schwappte.

Andreas: Und beim zweiten Mal? Was hast du da anders gemacht?

Rolf: Als wir dann Trivago gegründet haben, ging es uns gar nicht so sehr darum, *was* wir gemacht haben, sondern darum, *wie* wir das Unternehmen führen wollten. Trivago ist als Gegenentwurf zu der ersten Start-up-Welle entstanden. Aus dem, was damals falsch gelaufen war, haben wir gelernt und es dann besser gemacht. Aus diesem Grund haben wir lange die Kontrolle im Unternehmen behalten. Wir wollten so lange wie möglich diejenigen sein, die das Unternehmen steuern, und wollten Ahnung haben von dem, was wir tun. Deswegen haben wir in den ersten Jahren die Hotelsuchmaschine Trivago selbst programmiert, denn wir wollten uns nicht mehr irgendeinem externen Diktat unterwerfen, indem wir Kapital aufnehmen und dann mit dem fremden Geld schnell wachsen. Diesen Fehler wollten wir nicht wiederholen. Wir wollten jetzt vorrangig aus unseren eigenen Ressourcen heraus wachsen, weil wir überzeugt waren, dass es viel gesünder ist, so vorzugehen.

Trivago ist also ein deutlich konservativerer Ansatz gewesen als der, den wir im ersten Unternehmen verfolgt haben. Das hat uns über einen längeren Zeitraum ganz stark geprägt. Es so zu machen, wie wir es beim zweiten Mal gemacht haben, finde ich generell einen guten Ansatz, auch für junge Start-ups. Denn es ist selten, dass man mit der ersten Idee zu hundert Prozent den Markt trifft. Wenn man aber das Steuer selbst in der Hand behält, kann man sich problemlos an den Markt anpassen, sich auch als Unternehmen kontinuierlich weiterentwickeln und muss niemanden um Erlaubnis fragen. Das ist wichtig. Denn ich glaube, dass es immer eine Art Evolution ist, wenn man ein Unternehmen gründet. Trivago zum Beispiel hat sich immer stärker zu dem hin entwickelt, was wir wirklich können, was uns im Kern ausmacht.

Andreas: 13 Jahre später hat die Digitalisierung schon ein ganz anderes Level erreicht. Hat die Digitalisierung deine Idee, ein Unternehmen zu führen, verändert?

Rolf: Ja, davon bin ich überzeugt. Auch im Hinblick auf die Unternehmensprinzipien und die Führungsleitsätze haben wir uns kontinuierlich weiterentwickelt, eben zu dem, was uns als Unternehmen ausmacht. Viele von diesen Führungsleitsätzen, wie etwa ein Vorbild zu sein, flache Hierarchien zu leben, kein Statusdenken zu praktizieren, funktionale und effiziente Strukturen zu entwickeln, ein offenes und direktes Feedback zu geben – all das setzen wir heute mit sehr viel Energie im Unternehmen um. Das hatten wir bei der Gründung noch nicht! Das war aber auch nicht nötig: Wir waren damals zu dritt, heute sind wir knapp 1800 Leute. In den 13 Jahren gab es daher immer wieder ganz neue Herausforderungen an uns als Führungskräfte.

Andreas: Welche Herausforderungen waren das?

Rolf: Ich denke, dass man als kleines Unternehmen einen großen Vorteil hat, wenn es darum geht, Mitarbeiter intrinsisch zu motivieren. Es gibt eine ganz klare Zielrichtung, alle haben viel Kontakt untereinander und vertrauen sich. Es gibt zudem keine großen Abhängigkeiten zwischen einzelnen Teilbereichen im Unternehmen. Durch diese besondere Konstellation entsteht eine ganz natürliche Dynamik, die oft junge Unternehmen auszeichnet. Genau das macht sie am Markt so erfolgreich. Das ist auch der Grund, warum es Unternehmen, die nur fünf Mitarbeiter haben, so oft gelingt, etablierte Unternehmen mit tausend Mitarbeitern vom Markt zu fegen. Kleine Unternehmen sind viel motivierter, viel fokussierter in ihrer Zielrichtung.

Andreas: Mit anderen Worten: Unternehmen mit vielen Mitarbeitern sind zu schwerfällig.

Rolf: Ja, wenn wir das genauer betrachten, bedeutet das doch nichts anderes, als dass Unternehmen mit weniger Angestellten produktiver sind als andere. Was sagt uns das? Ich denke Folgendes: Die klassische Man-Power-Idee »Ich stelle mehr Leute ein und habe dadurch auch mehr Produktivität« funktioniert nicht mehr. Zumindest muss man diesen Ansatz stark infrage stellen.

Andreas: Welche Schlüsse ziehst du daraus?

Rolf: Zunächst ist es wichtig zu verstehen: Man stellt doppelt so viele Leute ein und ist trotzdem nicht automatisch doppelt so produktiv. Dann müssen wir uns weiterfragen, warum wir in den Unternehmen immer noch so viele Mechanismen haben, die darauf abzielen, dass man die Arbeitszeit misst. Angeblich müssen wir wissen, ob jemand eine Stunde früher geht oder länger bleibt, ob jemand einen Tag mehr oder weniger Urlaub nimmt. Diesen ganzen Aufwand betreiben wir, obwohl wir nicht einmal wissen, ob es besser ist, hundert Leute oder tausend Leute zu beschäftigen. Da stimmt doch irgendetwas nicht!

Andreas: Wie erklärst du dir das?

Rolf: Ich denke, unsere Sichtweise auf die Arbeitsstrukturen ist stark durch die Vergangenheit geprägt. Doch viele dieser Überzeugungen stammen noch aus der Zeit der Industrialisierung. Wenn ich neben ein Fließband noch ein zweites Fließband stelle, dann ist klar, dass ich doppelt so produktiv bin. Ich glaube, das hat uns geprägt, aber wir haben nicht verstanden, dass es die Bänder nicht mehr gibt. Ohne darüber nachzudenken, ob die Ausgangslage überhaupt noch die gleiche ist, richten wir die Mitarbeiterführung immer noch darauf aus. Heute entsteht Produktivität aber anders. Produktivität hat heute mit Motivation, Zielgerichtetheit und Autonomie zu tun und viel, viel weniger mit der Frage: »Wie viele Leute arbeiten wie lange?«

Andreas: Wie kriegen wir den Wechsel hin? Sind es Einzelne, die aufstehen und sagen: »Es muss anders laufen«, und ziehen die die anderen mit?

Rolf: Es kommt ganz darauf an, wie umwälzend die Idee ist. Komplette Disruption ist in der Tat häufig die Stärke von einzelnen ganz besonderen Persönlichkeiten. Aber das ist weder messbar noch reproduzierbar. Du kannst kein lernendes System auf der Kreativität eines Einzelnen aufbauen, und genau da liegt das Problem. Ein Einzelner kann einmal erfolgreich sein, er kann auch ein zweites Mal erfolgreich sein, aber wenn man so vorgeht, muss man sich auf das Genie eines Einzelnen verlassen. Das birgt Gefahren, denn es ist nicht reproduzierbar, es ist kein Können im eigentlichen Sinn. Ich glaube zwar an die Kreativität einzelner herausragender Personen, aber erst durch die Gruppe, durch die vielen verschiedenen Perspektiven, durch das wiederholte Testen von Ideen wird etwas daraus. Erst dann entwickelt sich ein Lernprozess. Und am Ende des Tages sind diese Lernprozesse, die nach der zündenden Idee kommen, viel wichtiger als die Kreativität des Einzelnen.

Das ist im Übrigen auch der Unterschied zu den 70er- und 80er-Jahren. Die Transparenz des Wissens, die wir durch die Digitalisierung haben, macht diese außerordentlichen Lernprozesse überhaupt erst möglich. Weil wir heute diese Möglichkeit haben, ist die Disruption für ein Unternehmen viel weniger attraktiv als früher. Denn bei einer totalen Disruption geht die Historie verloren. Heute ist es klug, anders vorzugehen: Man sollte hier und da mal den Weg ändern, der Historie aber treu bleiben. Dann fängt der Lernprozess an. Das ist für ein Unternehmen viel wichtiger! So jedenfalls haben wir das bei Trivago gemacht. Ich glaube, dass Firmen, die sich ständig neu erfinden, langfristig von anderen Unternehmen am Markt überholt werden, weil sie einfach kein Fundament haben.

Andreas: Kannst du das anhand eines Beispiels noch etwas genauer erklären?

Rolf: Ja, klar. Ich nenne dir ein Beispiel: Es gibt eine neue Kampagne des Unternehmens und die ist total kreativ. Dann gibt es eine komplett andere Kampagne, die eine neue Richtung einschlägt. Die geht dann vielleicht auch mal schief. Bei diesem Hin und Her wird nichts gelernt. Lernen geht anders. Da müssen Daten ausgewertet und verstanden werden und dann muss darauf reagiert werden. Das ist genau das, was mithilfe der Digitalisierung passiert. Mit Unternehmen und Daten geschieht im Prinzip das Gleiche. Das Problem, das wir bei den Unternehmen haben, ist, dass sie nicht funktionieren wie ein Algorithmus, der sich nicht beeinflussen lässt. Stattdessen haben wir extrem starke politische Systeme in den Unternehmen und die verhindern ein Lernen. Da kommen Daten rein. Ich weiß, die sind negativ für mich, also kehre ich die unter den Teppich. In dem Moment wird Lernen verhindert.

Andreas: Was lässt sich dagegen tun?

Rolf: Der Schlüssel für die Lösung liegt in der Unternehmenskultur, denn die ist sozusagen das Betriebssystem. Wenn die auf eine intrinsische Motivation bei den Mitarbeitern ausgerichtet ist, dann gibt es eine Interessengleichheit zwischen den Mitarbeitern und dem Unternehmen. Das ist notwendig, damit Lernprozesse stattfinden können.

Andreas: Hast du bei Trivago auch solche Fehler gemacht?

Rolf: Natürlich hat es das gegeben, sonst hätte ich ja nichts gelernt *(lacht)*. Ich denke, Fehler entstehen aus menschlicher Schwäche. Ich fand zum Beispiel unsere Werbung nie besonders inspiriert, auch die nicht, die wir früher gemacht haben. Weil wir die Werbung sehr stark datengetrieben ausgerichtet haben, ganz rational. Dann aber bekamen wir immer wieder Feedback nach dem Motto: »Warum macht ihr nicht mal eine richtig coole Werbung?« Und wenn man das über mehrere Jahre hört, denkst du: »Ja, vielleicht mache ich wirklich gerade einen Fehler und wir sollten jetzt wirklich mal in Richtung ›Branding‹ gehen oder eine ausgefallene Kampagne machen. Vielleicht haben wir uns festgefahren …« In diese Richtung gingen meine Überlegungen. Das habe ich dann auch sehr stark im Unternehmen promotet. Das ist aber voll in die Hose gegangen, denn ich habe genau das gemacht, wovor ich eben gewarnt habe: Ich bin, ohne auf die Daten zu achten, in eine andere Richtung gelaufen. Ich hatte durch die radikale Kursänderung keine Basis, auf der ich hinterher aufbauen konnte.

Wir haben dann wieder eine Rolle rückwärts gemacht und auf den bewährten simplen Plot in der Werbung gesetzt wie zuvor. Die ganze Geschichte war sicher ein großer Fehler, hervorgerufen durch mein Ego. Ich glaube, dass das häufig der Grund ist, warum Dinge nicht funktionieren. Ich glaube, unser Ego ist das, was uns am meisten im Wege steht. Denn wenn sich das Ego meldet, geht es nicht um das Ergebnis, sondern um mich. Genau das ist der Fehler. Aus diesem Grund versuchen wir egogetriebene Menschen bei Trivago zu vermeiden. Wir verzichten auf Personen, die eigentlich sehr gut sind, aber zu stark im Ich sind.

Andreas: Was, denkst du, sind die nächsten Schritte, die du als Führungskraft machen musst?

Rolf: Den Umzug auf den Campus zu meistern. Das ist weniger ein Ziel als vielmehr eine Notwendigkeit! Warum ziehen wir auf den Campus? Es geht um die physische Präsenz. Die ist wichtig. Und die fehlt in unserer deutschen Abteilung. Viele Menschen arbeiten weltweit für Trivago und es kommen nur sechs Prozent des Umsatzes aus Deutschland. Ich denke, Umsatz und Gewinn lassen sich steigern, wenn wir die Menschen, die für uns in Düsseldorf arbeiten, an einem Ort versammeln. Deswegen der Umzug.

Andreas: Du denkst, dieses physische Zusammensein macht einen Unterschied?

Rolf: Ja, davon bin ich fest überzeugt. Ich glaube sehr stark an die Energie, die zwischen Menschen entsteht, wenn sie sich sehen und zusammen arbeiten. Trotz aller Digitalisierung, die toll und zudem sehr hilfreich ist, spielt dieses Zwischenmenschliche nach wie vor eine zentrale Rolle. Doch diese spezielle Energie hängt ganz stark von der Präsenz ab. Lernen ist viel leichter, wenn man sich kennt und Vertrauen entwickelt. Und das setzt voraus, dass man die Zeit miteinander verbringt und physisch an einem Ort ist. Deswegen glaube ich, dass es gut ist, Leute zusammenzubringen. Es geht um Heimat, um das Gefühl von Integrität und Identität. Einen Raum zu haben, der deiner Identität entspricht und nicht kontraproduktiv ist. Genau das versuchen wir mit dem Umzug auf den Campus herzustellen. Wie ich schon zu Beginn unseres Gespräches gesagt habe: Es geht darum, sich im Laufe der Zeit immer stärker zum eigentlichen Kern hin zu entwickeln, zu dem, was einen als Unternehmen auszeichnet. Das gilt im Übrigen auch für die eigene persönliche Entwicklung. Man sollte als Mensch immer seine eigene Identität besser kennenlernen. Dadurch wird man stärker. Genauso ist es auch mit Unternehmen.

Andreas: Gibt es Dinge, von denen du dich verabschiedet hast?

Rolf: Ja, wir haben uns von der klassischen Idee eines einzelnen Unternehmensführers verabschiedet. Wir haben uns komplett von dieser eindimensionalen Führungshierarchie getrennt. Wir hatten zwar auch schon in der Vergangenheit eine eher flache Hierarchie, wir hatten nie Titel, die mit irgendeinem Status verknüpft waren, sind offen miteinander umgegangen, aber wir hatten dennoch letztlich ein klassisches Machtsystem, einfach weil wir das so gelernt hatten. Das war nicht mehr zeitgemäß und deswegen haben wir uns davon letztes Jahr verabschiedet.

Andreas: Und wie funktioniert das?

Rolf: Es ist extrem spannend, was seitdem passiert ist. Viele Mitarbeiter haben sich damit schwergetan, vor allem die, die aus anderen Unternehmen zu uns gekommen sind. Für sie war die »gefühlte Macht« weg. Das haben sie als Verlust empfunden. Wir sind dann auch durch ein Tal gegangen. Wir haben gemerkt, dass die Produktivität runtergegangen ist. Jetzt aber kann ich sagen, dass wir uns inzwischen sogar über dem alten Produktivitätsniveau befinden! Wir surfen auf einer viel steileren Kurve als zuvor. Es ist faszinierend zu beobachten, wie die Abschaffung des alten Machtgefüges die Motivation langfristig sehr positiv verändert hat!

Deswegen würde ich das jederzeit wieder so machen! In dem Moment, wenn Macht nicht mehr institutionalisiert ist, geht sie automatisch dorthin, wo die höchste Kompetenz ist. Das hierarchische System hingegen beruht auf einer Institutionalisierung. Da gibt es einen Vertrag: Du warst in der Vergangenheit erfolgreich und deswegen bekommst du auch viele Ressourcen in der Zukunft. Obwohl ich zu dem Zeitpunkt vielleicht gar nicht mehr performe, bin ich trotzdem derjenige, der die Entscheidungen trifft! Diesen alten Machtmechanismus haben wir versucht aufzubrechen. Dadurch ist bei uns die Macht viel fluider geworden. Die wandert jetzt zu den Menschen, die am besten motivieren und inspirieren können. Ich glaube, dass wir dadurch die Möglichkeit haben, die kreativen Menschen im Unternehmen viel leichter zu identifizieren.

Andreas: Wie, glaubst du, müssen Führungskräfte in Zukunft führen?

Rolf: Zunächst einmal: Ich glaube nicht mehr an die Top-down-Direktive. Allerdings glaube ich an die Top-down-Inspiration! Warum? Weil eine Direktive immer damit verbunden ist, dass ich jemandem sage, was er tun soll, obwohl er das nicht tun möchte. Das funktioniert heutzutage nicht mehr. Das macht nur noch im operativen Geschäft Sinn. Bei kreativen oder intellektuellen Tätigkeiten funktioniert es einfach nicht mehr! Deswegen müssen wir die Macht umdrehen. Die Vision aber muss weiterhin von oben kommen. Und zu deiner Vision bekommst du dann immer Feedback. Denn wenn die Leute nicht mitgehen, weiß ich: Entweder inspiriere ich nicht gut oder ich habe die falschen Leute. Letzteres sagen wir oft viel zu schnell. Wenn wir aber ehrlich zu uns sind, merken wir, dass es meistens an uns selbst liegt. Vielleicht führe ich in dem Moment uninspiriert, die Idee ist nicht gut oder ich kommuniziere schlecht.

Minimierung der Bedeutung von Raum und Zeit

Wann immer in der Vergangenheit Naturwissenschaftler und Philosophen versuchten, über das nachzudenken, was die Welt im Innersten zusammenhält, sprachen sie über *Raum* und *Zeit*. Sicher ist aber auch: Immer dann, wenn die Vorstellungen sich in Bezug auf diese beiden Koordinaten allen Lebens änderten, war ein neues Zeitalter angebrochen. Das war zum Beispiel der Fall, als Einstein mit seinen Vorstellungen von einer relativen Zeit, die jeweils abhängig von einem Beobachter ist, das mechanistische Weltbild Newtons zerschmetterte, das den Raum als absoluten Raum definierte, bei dem die Zeit als etwas gleichmäßig Fließendes verstanden wurde, unabhängig von äußeren Einflüssen.

Und dann das: Mit einem digitalen Klick sind wir in Millisekunden woanders. Damit wird die Bedeutung von Raum und Zeit in der digitalen Welt zurückgedrängt. Das hat enorme Folgen für unser Verhalten. Wir fragten daher: *Was bedeutet diese große Unabhängigkeit von Zeit und Raum für unser Verhalten? Wie gehen wir damit um?*

Die Antworten, die wir erhielten, waren deutlich: Wenn dieser Bedeutungsverlust von Raum und Zeit in der digitalen Welt auf die Unendlichkeit der Möglichkeiten im Internet trifft, erzeugt dies, so wurde uns in vielen Gesprächen berichtet, ein radikal neues Lebensgefühl. Dieses Lebensgefühl ist davon bestimmt, dass alles zu jedem Zeitpunkt an jedem Ort möglich erscheint. Vor dem, der digital lebt, tut sich ein Ozean an Möglichkeiten auf: Egal wo er sich gerade aufhält, er kann mit jedem Menschen zu jedem Zeitpunkt telefonieren, mailen, chatten oder SMS austauschen. In Indien genauso wie in Italien oder China. Er kann ebenso zu jedem Zeitpunkt Lebensmittel, Waren und Dienstleistungen bestellen oder nutzen. Er kann mithilfe von sogenannten Clouds, also Speicherkapazitäten auf Servern, die den Rückgriff auf Informationen zu jeder Zeit und an jedem Ort ermöglichen, mit anderen Menschen auf anderen Kontinenten gemeinsam an einem Projekt arbeiten. Das alles war in analogen Zeiten nicht möglich.

Dieses Lebensgefühl, dass alles möglich ist, kann allerdings nur dann Wirklichkeit werden, wenn Menschen diesen unendlichen Möglichkeiten, die sich nahezu jede Minute um ein Vielfaches vermehren, mit einer neuen Haltung begegnen. Das, was sie im Internet sehen – Kleidung, Häuser, Autos – dürfen sie nicht *besitzen* wollen. Sie dürfen es nicht zu ihrem Eigentum machen wollen. Nur dann, wenn das *Haben* durch das *Nutzen* ersetzt wird, bleibt die Unendlichkeit der Möglichkeiten erhalten. Dann können sie alles nutzen – auch mit kleinem Geldbeutel oder durch Tausch; gleichzeitig schont es die Ressourcen. Genau dies geschieht im Internet. Immer mehr. Oft wird gar nicht mehr gekauft, sondern gemietet, unentgeltlich genutzt und dem anderen im Tausch dafür etwas anderes geboten – so wie in vormonetären Zeiten. Das schafft im Kopf eine große Unabhängigkeit. Es ist die Ursache für ein großes, neues *Freiheits*gefühl. Um digital zu leben, brauche ich nicht viel Geld und habe trotzdem unendlich mehr Möglichkeiten als Menschen in analogen Zeiten. Die Chance, das eigene Leben schon morgen vollkommen anders zu gestalten, ist nur einen Klick weit entfernt.

Und das wird ausgekostet: Echte Digital Natives haben keinen festen Arbeitsplatz, sie ziehen wie die Nomaden um den Globus, leben mal auf Bali oder in New York, denn sie wohnen nicht in Hotels, sondern tauschen ihre Wohnung für eine Weile gegen eine andere in São Paulo. Währenddessen kann jemand anders in ihrer Wohnung leben. Sofern sie überhaupt eine Wohnung haben. Denn auch für das Land, in dem sie geboren wurden, gilt:

Es ist nur Heimat auf Zeit. Sie wohnen hier und dort gegen geringes Entgelt oder sie verwalten für Hausbesitzer während deren Abwesenheit Haus und Garten und haben so freie Logis. Es geht ums Nutzen, nicht ums Haben.

Arbeiten können sie überall, denn ihr Arbeitsplatz ist das Netz. Dafür müssen sie nur den Laptop unter den Arm klemmen, einen Sitzplatz finden, Laptop hochfahren und los geht's. Wer so lebt, dem ist die Anwesenheitspflicht im Büro ein Gräuel. Bei diesem Lebensstil kann nicht Arbeits*zeit* Grundlage der Bezahlung sein, sondern es zählen die Arbeits*ergebnisse*. Die Digital Natives wollen mit einem Job nicht einfach nur Geld verdienen. Ihr Anspruch ist höher. Sie wollen durch die Arbeit etwas erleben, sie wollen Spaß dabei haben und: Sie wollen die Welt ein Stück besser machen und nutzen dabei die Möglichkeiten, die ihnen die Digitalisierung eröffnet. Diese Haltung zeigt sich auch in den Interviews mit den Frontfrauen und -männern dieser Bewegung (siehe dazu Interview mit Toni Lane Casserly).

Es empfiehlt sich, diese Haltung nicht zu bekämpfen: Besser, Sie nutzen sie für Ihr Unternehmen. Denn Menschen, die so denken, sind voller Kreativität. Anstatt tolle Ideen im Getriebe des Unternehmens zu zerreiben, wäre es besser, diese Ideen zu sammeln und die richtig Guten zu verwirklichen. Betrachten Sie diese Menschen als firmeninternen Ideenpool, den Sie brauchen, weil der Wandel an den Märkten enorm schnell ist und Sie ständig neue Ideen benötigen, um diese Märkte zu bedienen.

Eine negative Haltung gegenüber diesem Blick der Digital Natives auf die Welt, nur weil er sich vielleicht von Ihrer eigenen Lebenseinstellung unterscheidet, ist zwecklos. Denn Menschen, die wissen, dass es ein vielleicht noch spannenderes Projekt bei einer anderen Firma gibt, dass sie in Indien arbeiten können, weil sie das im Homeoffice oder im Resort auf Mauritius locker stemmen können, mit Unflexibilität und einem »Das geht nicht!« zu begegnen, wird nicht von Erfolg gekrönt sein.

Vielmehr ist es sinnvoll, diesem neuen Lebensgefühl der Freiheit Raum zu geben, indem vieles, was vorher nicht ging, ermöglicht wird: angefangen bei flexiblen Arbeitszeiten bis hin zur Neuorganisation von Prozessabläufen, die auf Arbeitsergebnisse, nicht auf Arbeitszeiten zugeschnitten sind.

Das tut auch Ihrem Unternehmen gut: Indem Sie dieses Lebensgefühl bedienen, wird Ihr Unternehmen zugleich ins digitale Zeitalter transformiert.

Wenn Sie Digital Natives als Mitarbeiter im Team haben, haben Sie zugleich den neuen Typ Kunden direkt vor Ihrer Nase. Ein besseres Übungsfeld, um die Herausforderungen des digitalen Zeitalters zu bewältigen, gibt es nicht.

Die Bedürfnisse der Digital-Native-Mitarbeiter zu erkennen, bedeutet, den Kunden von heute und morgen genau zu identifizieren. Was, wenn nicht das, wird Sie die richtigen Entscheidungen treffen lassen in Bezug auf Märkte, Produkte, Kunden?

Wichtig ist es zu erkennen, dass viele Grenzen obsolet sind, ja geradezu lächerlich wirken. Wer künstliche Grenzen aufbaut, erzeugt unnötig Blockaden, weil tagtäglich im Netz erlebt wird, dass eben *alles* geht. Wer so handelt, verliert an Autorität. Vielmehr müssen Sie prüfen, ob etwas tatsächlich nicht geht. Meistens geht es dann doch. Wenn Sie bei Geschäftsmodellen das Habenwollen durch das Nutzenwollen ersetzen, verschiebt sich die Perspektive, auch Ihre eigene, und Sie werden erkennen, warum Geschäftsmodelle wie Car-Sharing, Kleiderkreisel, Lesezirkel, Wohnungsplattformen wie Airbnb oder Uber als Taxiersatz so erfolgreich sind. Vielleicht fallen Ihnen auch neue Geschäftskonzepte und Dienstleistungen ein, wenn Sie das Haben durch das Nutzen ersetzen und damit in Zukunft möglicherweise mehr Geld verdienen als mit dem Haben in analogen Zeiten.

Die große Unsicherheit

Die Kehrseite der großen Freiheit ist: Zu diesem Freisein gehört es, dass sich die Digital Natives ständig neu entscheiden können. Alles ist revidierbar. Festlegungen werden vermieden oder gelten nur auf Zeit. Das betrifft alles: Das Auto, das sie fahren, die Wohnung, in der sie leben, in welchem Land sie sich aufhalten, mit welchen Freunden sie sich umgeben, welche Verabredung sie einhalten oder doch lieber kurzfristig absagen. Es betrifft den Job und auch das Liebesleben. Nichts ist wirklich stabil. Alles steht zur Disposition. Die große Freiheit erzeugt zugleich ein Gefühl der großen Unsicherheit.

> **Daher ist es eine der wichtigsten Aufgaben für Führungskräfte, einen Kompass zu liefern, der den Mitarbeitern die Orientierung erleichtert und Sicherheit vermittelt.**

Kaum etwas könnte wichtiger sein in digitalen Zeiten als dieser Kompass. Der Unterschied zu früher liegt darin, dass dieser Kompass eine *Orientierungshilfe* sein sollte, nicht eine Anordnung von oben nach unten. Es ist so, als ob Sie einen Freund beraten, ihm dabei helfen, den eigenen Weg zu finden.[6]

Warum aber ist der Chef als Freund und Berater heutzutage so wichtig? Weil ein Ziel bei den Digital Natives über allen anderen Zielen steht: die Verwirklichung des eigenen Glücks. Sich für fremde Interessen aufzuopfern, war gestern. Doch die Suche nach dem persönlichen Glück, verstanden als Optimierung der eigenen Möglichkeiten, ist weniger egoistisch, als es auf den ersten Blick erscheint. Denn dieses persönliche Glück entspringt nicht purem Egoismus, sondern ist die einzige Orientierung, die bleibt, wenn auf nichts anderes mehr Verlass ist. Wenn alles im Fluss ist, wenn alles unbeständig ist und zu jeder Zeit zur Disposition steht – in der Familie, bei Freunden und selbst in Liebesbeziehungen –, dann ist das eigene Ich der einzige Anker. Dieser Ich-Anker hilft, in dem Meer der Möglichkeiten, die tagtäglich an mir vorbeirauschen, das herauszupicken, was gut für mich ist – oder zu sein scheint. Die Ichbezogenheit als notwendiger Filter im Dickicht der unendlichen Möglichkeiten.

Bei dieser Art der Lebensgestaltung wird autoritäres Verhalten als extrem störend empfunden. Es empfiehlt sich daher, dies zu vermeiden. Beratung aber ist willkommen.

[6] Ausführlicher zu diesem Thema: Buhr, Andreas: Führungsprinzipien. Worauf es bei Führung wirklich ankommt, GABAL Verlag 2016.

Wer Rat anbietet, wird auf offene Ohren treffen, denn der tägliche Entscheidungsdruck ist hoch. Diesem Druck standzuhalten und dabei die richtige Entscheidung zu treffen, bedarf der Unterstützung. Geben Sie als Führungskraft diese Unterstützung!

Reguliert wird diese unbedingt erforderlich gewordene Selbstbezogenheit dennoch: durch das von Digital Natives als äußerst notwendig empfundene digitale und analoge Networking, die Pflege der Kontakte, die das Überleben im digitalen Zeitalter sichern. Es sind die Freunde – idealerweise wird auch der Chef als eine Art Freund verstanden –, die mir sagen, wo ich Anker werfen kann, wenn auch nur auf Zeit. Es ist, als seien Digital Natives auf einem Schiff unterwegs: Ankern können sie immer nur auf Zeit, und der Kompass zeigt ihnen, wo Norden, Süden, Westen und Osten sind.

Den Mitarbeitern diese Orientierungshilfen zu geben, bedeutet, die hohe Kunst der Menschenführung zu praktizieren. Das ist es, was unter *transformationalem Führungsstil* verstanden wird. Er ist zugleich auch der nachhaltigste. Schließlich gilt: Wer als Mitarbeiter die Beweggründe für seine Arbeit, ihre Notwendigkeit und die Richtung verstanden hat und sich aus Überzeugung dorthin bewegt, tut dies, ohne erneut dazu aufgefordert werden zu müssen. Ist dieser integrative Führungsstil am Anfang vielleicht aufwendig, so zeigt sich doch am Ende, dass er zugleich der effektivste Führungsstil ist, der uns als Unternehmer eine Menge Zeit erspart. Zeit, die ein autoritärer Führungsstil gemeinhin kostet, bei dem Sie anordnen und kontrollieren müssen. Wir alle wissen, was das bedeutet: Wir müssen gegen unwillige Mitarbeiter ankämpfen, und zwar auf Dauer. Das kostet Kraft. Energie, die Ihnen anderswo fehlt. Heute aber geht es auch anders. Nutzen Sie das. Die positiven Effekte werden sich rasch einstellen: Ihre Mitarbeiter sind zufriedener und Sie entspannter. Im Blick behalten müssen Sie nur die Ergebnisse. Nur für die zahlen Sie auch in Zukunft. Im Endeffekt ist dieser Führungsstil, so lässig er daherkommt, mit härteren Konsequenzen für die Mitarbeiter verbunden als die Abrechnung nach Arbeitszeiten.

Erzwungene Weiterentwicklung stresst

Die große Freiheit hat weitere negative Seiten: Die Unendlichkeit von Chancen und Möglichkeiten treibt die Digital Natives um. Nie wissen sie, ob das, was sie gerade tun oder nutzen, nicht längst überholt ist. *Gibt es nicht noch etwas Besseres? Habe ich etwas verpasst?*

Die Jagd nach dem Glück, nur einen Klick entfernt, stresst. Stresst ungemein. Doch die Angst, etwas zu verpassen, sportnt Digital Natives an: Wer digital lebt, weiß nie, ob er das Optimum für sich gefunden hat. Die ständige Jagd, immer noch etwas Cooleres zu finden, frustriert. Eine Jagd, die aufgrund der Digitalisierung gar kein Ende finden kann. Die unendlichen Möglichkeiten, das freie Schweben über Raum und Zeit, können sehr an den Nerven zehren, dem Digital Native den Schlaf rauben, ihn nicht zur Ruhe kommen lassen. Vor allem fehlt ihm oft eins: Zufriedenheit. Ständige Unzufriedenheit kann die Kehrseite der neuen großen Freiheit sein. Denn es gibt immer noch etwas Geileres, Cooleres, Besseres. So eilen Digital Natives die meiste Zeit mit den Gedanken in die Zukunft, um zu planen, was man noch besser machen könnte oder was sich verändern müsste, damit man zumindest den Status quo erhalten kann. Damit laufen sie Gefahr, die Gegenwart zu verpassen, weil sie sehr wachsam gegenüber – im wahrsten Sinne des Wortes – allem Möglichen sein müssen, um das eigene Glücklichsein zu erreichen, das im Mittelpunkt steht.

Über diese aufreibende Situation des digitalen Lebens Bescheid zu wissen, ist für Führungskräfte elementar. Und wieder geht es um den Wertekompass, der Ordnung schafft und Halt gibt. Er vermittelt Orientierung und damit Ruhe, Entspannung und Zufriedenheit. Denn derjenige, der einen Kompass hat und danach lebt, weiß, dass er *angekommen* ist (siehe dazu Interview mit Pepe Villatoro). Deswegen ist es nicht übertrieben zu sagen:

Nie war es so wichtig wie in diesen Tagen, diesen Kompass zu haben und ihn den eigenen Mitarbeitern anzubieten. Die Werte, die mit diesem Kompass vermittelt werden, helfen den Digital Natives, sich im digitalen Leben nicht zu verlieren. Beruflich wie privat. Sie, die psychisch und physisch von den digitalen Endgeräten nahezu abhängig sind, tagtäglich aufwendig Passwörter und Konten ihres digitalen Lebens verwalten müssen, brauchen genau *das*. Aber eben nicht im Sinne von Bevormundung, sondern im Sinne von *Beratung*. Eine Beratung, die die Richtung weist, ohne zu befehlen.

Soziales Denken sichert den Erfolg von morgen

Wir müssen uns an dieser Stelle fragen, welche Werte hinter einem solchen Führungsverhalten stecken. Was bedeutet es, anderen Menschen einen Wertekompass anzubieten, ihnen durch flexibel gestaltete Abläufe und Arbeitszeiten Raum zu geben für eigenes Agieren? So seltsam dies auf den ersten Blick zu sein scheint, es handelt sich dabei um die Werte Freiheit und Nächstenliebe. Wenn Ihnen das Wort »Nächstenliebe« im unternehmerischen Alltag fehl am Platz erscheint, ersetzen Sie es durch »Wertschätzung«. Wer anderen Menschen mit einem Kompass Orientierung gibt, hilft ihnen bei der eigenen Entfaltung. Wer diesen Kompass zudem anbietet, ohne ihn zu diktieren, respektiert die Freiheit des anderen. Auch derjenige, der flexible Arbeitszeiten offeriert und Verträge anbietet, die auf Arbeitsergebnisse zielen, respektiert die Freiheit und gibt ihr Raum. Ein solcher Unternehmer sorgt dafür, dass diese Freiheit tatsächlich realisiert und gelebt werden kann. Deswegen dürfen wir in diesem Zusammenhang von *elementaren* Werten sprechen. Solch ein sozial orientiertes Führungsverhalten, verstanden als Empathie mit den Mitarbeitern, als Aktivierung der sozialen Intelligenz und nicht im Sinne von »Almosen geben«, sichert Ihren Erfolg als Unternehmer. In digitalen Zeiten gehen Profit und Soziales eine neue, auf den ersten Blick seltsame Melange ein, eine Verbindung, die unserer Wirtschaft ein neues Antlitz geben wird. Dieses Führungsverhalten ist daher aus unternehmerischer Perspektive höchst klug, weil es gut für Ihr Unternehmen ist.

Wer also in Zukunft immer noch meint, dass das Soziale eher beim Müttergenesungswerk oder in der Bahnhofsmission angesiedelt sein sollte und das Soziale im Unternehmen unter »ferner liefen« abheftet, wird mehr Arbeitszeugnisse unterschreiben müssen, als ihm lieb sein kann. Die Besten gehen dann nämlich von Bord ins gelobte Land der Start-ups oder gründen selbst und werden zum Konkurrenten.

Denn im Kern ist die Digitalisierung eine Technik, die auf Kommunikation angelegt ist. Sie umfasst sowohl die Interaktion zwischen Maschinen, zwischen Maschine und Mensch, besonders aber auch die zwischen Mensch und Mensch mithilfe von Maschinen, von Technologie. Ohne Menschen, die miteinander kommunizieren, braucht es eine solche Technologie nicht. Ist der Mensch jedoch im Zentrum der Aufmerksamkeit, ist es das Soziale zugleich auch. Ohne das geht es nicht. Wir können also sagen:

Wir erleben zurzeit die Transformation unserer Wirtschaft, die den Menschen als rational und funktional handelnden Nutzenmaximierer (»homo oeconomicus«) definierte, hin zu einer Wirtschaft, die den Menschen als *soziales Wesen* entdeckt. In dieser Wirtschaft sind Soziales und Profit kein Widerspruch.

Im Gegenteil. Wir wagen die Hypothese, dass ohne diese Fokussierung auf das Soziale in Zukunft kein Profit gemacht werden wird. Der Trend ist bereits an dem Phänomen des Social Business ablesbar (siehe dazu Interview mit Elisa Naranjo).

Vom autoritären Chef zum Social Leader

Führungskräfte, die eher zu einem autoritären Führungsstil neigen, mögen einwenden, dass Social Leadership, ein sozial agierender Führungsstil, an dem Punkt endet, an dem das Unternehmen in raue See gerät und die Zügel wieder straff angezogen werden müssen. Wir aber sind nach unseren Recherchen zutiefst davon überzeugt, dass ein autoritärer Führungsstil im digitalen Zeitalter nicht mehr funktioniert, vor allem dann nicht, wenn der Seegang rau ist. Vielmehr wird es so sein, dass Sie gerade dann, wenn die Gischt des digitalen Datenmeers am Bug hochschwappt, in Zukunft Ihre Mitarbeiter in die Entscheidungsfindung einbinden müssen, wenn Sie Kurs halten und nicht wie die Titanic auf den Meeresgrund sinken wollen. Wir müssen verstehen, dass es einen großen Unterschied gibt zwischen autoritärem Führungsstil, der aus der Zeit der Industrialisierung stammt, und der *Autorität*, die uns von Kollegen und Mitarbeitern zugeschrieben wird, weil sie unsere Fach- und Führungskompetenz respektieren.

Den Unterschied kannten schon die alten Römer: Wer Politik machen wollte, brauchte »auctoritas«, also Würde, Ansehen, Einfluss. Das aber kann ich als Führungsperson nur in den Augen der anderen *haben*. *Anordnen* kann ich das nicht. Diese Autorität muss ich mir erwerben. Ohne den Mitarbeitern selbst Respekt und Wertschätzung zu zollen und sie in Strategie, Zielsetzung und Entscheidungsfindung souverän einzubinden, werde ich nie jemand sein, der Autorität hat. Autorität aber, die sich aus echter Führungskompetenz speist, erleben die Mitmenschen als Würde, Ansehen, Einfluss. Das ist genau das Richtige in digitalen Zeiten. Dann bin ich nicht bloß Manager, der die anderen antreibt, die Benchmarks einzuhalten, sondern

Leader, also jemand, der andere motiviert, ihm zu folgen – und zwar freiwillig. Wenn Sie einen Wertekompass haben und »auctoritas« bei Ihren Mitarbeitern genießen, fehlt Ihnen zum transformationalen Führungsstil nur noch die Vision – auf die kommen wir später noch zu sprechen.

Nur um möglichen Missverständnissen vorzubeugen: Es handelt sich bei Social Leadership nicht um irgendeinen neumodischen Trend, der so schnell, wie er aufkommt, auch wieder von der Bildfläche verschwindet, sondern um eine langfristige Entwicklung. Eine Entwicklung hin zu einem Führungstypus, der aus der Digitalisierung geboren wurde und uns von nun an begleiten wird. Führungskräften, die auch in Zukunft Erfolg haben wollen, empfehlen wir daher, diese Werte zu leben. Und vor allem: *vorzuleben*. Denn wenn eine Führungskraft Werte verbal propagiert, sich im Alltag aber gänzlich anders verhält, werden ihre Worte ungehört verhallen. Nicht ein einziger Mitarbeiter wird sie für glaubwürdig halten. Überzeugung geht anders. Deswegen gilt:

Leben Sie den Wertekompass vor. Praktizieren Sie die Werte, die Sie von Ihren Mitarbeitern verlangen.
Alles andere ist unglaubwürdig und der Mühe nicht wert.

Doch der Wertekompass ist mit »Freiheit« und »Wertschätzung« noch längst nicht vollständig. Betrachten wir also die nächsten Strukturen, die die Digitalisierung geschaffen hat, um zu erkennen, welche weiteren Werte wir als Führungskraft benötigen, um die digitale Transformation im Unternehmen zum Erfolg zu führen.

Permanenter Wandel

Die Digitalisierung ist wie ein breiter Fluss, der ständig im Wandel ist. Tauscht man das Wort »Digitalisierung« in diesem Satz gegen das Wort »Leben« aus, haben wir ein berühmtes Zitat des griechischen Philosophen Heraklit. Er beschrieb das Leben als einen sich ständig wandelnden Fluss, und es ist kein Zufall, dass dieses Bild so gut auf die Digitalisierung passt. Denn keine Technologie ist so stark durch ständigen Wandel geprägt wie die Digitalisierung. Die gesamte digitale Welt unterliegt diesem permanenten Fließen. Ständig schaltet jemand eine neue Webseite oder ein neuer Blog wird eröffnet. Events werden angekündigt und wieder abgesagt. Alles verändert sich, nichts bleibt, wie es ist. Das ist für jeden, der sich im Internet bewegt, eine zentrale Erfahrung. Wir haben die Digital Natives daher gefragt, was dieser permanente Wandel für sie bedeutet, und bekamen eine überraschende Antwort: Das Internet erzeugt eine ungeheure *Fehlertoleranz*.

Wie kommt es dazu? Das Internet ist eine Spielwiese. Man kann etwas Neues einstellen, aber auch wieder aus dem Netz herausnehmen. Fehler sind durch die Digitalisierung keine Fehler mehr, sondern nur etwas, was man ausprobiert hat. *Trial and error*. Oder – wie es jeder aus dem App Store kennt – eine Perpetual-Beta-Version, die ständig getestet, erneuert, verbessert wird. Digitales kann schnell geändert und somit ein Fehler rasch korrigiert werden. Daraus ergibt sich: Ein Fehler ist kein Weltuntergang mehr! Wer einen Fehler macht, trägt nicht mehr das Kainsmal auf der Stirn. Fehler sind in digitalen Zeiten der bloße *Versuch*, den Weg zu finden. Die Geschichte, die wir Ihnen nun erzählen, handelt genau davon.

Pleiten, Pech und Pannen

Ein Mann fährt Porsche. Während er die Fahrt mit dem Sportwagen genießt, hat er eine geniale Idee. Wieso, fragt er sich, kann ich die Software auf dem Handy nur mit den Fingern aufrufen? Wäre es nicht toll, wenn Apps sich mit natürlicher Sprache aufrufen lassen würden? Dann könnte ich problemlos während der Fahrt Dienste nutzen, verschiedene Service-Informationen abrufen, ja, sogar im Auto weiterarbeiten.

Richtig, die Geschäftsidee klingt heute so, als hätte sie schon einen langen weißen Bart, weil genau dies heute etabliert ist und Siri heißt, doch die Idee kam dem jungen Mann bereits 1998, also während der ersten heißen Phase der Internet-Start-ups. Damals gab es nichts dergleichen.

Die Idee zündete. Investoren waren bereit, dafür Geld in die Hand zu nehmen. Es wird ein Business-Plan geschrieben und brav abgearbeitet. Und nur Letzteres, betont dieser Mann, der die geniale Geschäftsidee damals hatte, war ein Fehler: dieses brave Abarbeiten des Business-Plans, so wie man es in Deutschland, dem Land der Gesetze und Regeln, damals erwartete. Man hätte viel flexibler agieren, das Umfeld beobachten, ein gutes Gefühl für das richtige Timing entwickeln müssen. Hat man aber nicht. Denn während dieser Mann und seine Mannschaft die Tools des Business-Plans der Reihe nach umsetzten und damit sehr beschäftigt waren, passierte etwas: Die Internet-Dotcom-Blase platzt. Von einem Tag auf den anderen sind Kunden, Geschäftspartner, Geldgeber weg. Das Unternehmen geht pleite.

Christian Lindner, heute Vorsitzender der FDP, muss Insolvenz anmelden.

Sein Rat an die Menschen, die sich zu einer »Fuckup Night« in Frankfurt a. M. versammelt haben (siehe dazu Interview Pepe Villatoro), einer Nacht, in der sich viele Menschen treffen, um völlig offen über ihr Scheitern zu reden, ist: Nicht das Scheitern ist das Problem, sondern der Umgang in Deutschland mit dem Scheitern. Da sind wir ganz seiner Meinung.

Obwohl dieses Scheitern 19 Jahre zurückliegt, wird Christian Lindner in Interviews im Fernsehen regelmäßig darauf angesprochen. Er findet das absurd, zumal er ohne die Lektionen, die er damals lernte, kaum die FDP aus dem tiefen Tal der Tränen wieder in die Regierungsfähigkeit in Nordrhein-Westfalen hätte führen können. Lindner war zudem sieben Jahre sehr erfolgreich in der Wirtschaft als Werbekaufmann tätig. Das, so moniert er auf der Fuckup Night, werde gern vergessen. Er kommt zu dem Schluss: Die deutsche Mentalität gegenüber dem Scheitern ist gefährlich. Denn ohne gesunde Fehlertoleranz gibt es keine mutigen Entscheidungen, es gibt keine Veränderungen und ebenso kaum Innovationen. Ohne die aber gibt es keine florierende Wirtschaft. Es ist daher kein Zufall, so Lindner, dass die Geschäftsideen, die die Welt bewegen, zurzeit nicht in Deutschland geboren werden, weil das Scheitern bei uns so geächtet wird. In Deutschland gilt immer noch: Du bekommst *eine* Chance, aber keine zweite. Diese Haltung aber ist nicht zukunftsfähig.

Wer einmal scheitert, schafft es beim nächsten Mal

In den USA ist das ganz anders. In der Welt der Wirtschaft wird niemand wirklich ernst genommen, der nicht wenigstens einmal mit einem Unternehmen baden gegangen ist und daraus Entscheidendes gelernt hat (siehe dazu Interview mit Kai Diekmann), nämlich wie es *nicht* funktioniert und wie man es besser machen könnte. Unsere These lautet daher: Ohne dem Scheitern in Zukunft Respekt zu zollen, wird Deutschland kein Land des Wohlstands bleiben, denn unsere technologischen Erfindungen im Maschinenbau, auf denen der heutige Wohlstand beruht, sind über hundert Jahre alt. Wenn wir den Wohlstand auch noch in den nächsten hundert Jahren halten wollen, müssen wir in Deutschland ein grundlegend anderes Verhältnis zum Risiko und damit auch zum Scheitern entwickeln.

Trial and error. Große Sprünge, große Erfindungen, auch in der Wissenschaft, sind immer mit der Bereitschaft zum Risiko einhergegangen. Und riskante Unternehmungen können schiefgehen. Das tun sie auch regelmäßig. Das Scheitern ist sogar häufiger als die Punktlandungen. Aber aus diesem Scheitern kann dennoch enorm viel gewonnen werden. Wenn 90 Prozent in der Technologiebranche scheitern und zehn Prozent Pioniere ihrer Branche werden, so wie es im Silicon Valley geschehen ist, und diese wenigen die Welt umkrempeln, hat sich die Mühe gelohnt. Diese Mentalität brauchen wir in Deutschland. Und zwar schnell, denn sonst werden wir abgehängt. Deutschland, eine der finanzstärksten und produktivsten Wirtschaften der Welt, wird sonst sehr klein. Nicht nur der Unternehmer muss so denken, auch sein Umfeld: Geschäftspartner, Familie, Freunde und vor allem: die Investoren. Dann trauen sich viele, innovativ zu sein, weil akzeptiert wird, dass das Scheitern zum Erfolg einfach dazugehört.

Wir brauchen eine Einstellung zum Scheitern, die das Scheitern nicht verherrlicht, aber *ernst* nimmt und nicht unter den Tisch kehrt. Wir müssen das Scheitern analysieren. Wir müssen verstehen, was schiefgelaufen ist. Nur so kann ein erneutes Scheitern verhindert werden. Wer bereit ist zu scheitern, der wagt und entscheidet etwas, der geht Risiken ein. Eine Bedingung für Wachstum. Scheitern hilft, den richtigen Weg zu finden. Danach läuft es besser. (Siehe dazu Übungen »Wall of Fame« und »Fuckup Nights« in Kapitel 4.)

Kein Wunder, dass Chirurgen und Piloten, also Menschen aus Berufen, bei denen es um Leben und Tod gehen kann, sich Fehler beim Operieren und Fliegen sehr genau ansehen und die Situationen üben, damit sie im Falle eines Falles mit ihnen umgehen können.

Die Natur selbst hat die gesündeste Einstellung zum Scheitern. Sie besitzt eine enorme Fehlertoleranz. Wir nennen das Evolution. Das, was sich nicht bewährt, ändert die Natur. Sie wissen: Die Dinosaurier sind nicht mehr unter uns. Sie waren nach dem Meteoriteneinschlag nicht mehr in der Lage, sich an die kalte, sauerstoffärmere Atmosphäre anzupassen. Es wäre gut, Fehler so zu verstehen wie die Natur: *als Signal für die Notwendigkeit einer Anpassung.*

Digitalisierung erzeugt Fehlertoleranz

Wenn Sie Erfolgsgeschichten in der Wirtschaft richtig lesen, werden Sie sehen, dass der Weg bis zum Erfolg mit vielen großen und kleinen Momenten des Scheiterns gepflastert ist. Viele Unternehmer wissen das aus ihrer eigenen Biografie. Denken Sie nur an die Erfindung des Autos durch Carl Benz und die Häme, die diese Erfindung viele Jahre begleitet hat. Sie wissen nichts von dieser Häme? Nun, der Öffentlichkeit wird nur der strahlende Erfolg präsentiert, der steinige Weg dorthin wird in Deutschland gern ausgeblendet. Das wird in Zukunft nicht mehr funktionieren, weil die Digitalisierung uns zwingt, mit Fehlern grundsätzlich anders umzugehen.

Warum ist das so? Wir geben Ihnen gerne ein Beispiel. Apps sind in der Regel unfertige Dienstleistungen. Wenn diese Dienstleistung im Kern eine gute Idee beinhaltet und die User das erkennen, sind die Apps wie ein Rohdiamant, der durch die Rückmeldung, was verbessert oder geändert werden muss, erst den richtigen Schliff bekommt. Wie bei Tesla, dem bekanntesten Hersteller für Elektroautos. Eine der Apps ermöglicht es, das Auto vor der Fahrt auf- oder abzukühlen. Erst durch die Verbesserungsvorschläge der Kunden wurde diese App zum Hit. Früher hätte man sich geschämt, dem Kunden unfertige Produkte auch nur zu zeigen, heute fühlt sich der Kunde geschmeichelt, wenn seine Meinung für die Entwicklung wichtig ist, sein Feedback zum Geschäftserfolg beiträgt. Haben Unternehmer einst kreative Köpfe teuer bezahlt, damit diese entdeckten, was an dem Produkt noch fehlte, bekommt man das heute kostenlos mitgeteilt, und zwar von den eigenen Kunden. Ein Geschenk, inklusive Markttest.

Fehler sind durch die Digitalisierung keine Fehler, sondern Schritte auf dem Weg zu einem Produkt, das nie mehr Endprodukt sein wird. Denn durch die Digitalisierung gibt es kein Endprodukt mehr. Wir müssen daher begreifen:

Produkte und Dienstleistungen sind im digitalen Zeitalter grundsätzlich und in besonderer Weise vom permanenten Wandel geprägt, das heißt, sie sind prinzipiell vorläufig. Ständig werden sie ergänzt, weiterentwickelt, verbessert, mit neuen Applikationen versehen.

Die Kreativität der Kunden lässt etwas entstehen, was ohne die Rückmeldung nie entstanden wäre. Das ist heute dank dem Internet möglich, einem Medium, das den direkten Austausch mit den Kunden erlaubt. Der Kunde ist so nah wie noch nie. *Nutzen Sie es!*

Lassen Sie also die Zügel locker, damit die Fehlertoleranz im Unternehmen gedeihen kann, und ziehen Sie sie nur dann wieder straffer, wenn diese Fehlertoleranz mit Schlendrian verwechselt wird, wenn also eine mangelnde Bereitschaft entsteht, es besser machen zu wollen. Das ist der entscheidende Punkt. Fehlertoleranz muss sich mit Neugierde paaren, sodass sich Produktentwickler und Kunden Seite an Seite in das Abenteuer dieser speziellen Idee, die dieses Produkt verkörpert, vertiefen und die Entwicklung gemeinsam als eine spannende Reise betrachten. Man forscht, experimentiert, setzt um. Ganz nah am Kunden. Näher als jemals zuvor. Doch diese neue Nähe zum Kunden, die teure Markttests obsolet macht, braucht und fordert eine neue Offenheit gegenüber Fehlern. Ohne die ist Kundennähe nicht zu haben.

Wer Fehler machen darf, ist kreativer

Wenn Fehler nicht mehr als Versagen inklusive Gesichtsverlust verstanden werden, sind wir auf dem richtigen Weg.

Fehlertoleranz gibt uns Mut und lässt uns kreativ werden. Denn mit einer souveränen Haltung gegenüber Fehlern wagen wir mehr. Spielen mit Ideen, experimentieren – genau so funktioniert Kreativität.

Die Digitalisierung unterstützt diesen Prozess. Denn die dreidimensionale Darstellung, die uns die Digitalisierung geschenkt hat, lässt uns das Problem von vielen Perspektiven aus betrachten. So können Lösungen gefunden werden, auf die wir sonst nie gekommen wären. In komplexen Zeiten wie diesen brauchen wir genau das. Fehlertoleranz und Digitalisierung fördern einander, sie müssen zusammengedacht werden. Ohne Fehlertoleranz werden Ideen in Zukunft zur Einbahnstraße. Ohne Fehlertoleranz ist der Misserfolg vorprogrammiert, weil die Komplexität, die die geballte Kreativität der Kundschaft hervorbringt, niemals von einem kleinen Team geleistet werden kann. Mit einer Monokultur im Unternehmen stecken Sie in der Sackgasse. Sie können eigentlich nur *einen* unverzeihlichen Fehler begehen, nämlich den, keinen begehen zu wollen und genau deswegen im Status quo zu verharren. Diese Haltung führt mit Sicherheit ins unternehmerische Abseits.

Digital Natives sind kreativ

Zeigen Sie sich lernfähig, hören Sie Ihren Mitarbeitern zu, schöpfen Sie aus deren digitaler Kreativität. Ihr Unternehmen kann dabei nur profitieren – selbst dann, wenn nicht alle Ideen tatsächlich umgesetzt werden. Sie müssen wissen: Die spielerische Herangehensweise ist für einen Digital Native normal. Dieser Typus Mensch nimmt es Ihnen nicht übel, wenn viele Ideen beim Markttest durchs Raster fallen. Das ist für ihn *business as usual*. Schließlich ist er auch überall im Netz Kunde, er weiß, dass Produkte und Dienstleistungen sich im Netz prozessual entwickeln – und zwar vor aller Augen. Wenn etwas aus guten Gründen verworfen wird, ist das gut und richtig. Nur müssen die Gründe dafür transparent und nachvollziehbar sein. Mehr braucht es nicht. Die Sache ist einfacher, als Sie denken. In analogen Zeiten wurden Vorschläge wochenlang entwickelt und daran gefeilt; entsprechend ernüchternd war es, wenn sie dann von der Führungsebene abgelehnt wurden. Diesen tiefen Fall ins Bodenlose gibt es nicht mehr, denn das Netz ist voll von Beispielen und Ideen. Die Spielwiese ist groß. Warum also sich grämen? Das bedeutet eine große Entlastung für die Führungsebene: Empfindlichkeiten wie in analogen Zeiten sind hier nicht zu erwarten oder treten nur noch äußerst selten auf. Vieles wird spielerisch verstanden. Eins aber sollten Sie nicht tun: diesen Spieltrieb eindämmen. Das wird von Digital Natives übel genommen. Es wird als Einschränkung ihrer Freiheit gewertet. Das wissen wir aus unseren Gesprächen.

Wenn wir danach fragen, welche *Werte* wir als Führungskraft in diesem permanenten Wandel brauchen, machen wir eine überraschende Entdeckung: Wir stoßen auf den Wert der *Toleranz*, konkret gelebt als Fehlertoleranz. Ein Wert, den wir gemeinhin eher im Mitmenschlichen verorten als im Unternehmensumfeld.

Die Transformation dieser Werte, die aus dem sozialen Miteinander der Menschen kommen, sorgt für Revolution in den Unternehmen und ruft bei jenen, die eine grundsätzlich andere Unternehmenskultur gewöhnt sind, Unverständnis hervor. Doch diese Wertetransformation ist aufs Engste mit der digitalen Technik verbunden.

Florian Feltes interviewt den ehemaligen Chefredakteur der Bild-Zeitung. **Kai Diekmann** wurde am 27. Juni 1964 in Ravensburg geboren. Bis Januar 2017 war er Herausgeber von Bild. Zudem war er von 2001 bis 2015 Bild-Chefredakteur.

2012/2013 verbrachte Kai Diekmann zehn Monate im Silicon Valley, um an der Westküste der USA im Auftrag von Axel Springer neue unternehmerische Ideen für digitales Wachstum zu entwickeln.

Heute ist Kai Diekmann Gründer und Gesellschafter des Zukunftsfonds und des Social-Media-Unternehmens Storymachine.

KAI DIEKMANN:

»Raus aus der Routine«

Florian: Sie waren knapp 30 Jahre für die Bild-Zeitung und den Axel-Springer-Verlag tätig. Letztes Jahr haben Sie sich entschlossen, einen ganz neuen Weg zu gehen. Da gibt es drei neue spannende Projekte in Ihrem Leben: Sie sind für das Taxiunternehmen Uber als Berater aktiv, dann bauen Sie einen Finanz-Zukunftsfonds mit Leonhard Fischer auf und wollen sich zudem bald als Unternehmer mit der Agentur »Storymachine« selbstständig machen. Wie kam es zu diesem radikalen beruflichen Wechsel?

Kai Diekmann: 30 Jahre sind eine sehr lange Zeit, vor allem, wenn man davon 16 Jahre als Chefredakteur bei *Bild* war und dann noch mal zwei Jahre bei *Bild am Sonntag*. Ich hatte am Ende das Gefühl, dass ich zwar eine sehr gute Routine im Umgang mit meinen Aufgaben als Chefredakteur hatte, insbesondere was Krisenbewältigung angeht, hatte aber auf der anderen Seite den Eindruck, dass mich diese Routine zunehmend in meiner Kreativität behinderte. Auch für die Marke, für die ich verantwortlich war, war es Zeit, dass sich jemand anderes darum kümmert, denn ich hatte das Gefühl, dass sich vieles einfach wiederholt. Wenn man das in dieser Deutlichkeit spürt, muss man raus aus der Routine. Und das habe ich getan.

Florian: 2012 sind Sie ins Silicon Valley gegangen.

Kai Diekmann: Richtig. Damals habe ich gemerkt, wie viel Spaß es mir macht, wieder unabhängig zu sein, nicht in einer komplett kontrollierten und vorhersehbaren Tagesroutine zu stecken. Seitdem hat mich der Wunsch, noch mal etwas ganz anderes zu machen, unabhängig zu sein, nicht mehr losgelassen. 2014 habe ich die ersten Gespräche geführt. Ende 2015 war ich wild entschlossen, die Bild-Zeitung zu verlassen. Ich habe mich aber noch mal überreden lassen, ein Jahr als Herausgeber dranzuhängen. Ende 2016 sollte dann endgültig Schluss sein. Ich habe dann noch einmal um vier Wochen verlängert, und zwar aus dem einzigen Grund, weil ich wusste, dass es ein Interview mit Donald Trump geben würde. Das war noch einmal ein journalistisches Highlight zum Schluss! Das wollte ich mir nicht nehmen lassen!

Florian: Gab es auch Gründe seitens des Springer-Verlags, Sie ins Silicon Valley zu schicken?

Kai Diekmann: Die Frage war: Was macht die Digitalisierung mit unserem Geschäftsmodell in der Medienbranche? Um das zu verstehen, bin ich dahin gegangen, wo die digitale Veränderung herkommt, und das ist nun mal das Silicon Valley. Neun der zehn erfolgreichsten Internetunternehmen weltweit kommen aus dem Silicon Valley. Egal ob das Apple ist, Microsoft, Google oder Facebook. Ich wollte verstehen, was auf uns zukommt, wie schnell es kommt und was die kulturellen Voraussetzungen sind, die man braucht, um sich radikal neu aufzustellen. Nach meinem Aufenthalt bin ich zutiefst überzeugt: Wenn wir uns nicht verändern, wenn wir uns nicht anpassen, dann werden wir verändert. Und das ist ein Zustand, den ich nicht gerne mag!

Florian: Was war denn der erste Eindruck, den Sie hatten, als Sie im Silicon Valley angekommen waren? War da irgendwas, was Sie total umgehauen hat, was Sie total überrascht hat?

Kai Diekmann: Also, ich bin auch vorher nicht davon ausgegangen, dass die Erde eine Scheibe ist, aber mich hat dann doch die Geschwindigkeit, mit der die digitale Veränderung kommt, und wie radikal sie ist, überrascht. Dazu muss man wissen, dass die Amerikaner technologisch immer ein Stück voraus sind, und Silicon Valley ist dem Rest Amerikas dann nochmals ein oder zwei Jahre voraus. Insgesamt ist das Valley ein einzigartiges Laboratorium, in dem viele Anwendungen, die irgendwann die Welt erobern, ausprobiert werden. Also, es war für mich eine spannende Sache, zu sehen, wie sich der Alltag durch die Digitalisierung total verändert.

Florian: Zum Beispiel?

Kai Diekmann: Der Zustand, in dem sich die gedruckten Zeitungen und mit ihnen die Zeitungsverlage befanden, war zwar schon vor meiner Ankunft in Amerika beklagenswert, aber dann kam ein echter Schock: Während meines Aufenthalts ist ein weltweit bekanntes Magazin wie *Newsweek* ganz einfach eingestellt worden. Wir haben da drüben in Echtzeit beobachten können, was auf uns zukommt und vor allem: wie schnell das geht.

Florian: Also waren Sie doch überrascht.

Kai Diekmann: Ja, aber es gab auch positive Überraschungen. Positiv überrascht haben mich die kulturellen Rahmenbedingungen, die mir vor Augen geführt haben, warum das Silicon Valley so erfolgreich ist. Das hat vor allen Dingen mit dem Ökosystem vor Ort zu tun, mit der Stanford University, mit ihren nahezu unbegrenzten finanziellen Mitteln, dann das Kapital der großen Unternehmen wie Facebook und anderer, die die ganzen internationalen Talente wie ein Magnet anziehen. Das Silicon Valley ist sozusagen ein sich selbst ernährender Joghurt. Das gibt es nirgendwo sonst. Das war wirklich faszinierend zu erleben.

Florian: Hört sich tatsächlich nach einem besonders nahrhaften Joghurt für Unternehmer und Erfinder an ...

Kai Dieckmann: In der Tat. Dann gibt es dort auch noch bestimmte kulturelle Voraussetzungen, die sich deutlich von denen in anderen Ländern unterscheiden. Wenn ich mir beispielsweise die Begeisterung der Amerikaner für Technologie anschaue: Technologie ist für die immer eine Chance, etwas besser zu machen, die Lebensqualität zu erhöhen. In Deutschland habe ich dagegen immer den Eindruck, wenn wir über neue Technologien reden, reden wir immer erst über die Risiken, nicht über die Chancen. Das ist sehr schade!

Florian: Welche Unterschiede gibt es noch, wenn Sie das Silicon Valley mit Deutschland vergleichen?

Kai Dieckmann: Es gibt einen weiteren ganz großen Unterschied: Als Unternehmer hast du da drüben ein sehr hohes Prestige. Etwas zu gründen, sich selbstständig zu machen, hat dort einen enorm hohen sozialen Stellenwert! Das ist bei uns überhaupt nicht der Fall. In Deutschland wollen lieber alle fest angestellt sein. Nur kein Risiko! Diese Wertschätzung von Unternehmern gibt es bei uns so nicht. An der Stanford University ist nicht entscheidend, ob du gut aussiehst, ob du sportlich bist oder ob du ein reiches Elternhaus hast, sondern ob du schon mal ein Unternehmen gegründet hast! Ich habe wirklich nicht einen Stanford-Studenten kennengelernt, der nicht wenigstens ein eigenes Unternehmen bereits gegründet hat!

Florian: Bei uns überlegen die Leute sehr lange, bevor sie gründen. Sie wollen nichts falsch machen ...

Kai Dieckmann: Genau das ist das Problem bei uns! In Amerika wird diese Begeisterung, ein Unternehmen zu gründen, von einer Fehlerkultur begleitet, die uns Deutschen völlig fremd ist. Eine solche Fehlerkultur macht das Gründen um einiges leichter! Fehler und Scheitern verstehen die Amerikaner als Voraussetzung für den Erfolg! Es hat mich völlig überrascht, mit welcher Begeisterung die mir erzählt haben, mit welchen Ideen sie gerade vor die Wand gefahren sind. Stellen Sie sich das mal bei uns vor! Die Botschaft ist folgende: Ja, ich habe Fehler gemacht. Daraus habe ich richtig was gelernt und diesen Fehler wiederhole ich jetzt nicht mehr! Eine solche Fehlerkultur macht eine solche Gründerkultur erst möglich, in der lustvoll experimentiert wird, in der Dinge einfach ausprobiert werden. Daraus erwachsen die ganz großen Sachen! Das waren alles Erfahrungen, die mir verdeutlicht haben, warum das Silicon Valley so erfolgreich ist, wie es ist. Und es zeigt auch in aller Deutlichkeit, was uns in Deutschland fehlt.

Florian: Hat sich aufgrund dieser Erfahrungen in Amerika auch Ihr Führungsstil verändert?

Kai Diekmann: Ja, da hat sich was getan bei mir. Ich habe nach meiner Rückkehr versucht, bei der *Bild* eine andere Hierarchie herzustellen. Dazu muss man wissen: Die Bild-Zeitung hat traditionell eine sehr hierarchische Organisationsstruktur, mit Chefredakteur und Stellvertretern und so weiter. Da wird alles von oben nach unten dekliniert, und es gibt auch keine Bildunterschrift, die nicht mindestens durch fünf oder sechs Hände gegangen ist. Solche Hierarchien werden in der digitalen Welt kollabieren.

Florian: Warum?

Kai Diekmann: Weil die digitale Welt vor allem eine dezentrale Welt ist, eine Welt der Netzwerke. Mir war klar, dass wir uns bei der *Bild* dringend dezentralisieren müssen und dass wir die Hierarchien ganz anders aufstellen müssen. Das sind Veränderungen gewesen, die wir noch während meines Aufenthaltes in Silicon Valley sozusagen am grünen Tisch entwickelt haben. Das wurde dann tatsächlich nach meiner Rückkehr in Berlin umgesetzt.

Florian: Was ist Ihrer Meinung nach bei solchen Veränderungsprozessen das Wichtigste?

Kai Diekmann: Das Wichtigste ist die Veränderung in den Köpfen der Mitarbeiter. Die müssen begreifen, dass die entscheidenden Fragen bei der Digitalisierung keine technischen Fragen sind. Die müssen verstehen, was die Digitalisierung mit dem eigenen Geschäftsmodell macht. In unserem Fall hieß die Frage: Was macht die Digitalisierung mit dem Journalismus? Welche Chancen gibt es? Was müssen wir verändern? Was bedeutet die Digitalisierung für die Kunden? Was verändert sich für unser Produkt?

Florian: Und? Was bedeutet es?

Kai Diekmann: Also, die Digitalisierung hat unser Produkt einfach in Luft aufgelöst! Seitdem Nachrichten an jedem Ort zu jeder Zeit digital verfügbar sind, muss niemand mehr zum Kiosk gehen, um sich eine Zeitung zu kaufen. Diese grundsätzlichen Veränderungen zu verstehen, ist die wichtigste Voraussetzung, um bei den Mitarbeitern eine Bereitschaft zu erzeugen, sich auf diese neuen digitalen Arbeitsbedingungen einzulassen.

Florian: Wie haben Sie das konkret gemacht? Haben Sie ein Horrorszenario an die Wand gemalt und gesagt, okay, wenn wir uns jetzt nicht verändern, sind im nächsten Jahr die Hälfte der Leute, die hier sitzen, nicht mehr da?

Kai Diekmann: Nein, ich habe wie die Amerikaner argumentiert: Ich habe meinen Mitarbeitern als Erstes klargemacht, dass die Digitalisierung eine Riesenchance für uns ist! Natürlich war es wichtig, darauf hinzuweisen, dass die Zahlen zeigten, dass das alte Geschäftsmodell zwar noch gut und lange funktionieren wird, aber die Bäume nicht mehr in den Himmel wachsen. In der analogen Welt war kein Wachstum mehr zu verzeichnen. Das war für jeden zu sehen!

Die nächste wichtige Botschaft meinerseits lautete: Die Kernkompetenz in unserer Branche ist das Storytelling, also Geschichten zu erzählen. Das ist das, was Journalisten machen. Um Geschichten zu erzählen, ist Papier allerdings eine denkbar ungeeignete Oberfläche. Papier hat ein sehr begrenztes Raumangebot und zudem einen sehr begrenzten Erscheinungsrhythmus. Papier kann auch keinen Sound und keine bewegten Bilder transportieren. Als Zeitungsjournalist kann ich nicht in Echtzeit berichten. Das alles aber ist möglich in der digitalen Welt! Damit kann das Publikum ganz anders erreicht werden. Deswegen habe ich gesagt: Die digitale Welt macht uns besser und wir sollten diese Chance ergreifen! Tun wir das nicht, werden es andere tun und uns das Geschäftsmodell wegnehmen.

Florian: Storytelling, das ist ja nicht nur etwas für die Bild-Zeitung, sondern auch etwas, dass Sie in dem Unternehmen »Storymachine« machen wollen. Gemeinsam mit Philipp Jessen, dem Ex-Chef von stern.de, und mit Michael Mronz, der erfolgreich im Sportevent unterwegs ist und mit dem ehemaligen Außenminister Guido Westerwelle verheiratet war. Sie sind also jetzt selbst Unternehmer. Wie fühlt sich das an?

Kai Diekmann: Das fühlt sich toll an! Denn plötzlich liegt da ein weißes Blatt vor dir, das darauf wartet, ganz neu beschrieben zu werden. Ich muss keine Strukturen beachten wie beim Axel-Springer-Verlag. Es sind auch keine Windmühlen da, gegen die ich ankämpfen muss.

Florian: Wie unterscheidet sich Ihr Führungsstil als Unternehmer, wenn Sie ihn mit Ihrem Führungsstil als Chefredakteur von der Bild-Zeitung vergleichen?

Kai Diekmann: Also, das ist relativ einfach zu beantworten. Wir sind ein sehr überschaubares Team und wir haben überhaupt keine Hierarchien. Wir haben nur diese Idee, von der wir überzeugt sind. Das besprechen wir mit Kunden und begeistern auch neue Mitarbeiter dafür. Wir setzen das einfach Schritt für Schritt um. Die Arbeit unterscheidet sich dramatisch von der in einer Redaktion.

Florian: Worin liegt der Unterschied?

Kai Diekmann: Nun, wir stellen kein tägliches Produkt her, wir arbeiten nicht auf eine Deadline hin wie bei einer Zeitung. Wir sind auch kein Medium. Das, was wir anbieten, ist Folgendes: Wir helfen Unternehmen, ihre Kommunikation in den sozialen Medien zu gestalten, denn die werden immer wichtiger, wenn sie ein Massenpublikum erreichen wollen. Um zu zeigen, worum es geht, verweise ich immer auf Donald Trump. Der hat mehr Follower auf Twitter als die größte amerikanische Zeitung, die *New York Times*, oder der größte Fernsehsender CNN. Trump kommuniziert direkt mit seinem Publikum. Er macht das einfach unter Umgehung der klassischen Medien. Ein noch besseres Beispiel ist Popstar Taylor Swift. Sie erreicht über verschiedene Internet-Plattformen 300 Millionen Follower und beschäftigt dafür ein 20-köpfiges Redaktionsteam! Das ist die neue Medienwelt! Das ist die neue Art der Massenkommunikation.

Das müssen Journalisten begreifen. In der alten, analogen Welt gab es nur Sender und Empfänger, beispielsweise Radio oder Fernsehen, um ein Massenpublikum zu erreichen. In der digitalen Welt ist Facebook wie ein Fernsehsender, wenn ich weiß, wie es geht. Das wird in Deutschland noch nicht verstanden. Viele Pressestellen großer Unternehmen benutzen Facebook und Twitter nur als eine Art technische Verlängerungen ihres Marketings. Das ist in etwa so, als ob ein Fernsehsender den ganzen Tag nur Werbeclips zeigen würde. Ein solcher Sender kann nicht erfolgreich sein! Erfolgreiche Kommunikation in den sozialen Medien setzt richtig gutes Storytelling voraus. Ich muss die Geschichten gut und passend zum Publikum erzählen, dann bin ich erfolgreich, dann habe ich eine große Reichweite. Das ist journalistisches Handwerk. Das ist auch der Ansatz unserer Agentur. Wir sagen den Kunden: Wir bauen euch Redaktionsteams, die großen Unternehmen bei dieser Art von Kommunikation unterstützend zur Seite stehen.

Florian: Könnten Sie den Ansatz, den Sie jetzt verfolgen, in einem klassischen Unternehmen genauso umsetzen oder bedarf es dafür dieser neuen Strukturen?

Kai Diekmann: Ehrlich gesagt kann ich das nicht beurteilen, weil ich noch nie ein klassisches Unternehmen aufgebaut habe. Grundsätzlich ist es natürlich einfacher, etwas auf der grünen Wiese ganz neu zu bauen, als ein neues Projekt in etablierten Strukturen durchzusetzen. Da haben wir in der Vergangenheit so unsere Erfahrungen gesammelt. Das ist nicht immer ganz einfach, wenn so ein großer Tanker versucht, mit einem schnellen Beiboot zu kooperieren. Das geht nicht immer glatt. Bei uns kommt hinzu, dass wir zum Glück keine zwanzig mehr sind, sondern Gründer, die jahrelange Erfahrung in der Medienbranche haben.

Florian: Ich würde jetzt gerne noch über Ihr Engagement bei dem Taxiunternehmen Uber sprechen. Sie sind dort in der Beratung im Public Policy Advisory Board aktiv. Warum ist es für ein so innovatives Geschäftsmodell wie Uber nötig, sich eine solche Beratung ins Haus zu holen? Uber wird in Deutschland sehr kritisch gesehen.

Kai Diekmann: Genau deswegen brauchen die mich. Ich leiste kulturelle Übersetzungsarbeit. Ich helfe dabei, auf beiden Seiten das Verständnis füreinander zu fördern. Ich muss meinen amerikanischen Freunden erklären, dass wir in Europa nach bestimmten Regeln spielen und dass ich diese Regeln nicht einfach über den Haufen werfen kann. Nach dem Motto: Es ist einfacher, sich hinterher zu entschuldigen, als vorher um Erlaubnis zu fragen. Das kann in Amerika funktionieren, in Europa geht das schief, wie wir an verschiedenen Stellen gesehen haben. Auf der anderen Seite versuche ich in Europa und in Deutschland klarzumachen, dass das keine schießwütigen Cowboys sind, die da aus Kalifornien zu uns kommen. Ich will zeigen, dass das höchst interessante Geschäftsmodelle sind, die es ermöglichen, unsere Ressourcen besser zu nutzen. Früher saß meistens doch nur einer in seinem Auto. Das ist doch totale Ressourcenverschwendung! Es geht also bei Uber nicht ausschließlich darum, bestehende Geschäftsmodelle zu zerschlagen. So aber wurde anfangs über Uber gesprochen. Dieses Verständnis füreinander zu fördern, ist mein Anliegen. Natürlich geht es in Deutschland und Europa auch immer um Besitzstandswahrung. Ein bestehendes Geschäftsmodell gegen Angreifer von draußen zu beschützen. Deswegen kommt auch immer wieder der Ruf nach gesetzlichen Lösungen. Ich bin allerdings fest davon überzeugt, dass man den Fortschritt nicht aufhalten kann. Wer irgendwo auf der Welt – sei es in London, sei es in Amerika, sei es in Afrika – mit Uber gefahren ist, der weiß, was für ein Fortschritt das zu unserem herkömmlichen Taxmodell ist. Und dieser Konsumentenwunsch wird sich irgendwann auch durchsetzen.

Florian: Die Digitalisierung bringt große Veränderungen. Hat sich Ihr Verhalten auch verändert?

Kai Diekmann: Ich weiß nicht, ob mich das verändert hat. Tatsache ist, dass ich mir sehr interessiert die Geschäftsmodelle angucke und versuche, daraus meine Schlüsse zu ziehen. Interessant ist zum Beispiel, wie dezentral alles durch die Digitalisierung wird. Die gibt es nicht nur beim Thema Mobilität, auch in der Finanzbranche werden bereits viele Dienstleistungen dezentral angeboten, die früher im Gesamtpaket von Universalbanken angeboten wurden. Der Zukunftsfonds, an dem ich beteiligt bin, beschäftigt sich genau damit. Eine der Fragen, die dahintersteht, lautet: Welche digitale Alternative gibt es zum analogen Sparbuch? Wie können wir die Mechanismen der Plattformen nutzen, um auch in diesem Bereich Kosten zu reduzieren? Es gibt keinen zentralen Vertrieb und bestimmte Dienstleistungen werden von außen variabel eingekauft. Das ist zum Beispiel ein Ergebnis meiner Beobachtungen, was die dezentrale, digitale Ökonomie mit uns macht.

Florian: Wenn man Ihnen vor zehn Jahren gesagt hätte: Sie sind irgendwann in der Finanzbranche tätig und beraten ein Mobilitätsunternehmen. Was hätten Sie darauf geantwortet?

Kai Diekmann: Wenn mir jemand vor zehn Jahren gesagt hätte, was ich alles mit meinem Handy machen kann, hätte ich es nicht geglaubt. Das ist ja immer das Problem mit Vorhersagen. Das sollte man besser lassen. Ich bin einfach demütiger geworden, was solche Voraussagen angeht. Gleichzeitig bin ich jedoch überzeugt, dass es irgendwann nur noch selbstfahrende Autos auf den Straßen geben wird. Das ist zumindest die Vision von Uber.

Florian: Glauben Sie, dass Sie durch die Eindrücke, die Sie in Silicon Valley gewonnen haben, diese Demut bekommen haben? Und was würden Sie aufgrund Ihrer Erfahrungen deutschen Unternehmern raten, wie sie die Digitalisierung angehen sollten?

Kai Diekmann: Ich sprach von Demut im Hinblick auf Vorhersagen, ansonsten ist meine Haltung von einer großen Offenheit gegenüber der Digitalisierung geprägt. Das würde ich auch anderen Unternehmern empfehlen. Eine Offenheit, sich anzuschauen, was kommt. Dann sollten sich Unternehmer fragen, wie sie das nutzen können! Genauso wichtig ist es aber auch, zu fragen, welche Gefahren für das eigene Geschäftsmodell in den digitalen Umbrüchen lauern, zumindest dann, wenn es sich nicht rechtzeitig anpasst. Zum Wesen der Digitalisierung gehört es, dass sich die Wertschöpfungskette oft radikal verändert, das heißt, dass ich mit meinem Geschäftsmodell, mit dem ich eben noch Geld verdient habe, morgen vielleicht kein Geld mehr verdiene. Eins ist doch sehr erstaunlich: Das größte Medienunternehmen – Facebook – produziert keine eigenen Inhalte, der größte Hotelkonzern – Airbnb – hat keine eigenen Hotels und das größte Transportunternehmen – Uber – hat kein einziges eigenes Fahrzeug.[7] Um zu verstehen, was da gerade passiert, was dieses Teilen von Autos, von Wohnungen, überhaupt von Ressourcen, für Unternehmen bedeutet, brauchen wir eine Offenheit gegenüber der digitalen Welt. Wir brauchen eine grundsätzliche Bereitschaft, nicht defensiv, sondern offensiv damit umzugehen! Das jedenfalls ist mein Rat.

---

[7] Selbst beim Schreiben eines Buchs wird man vom Tempo der Digitalisierung eingeholt: Inzwischen kauft Uber gerade Zehntausende von Volvos: https://www.auto-motor-und-sport.de/news/autonomes-fahren-uber/, und Airbnb plant, selbst Wohnraum zur Vermittlung zu schaffen: u. a. http://orf.at/stories/2353519/, beides gesehen 22.06.2017.

Exponentielle Geschwindigkeit

Das Tempo, in dem sich dieser permanente Wandel vollzieht, bewegt sich auf Formel-1-Niveau. Die Welt dreht sich immer schneller. Das ist kein simpler Spruch, sondern Statistiken bestätigen das: Lag das Datenvolumen eines Breitband-Nutzers bei 1,8 Gigabyte im Jahr 2001, liegt es 2017 bereits bei 79 Gigabyte.[8] Das Datenaufkommen und dessen Nutzung steigen und steigen, und zwar rasant. Doch was bedeutet diese Geschwindigkeit für uns?

Zunächst einmal: *Überforderung.* Wir Menschen sind einfach von Natur aus langsamer. Unser Habitus, unsere Gewohnheiten passen nicht zu diesem Tempo.[9] Ein Gefühl der Überforderung schleicht sich ein, lässt uns instinktiv eher die Risiken als die Chancen sehen. Es ist nicht allein das Tempo, das uns zu schaffen macht, es ist auch die *Komplexität*, die uns herausfordert. Ein Datenwald, bei dem die Aufforstung nicht Jahrzehnte dauert und wir uns Schritt für Schritt an die neuen Bäume, Sträucher und Pflanzen gewöhnen können, sondern der sich im Sekundenrhythmus in einen Dschungel verwandelt, in dem man sich leicht verlaufen kann. Da wir jedoch den Geist, den wir mit der Digitalisierung riefen, nicht wieder loswerden, müssen wir Strategien entwickeln, wie wir damit umgehen.

Eine wirksame Strategie dabei ist: *filtern.* Diesen exponentiell anwachsenden Datenfluss müssen wir sortieren, selektieren, einordnen, bevor er zum reißenden Gewässer wird und uns mit sich fortreißt. Wer das nicht macht und die Daten auf sich einprasseln lässt wie tropischen Regen am Amazonas, erleidet einen Datenoverkill.

[8] Gesehen am 15.02.2018: https://de.statista.com/statistik/daten/studie/3564/umfrage/durchschnittliches-datenvolumen-pro-anschluss-seit-2001/

[9] Gesehen am 01.03.2018: https://www.futurezone.de/digital-life/article213046647/Ueberforderung-durch-Digitalisierung-Antworten-auf-einfache-Fragen.html

Wie gehen wir als Führungskraft mit diesem drohenden Datenoverkill um? Die Antwort der Digital Natives auf diese Frage klingt ungemein lässig: *delegieren* und *vertrauen*. Gerade das letzte Wort versetzt Unternehmer, zumal deutsche, in einen Zustand großer Unruhe.

Sollte es tatsächlich zutreffen, dass die Komplexität und das Tempo der Digitalisierung uns zwingen, anderen Menschen grundsätzlich zu vertrauen? Das ist ein ungewohnter Gedanke. Wir vertrauen Menschen, die wir kennen. Freunden und Familie. Was aber hat Vertrauen in der Wirtschaft zu suchen? Ein verstörender Gedanke. Klingt naiv und verbreitet irgendwie eine unangenehme Aura von Unprofessionalität.

Sollen wir also in Zukunft grundsätzlich anderen Menschen im Geschäftsleben vertrauen? Die Antwort lautet: Ja. Warum? Weil uns gar nichts anderes übrig bleibt! Wir müssen. Denn diesen Datendschungel können wir unmöglich alleine bewältigen. Tempo und Komplexität lassen uns enger zusammenrücken, lassen das Vertrauen wachsen, weil es wachsen *muss* – auch in den Unternehmen.

Wir brauchen die vielen Augen, die aufmerksamen Beobachter, die Spürnasen, die uns sagen, was die wichtigsten Trends auf den digitalen dezentralisierten Märkten sind, wo sich Drohpotenzial für unser Unternehmen zusammenbraut, wie die Kunden über uns denken. Menschen, die einschätzen können, was wichtig ist, um am Markt wettbewerbsfähig zu bleiben.

Es sind die Mitarbeiter und Mitarbeiterinnen, die für das Unternehmen diese Daten selektieren, sortieren, einordnen, filtern und bewerten. Diesen Wissenspool im Unternehmen zu organisieren, ist in Zukunft eine Ihrer wichtigsten Aufgaben.

Sie müssen nicht alles *selbst* wissen, Sie müssen nicht in allem Experte sein. Sie müssen aber wissen, *wer was* weiß oder *wo* dieses Wissen digital zu finden ist. Daraus folgt: Sie müssen delegieren und vertrauen, wo Sie früher selbst gemacht oder aufwendig kontrolliert haben.

Trial and error als Strategie

Sicher ist: Der Datenhunger wächst, Big Data will gefüttert sein. Ungeachtet dessen verdichtet sich die Komplexität derart, dass der Datennebel uns regelrecht zwingt, weniger bis in alle Einzelheiten durchdachte Entscheidungen zu treffen als früher. Das überrascht, haben wir doch gelernt, wie wichtig Planung ist. Jetzt aber müssen wir umdenken. Wir müssen lernen, bei vielen Entscheidungen »auf Sicht zu fahren«. Schnelle, kurze Entscheidungen. Das klingt nach Entscheidungen »aus dem Bauch«. Nach Instinkt. Ist es aber nicht. So zu verfahren, ist höchst strategisch. Es ist eine Strategie, mit dem Datenkoloss, der sich auf uns zubewegt, umzugehen. Denn der digitale Markt verlangt schnelle Entscheidungen.

Doch was ist, wenn wir eine Fehlentscheidung getroffen haben? Wo die Sorge groß ist, liegt das Rettende nah. Es ist die noch so ungewohnte neue Fehlerkultur, die es zulässt, dass wir Entscheidungen, die sich als falsch erweisen, rasch korrigieren können. *Trial and error.* Die Fehlertoleranz ermöglicht es uns, bei diesem vagen Auf-Sicht-Fahren immer wieder den Kopf aus der Schlinge zu ziehen. Fehlertoleranz und Vertrauen gehören zusammen. Sonst funktioniert es nicht.

Das Pendant zur Fehlerkultur in den Unternehmen ist die neue Vertrauenskultur. Durch sie ist jederzeit eine Kursänderung möglich. Das Feedback der Kunden, Mitarbeiter und Geschäftspartner läutet diese Kurskorrektur ein, wenn sie nötig ist.

Bei vielen Entscheidungen werden wir uns in Zukunft nach vorne tasten, die Unsicherheit aushalten müssen, ob uns aus dem Nebel nicht plötzlich etwas entgegentritt, was uns am Weiterfahren hindert oder – im schlimmsten Fall – gegen die Wand fahren lässt (siehe dazu Interview mit Elisa Naranjo). Das kennen Führungskräfte aus der Krisenbewältigung. Der Unterschied ist nur: *Diese Haltung brauchen wir von nun an immer.* Jeden Tag.

Deswegen empfiehlt es sich, im Unternehmen eine Vertrauenskultur aufzubauen. Das bedeutet, die Mitarbeiter und Mitarbeiterinnen machen zu lassen, sie viel öfter als früher selbst entscheiden zu lassen und ihnen zu vertrauen, dass sie das Richtige tun.

Denn die Digitalisierung nötigt uns, zu delegieren, auch bei den Entscheidungen. Wie nötig diese Einstellung ist, zeigt sich, wenn wir an die neue Nähe zum Kunden denken. Dann wird deutlich, was gemeint ist. Wenn früher einige wenige Kundenrückmeldungen das Unternehmen erreichten, nimmt die Bearbeitung der E-Mails inzwischen 15 Prozent der gesamten Arbeitszeit in den Unternehmen ein.[10] Diese tausend kleinen Entscheidungen kontrollieren zu wollen, die im Kundenkontakt oder im B2B-Bereich getroffen werden müssen, und zwar zeitnah, ist ein Ding der Unmöglichkeit. Damit sind wir beim zweiten wichtigen Punkt: Nicht nur die Datenmenge, auch das Tempo braucht die Intelligenz der vielen. Allein hält dem niemand stand. Menge und Tempo zwingen zu Vertrauen und zur Zusammenarbeit, denn ich kann nicht alles überprüfen, was andere mir aus dem Netz berichten und was sie entscheiden. Wir müssen vertrauen – ob wir wollen oder nicht.

10 Gesehen am 01.03.2018: http://www.fr.de/leben/karriere/wie-gegensteuern-meetings-und-mails-sind-die-groessten-zeitkiller-im-job-a-341602

Exponentielle Geschwindigkeit

Digitalisierung zwingt zum Vertrauen

Dieser Satz lässt uns innehalten. Es scheint ein Widerspruch zu sein, entspringt Vertrauen doch einem freiwilligen Akt, nicht dem Zwang. Doch das ist ein Mythos. Die Geschichte von Jan Philipp Reemtsma, Erbe des berühmten Zigarettenfabrikanten, der vor rund 20 Jahren brutal entführt wurde, gibt Zeugnis davon, was Vertrauen in Wahrheit ist: eine Notwendigkeit. Schon immer. Sagt Reemtsma. Und nicht nur der.

Was meint er damit? Reemtsma hat Gewalt und das Gefühl des vollständigen Ausgeliefertseins als Geisel von Verbrechern persönlich erlebt. Nachdem 30 Millionen Lösegeld gezahlt worden waren, kam er nach 33 Tagen frei.[11] Nach diesem Erlebnis war sein Grundvertrauen zutiefst erschüttert. Um diesen Schock zu überwinden, so schildert er in einem Interview mit der *Zeit*, vergegenwärtigte er sich, wie viel Vertrauen wir jeden Tag benötigen, um normal leben zu können.[12] Reemtsma hat recht. Niemand würde es beispielsweise wagen, in ein Auto zu steigen, wenn er nicht darauf vertrauen würde, dass sich alle an die Verkehrsregeln halten. In der Tat: Wir fahren auf der rechten Seite und nutzen zum Überholen die linke Spur. An Kreuzungen gilt in Deutschland: rechts vor links. Beim Geld ist es genauso. Niemand käme auf die Idee, Geldscheine zu akzeptieren, wenn er nicht darauf vertrauen könnte, dass dieses Stück Papier als Zahlungsmittel anerkannt wird. Des Weiteren vertrauen wir darauf, dass wir im Restaurant Essen serviert bekommen, das nicht verdorben oder vergiftet ist. Wir vertrauen darauf, dass unser Mantel sorgfältig gesäubert wird, wenn wir ihn in die Reinigung geben. Wir lesen Fachbücher oder die Zeitung und vertrauen darauf, dass die Fakten stimmen. Die Liste lässt sich beliebig verlängern. Daher gilt:

11 Gesehen am 15.02.2018: http://www.zeit.de/zeit-wissen/2016/03/jan-philipp-reemtsma-gewalt-menschen-grenzen-waffen-krieg/komplettansicht

12 Gesehen am 01.03.2018: http://www.zeit.de/zeit-wissen/2016/03/jan-philipp-reemtsma-gewalt-menschen-grenzen-waffen-krieg/seite-5

Vertrauen ist in einer Gesellschaft essenziell. Das war nie anders. Es ist uns die meiste Zeit nur nicht bewusst. Eine Gesellschaft kann ohne Vertrauen nicht funktionieren.

Dieser Gedanke hilft enorm, wenn Sie sich in Zukunft ein wenig von der in Deutschland mit Hingabe praktizierten Kontrolle verabschieden müssen. Es ist sicher kein Zufall, dass sich in Deutschland hartnäckig ein Sprichwort hält, das die Lust der Deutschen an der Kontrolle illustriert: »Vertrauen ist gut, Kontrolle ist besser.«

Wir fragen uns, woher dieses ausgeprägte Kontrollbedürfnis der Deutschen kommt. Sie vermuten richtig: Es kommt aus unserer Kultur. Es ist der hohe Anspruch an uns selbst, ein »reines Gewissen« haben zu wollen und so eine *Gewiss*heit über uns selbst zu bekommen, die uns Deutsche diese Selbst- und Fremdkontrolle leidenschaftlich ausüben lässt. Das exerzieren wir nicht nur an uns selbst, sondern auch an den Produkten, die wir herstellen. Es findet seinen Niederschlag in dem Wort »Qualitätskontrolle«. Das ist einfach in unserer DNA verankert.

Es ist sicher kein Zufall, dass das englisch klingende Wort »Controlling«, das in Wahrheit »Denglisch«[13] ist, in anderen Kulturen und Sprachen keine Entsprechung findet. Kaum jemand im Ausland weiß, was so ein Controller macht. Auf internationalen wissenschaftlichen Wirtschaftskonferenzen führt dies regelmäßig zu Irritationen. Bei uns weiß das jeder: Ein Controller stellt fest, ob die Ausgaben des Unternehmens die Einnahmen nicht übersteigen, kurz: ob korrekt gewirtschaftet wird. Er ist sozusagen der unternehmensinterne Wirtschaftsprüfer. Im Ausland wird Controlling als typisch deutsche Rechthaberei empfunden. Wie sehr uns die Idee der Kontrolle in

13 »Denglisch« bezeichnet unter anderem die Benutzung angeblich englischer Wörter, die es im englischen Sprachgebrauch in Wahrheit jedoch nicht gibt. Beispielsweise wird das Mobiltelefon »mobile (phone)« genannt und nicht etwa »Handy« (engl. handy = praktisch, nützlich), wie wir im Deutschen sagen.

Exponentielle Geschwindigkeit

Fleisch und Blut übergegangen ist, auch auf staatlicher Ebene, zeigt eine Begebenheit aus dem Jahr 2015. Wir durften damals im Fernsehen live das Drama miterleben, als der griechische Finanzminister Varoufakis und der deutsche Finanzminister Schäuble sich ein Duell über einen möglichen Schuldenerlass für Griechenland lieferten. Da prallten wahrlich zwei Kulturen aufeinander.

Vielleicht kann man sich anhand dieser beiden Beispiele, made in Germany und Controlling, ausmalen, wie schwer es den deutschen Unternehmern fallen wird, die Zügel in Bezug auf die Mitarbeiter, nicht aber in Bezug auf die Qualität, ein wenig lockerer zu lassen. Wir müssen in Zukunft unterscheiden zwischen Qualitätskontrolle bei Produkten und Vertrauenskultur in der Mitarbeiterführung. Vermutlich wird das einer der schwierigsten Umstellungsprozesse in den deutschen Unternehmen werden. Durchaus befreiend in diesem Zusammenhang ist, sich daran zu erinnern, was passiert, wenn man es mit der Kontrolle übertreibt. Dazu genügt ein Blick in die jüngste deutsche Geschichte: die DDR. Sie hatte das beste Überwachungssystem, das je ein Staat besessen hat: die Stasi. Selbst der KGB, der Geheimdienst der Sowjetunion, hatte nicht so viele Mitarbeiter im Verhältnis zur Einwohnerzahl wie die Stasi.[14] Tonnen von Akten lagern heute in der Behörde des Bundesbeauftragten für die Staatssicherheitsunterlagen (BStU). Sie legen Zeugnis ab von einem überbordenden Kontrollwahn. Ein krankhaftes Kontrollbedürfnis, das viel Geld kostete und genau das Gegenteil von dem bewirkte, was eigentlich bezweckt werden sollte: Es führte zum Untergang der DDR. Daran sollten Sie denken, wenn Ihnen die Umstellung schwerfällt; wenn Sie – vielleicht aus alter Gewohnheit – doch wieder strenge Kontroll-

[14] Gesehen am 01.03.2018: http://www.aventinus-online.de/neuzeit/nachkriegszeit-und-kalter-krieg-1945-1989/art/Stasi_und_KGB/html/ca/a294d85b929f5a32fde686fddf5bd777/indexee27.html?tx_mediadb_pi1%5BmaxItems%5D=10

mechanismen einführen und dazu die digitale Technik nutzen. Das kann verheerende Auswirkungen haben. Denn wenn die Mitarbeiter merken, dass kontrolliert wird, wie lange sie am Computer arbeiten, wie oft sie die Tastatur bedienen, dass ihre E-Mails nach Schlagwörtern durchsucht werden, bei ihren Telefonaten mitgehört wird, Kalender und Termine gecheckt werden, dann ist es mit der Vertrauenskultur vorbei, bevor sie sich hat entwickeln können. Dann haben Sie Misstrauen und Unsicherheit in die Mannschaft gestreut. Das kann nicht das Ziel sein.

Faulheit ist effizient

Der unendliche Datenfluss hat nicht nur Auswirkungen auf unser Entscheidungsverhalten, er beeinflusst auch unser *Lern*verhalten. Wenn das Internet alles weiß, welchen Sinn macht es da noch zu büffeln? Wenn wir nur noch wissen müssen, *wo* es steht, ist Auswendiglernen öde und sinnlos. Es wird zum reinen Vergnügen, zum Denksport. Wenn bald auch noch die meisten Bücher in den Archiven digitalisiert sind, brauchen wir uns noch nicht einmal mehr in die Bibliothek zu quälen. Denn wir können im Internet jede Frage zu jeder Zeit an jedem Ort stellen, uns in nahezu jede Bibliothek der Welt einloggen: Wie bekämpfe ich eine Erkältung? Wann muss ich die Tulpenzwiebeln im Garten pflanzen? Wie organisiere ich betriebswirtschaftliche Prozesse neu? Das Netz weiß es garantiert. Wer sein Smartphone dabei hat, hat auch Zugriff auf das Wissen der vielen. Niemand muss mehr auswendig lernen. Es reicht, das Smartphone zu befragen.

Das Wissen kommt heute in angenehmen kleinen Häppchen zu uns: Ich frage nur nach dem, was ich *momentan* wissen muss. Eine solche komfortable Situation verleitet beim Lernen zur Konsumhaltung. Es ist daher wenig überraschend, dass nicht nur der ehemalige Wirtschaftsminister Karl-Theodor zu Guttenberg sich bei seiner Doktorarbeit der Copy-and-Paste-Funktion bediente. Das tun Schüler und Studenten auch. »Warum soll ich das selbst schreiben? Steht doch schon da!« Deswegen gibt es bei Internetportalen, die Hausaufgaben und Referate anbieten, einen schwunghaften Handel. Lehrer und Professoren haben das Nachsehen, wenn sie die angesagten Portale nicht kennen und sich über die sprunghaften Leistungssteigerungen einzelner Schüler wundern.

In der Tat, es ist nicht von der Hand zu weisen: In digitalen Zeiten wird reine Fleißarbeit zur *Ineffizienz*.

Effizienz aber ist angesichts der Datenberge, die sich vor uns auftürmen, eine kulturelle Technik, ein Können, das zu beherrschen über Sein und Nichtsein in der digitalen Welt entscheidet. Daher ist diese Faulheit beim Lernen, einst verpönt, *heute* eine gesunde Einstellung.

Diesen effizienten Umgang mit den digitalen Daten zu pflegen, wird uns Deutschen vermutlich leichtfallen, im Gegensatz zur Vertrauenskultur. Denn Effizienz ist unser Ding. Das liegt uns.

Vom Warum zum Was

Was entscheidet noch über Sein und Nichtsein in der digitalen Welt? Unsere Antwort auf die Frage, wie wir *Sinn* in das unstrukturierte Wissen hineinbekommen, das uns mit den Billionen Daten, die sich im Netz tummeln, zur Verfügung steht. Wir müssen verstehen, was uns die scheinbar unzusammenhängenden Daten erzählen. Das gelingt, wenn wir diese Daten nicht mehr nach dem *Warum*, sondern ausschließlich nach dem *Was* befragen (siehe dazu die Ausführungen in Kapitel 1). Dann nämlich können wir die zahlenmäßigen Auffälligkeiten, jene Korrelationen, ernst nehmen, die uns Big Data liefert. Die Beobachtung »Immer dann, wenn XY auftaucht, passiert YX« kann uns bei Marktanalysen extrem hilfreich sein. Big Data weiht uns zwar nicht in das Geheimnis des Warums ein, sondern gibt uns nur auf das Was und das Wie eine Antwort, aber das reicht, um *handeln* zu können. Nicht ohne Grund raten Big-Data-Experten, uns damit zufriedenzugeben und nicht weiter nachzubohren, sondern auf der Grundlage des Was *zeitnah* aktiv zu werden.

Diesen Rat werden in Zukunft voraussichtlich immer mehr Menschen befolgen, denn die Geschwindigkeit des Digitalen zwingt uns, schnell zu handeln. Big Data wird uns dabei unterstützen, diese schnellen Entscheidungen treffen zu können. Wer mit Big Data im Gepäck losfährt, dem fällt das Auf-Sicht-Fahren bei den Entscheidungen deutlich leichter. Deshalb sollten wir die Big-Data-Expertise auch für unser Unternehmen nutzen. Sie wird für unser Auftreten am Markt wichtig sein. Wichtig, um den Kunden immer besser kennenlernen und die neuesten Trends zeitnah aufspüren zu können. Sie wird uns als Radar dienen, um Shitstorms im Netz voraussehen und unser Unternehmen davor schützen zu können. Kurz: Wir brauchen Big Data, *um handeln zu können*.

Die Vertrauenskultur braucht die Fehlertoleranz, die Komplexität die Unterstützung durch Big Data und die Unabhängigkeit von Raum und Zeit benötigt die Freiheit und den Kompass. Das eine bedingt das andere.

Was bedeutet das für unser Führungsverhalten?

Neben Toleranz, Wertschätzung und Freiheit kommt nun auch noch das Vertrauen als einer der elementaren Werte hinzu, die unseren Wertekompass ausmachen. Dieser Wertekanon, der sich liest, als sei er der Bibel entsprungen, ist die Grundlage des durch die Digitalisierung veränderten Führungsverhaltens. Die Pointe dabei ist, dass diese Werte nicht deswegen gelebte Realität in den Unternehmen werden, weil wir es plötzlich nur noch mit Gutmenschen zu tun haben, sondern weil die Digitalisierung dieses Verhalten von uns einfordert.

Der neue soziale Wertekanon kommt daher nicht von ungefähr, denn die Digitalisierung ist eine Technik, die das Soziale fokussiert, weil sie erfunden wurde, *um die Kommunikation zwischen Menschen zu unterstützen.* Technik ist eben alles andere als neutral. Jede Technik hat ein »Um-zu«, hat ein Ziel, weswegen sie entwickelt wurde. Das Ziel der Digitalisierung ist leicht zu identifizieren, denn diese Technologie richtet sich auf die Kommunikation. In dem deutschen Wort »Kommunikation« steckt das lateinische Verb »communicare«, was »teilen, mitteilen, besprechen, gemeinsam machen, vereinigen, austauschen« bedeutet.[15]

15 Gesehen am 03.03.2018: https://de.langenscheidt.com/latein-deutsch/communicare

Dieser deutliche Link ins Soziale, der so harmlos zwischen Wissenschaftlern begann, potenziert sich durch die globale Nutzung des Internets ins Unendliche und fordert von uns ein Verhalten ein, das auch von vielen Religionen gefordert wird: *sozial, menschlich zu sein*. Das, was so wirkt, als ob es für Sonntagspredigten erdacht worden sei – schön, aber ohne Auswirkung auf unser Alltagsleben –, wird bald schon unser täglich Brot sein.

Wer das verstanden hat, weiß, dass Profit in Zukunft nur noch gemacht werden kann, wenn Digitales mit Sozialem im Schulterschluss agiert. Es ist ein großes Missverständnis zu glauben, dass dieses soziale Verhalten gegenüber den Mitarbeitern aus einer Not, nämlich dem Fachkräftemangel, geboren worden sei. Er mag als Trigger, als Verstärker dienen, die Ursachen aber liegen woanders. Es ist die digitale Technologie, die dieses soziale Verhalten hervorbringt. Deswegen ist das Problem auch nicht gelöst, wenn wir Fachkräfte aus dem Ausland in die Unternehmen holen, also Menschen, die möglicherweise noch gewöhnt sind, mit Direktiven zu arbeiten. Kommen sie mit dem Digitalen in Berührung, muss und wird sich auch ihr Verhalten verändern.

Wir müssen daher verstehen: Die Verhaltensänderungen haben digitale Wurzeln. Solange wir es mit dieser digitalen Technologie zu tun haben, werden wir es auch mit diesem neuen sozialen Verhaltenskodex zu tun haben.

Deswegen sollte es uns nicht wundern, wenn eine der Vorreiterinnen des virtuellen Geldes, Toni Lane Casserly (siehe dazu Interview), die soziale Komponente der Bitcoins unermüdlich betont. Dabei geht es nicht allein um Marketing, knallharte Public Relations oder um die Präsentation eines Nice-to-have. Es geht um die grundsätzliche Ausrichtung des Digitalen auf das Soziale. Denn das Digitale fokussiert den Austausch von Informationen.

Informationen austauschen können wir aber nur mit anderen. Wenn wir das Soziale als ein Miteinander, als einen Austausch mit anderen und nicht, wie im deutschen Sprachgebrauch üblich, als Barmherzigkeit verstehen, lässt sich sagen: *Das Soziale ist das »Wesen« der Digitalisierung.*

Transparenz des Wissens

Goethe gilt als der bekannteste deutsche Dichter. Dass er neben seiner Tätigkeit als Schriftsteller und Dichter auch noch eine hohe Stellung am Hof in Weimar innehatte, ist nicht jedem bekannt. Goethe war Geheimrat. Und wie das Wort »Rat« schon vermuten lässt, handelte es sich bei dieser Arbeit um eine beratende Tätigkeit. Goethe beriet Herzog Carl August, der Wert darauf legte, beim Regieren einen »großen Geist« um sich zu haben. Auf diese Weise kam Goethe an ein Wissen, das im Dunstkreis der Mächtigen gewonnen wurde. Selbstverständlich waren diese Beratungen der Geheimhaltungspflicht unterworfen. Die Bezeichnung »Geheimrat« war also Titel und Ansage zugleich, wie Goethe seine Aufgaben zu erfüllen hatte.

Doch Goethe und Herzog Carl August waren nicht die einzigen Geheimniskrämer. In Politik und Wirtschaft ist es immer noch üblich, dass nicht alle alles wissen, sondern einige wenige deutlich mehr als die anderen. Das Wissen wird in elitären Zirkeln wie dem Rotary Club nur mit sorgfältig ausgesuchten Mitgliedern geteilt. Auch auf der Geschäftsführungsebene sind die Türen dicht. Besser informiert zu sein, bedeutet, den anderen einen Schritt voraus zu sein und dies zum eigenen Vorteil nutzen zu können. Mit diesen geheimen Beratungen hinter vorgehaltener Hand ist es mit der Digitalisierung vorbei. Sie sorgt dafür, dass Wissen nicht mehr im Besitz einiger weniger ist, sondern allen gehört. Das ist für viele Unternehmensinhaber ein Schock. Es kommt einer Entmachtung gleich. Ob es ein heilsamer Schock ist, darüber entscheidet jeder, der ein Unternehmen führt, selbst. Doch eins ist sicher: Wir müssen uns an den Gedanken gewöhnen, dass Wissen nicht mehr *exklusiv* ist, seitdem fast alles im Netz schwarz auf weiß zu lesen ist.

Der radikale Schnitt, der durch die Digitalisierung eingeleitet worden ist, ist unübersehbar. Veränderungen in der Branche, Preisentwicklungen, neueste technische Entwicklungen, Nachrichten über die Konkurrenz, die Finanzierung von Geschäftsideen – all das ist heute nicht mehr geheim. Es steht ganz einfach im Internet. Diese neue Transparenz des Wissens ist für viele Unternehmer eine heikle Angelegenheit. Sie hatten früher Zugang zu Insiderwissen, vieles davon kam der Belegschaft nie zu Ohren. Auch die mittlere Führungsebene war nur teilweise in dieses Machtwissen eingeweiht. Das ist jetzt anders. Selbst das Fachwissen bleibt nicht länger den Experten vorbehalten. Steht alles im Netz. Und mit den richtigen Schlagwörtern kann es schnell und unkompliziert gefunden werden.

Mit dem Verlust des Wissensmonopols wird etwas porös, das bisher wie in Stein gemeißelt schien: die unternehmensinterne Hierarchie. Die mit exklusivem Wissen aufs Engste verknüpfte Hierarchie befindet sich in Auflösung. Es empfiehlt sich daher, in Zukunft mit den Angestellten auf Augenhöhe zu kommunizieren. Unternehmer müssen ihr Wissen teilen, wenn sie auch von dem Wissen der anderen profitieren wollen. Geheimniskrämerei lohnt nicht mehr. Die Krämer unter uns, die Pfennigfuchser des geheimen Wissens, rutschen ins unternehmerische Aus.

Interview mit **Philippe von Borries** von Refinery29 über die Möglichkeiten, die Amerika Gründern bietet, was amerikanische Unternehmer von deutschen Unternehmern lernen können und was eine gute Führungskraft heute auszeichnet. Refinery29 ist weltweit eines der erfolgreichsten digitalen Medienunternehmen.

PHILIPPE VON BORRIES:

»Frauen(versteher) sind die besseren Führungskräfte«

Florian: Philippe, du bist mit 16 Jahren als Austauschschüler für ein Jahr in die USA gegangen und dann auf eigenen Wunsch dort geblieben. Während deiner Zeit an der Columbia University in New York hast du zusammen mit deinem Schulfreund Justin Stefano Refinery29 gegründet. Aktuell verzeichnet ihr rund 30 Millionen Besucher im Monat. Hättest du ein solches Unternehmen auch in Deutschland gründen und so groß machen können?

Philippe: Die Entscheidung, in die USA zu gehen und dort zu bleiben, war durch ganz persönliche Gründe motiviert. Was man wird, war in meiner Familie vorgezeichnet – entweder Arzt oder Consultant. Das Muster habe ich durchbrochen. Der Start von Refinery29 war sehr eng mit meinem Aufenthalt in New York verbunden und mit meiner Entscheidung, in den USA leben zu wollen. Auch wenn ich das Rheinland und besonders Köln sehr mag, war mir schon als Teenager klar, dass ich in Amerika leben will. Ich glaube, ich hatte das Gefühl, eingepfercht zu sein und mein Potenzial in Deutschland nicht so ausleben zu können, wie ich das wollte. Für mich stehen die USA nach wie vor für Individualität und Kreativität. Für mich hat sich das bewahrheitet.

Florian: Sind das Werte, die auch in deinem Unternehmen hochgehalten werden?

Philippe: Ja, Refinery29 hatte von Anfang an ein starkes Wertesystem. Uns war es wichtig, dass jeder seine Individualität ausleben kann und einen Sinn in dem sieht, was er tut. Ich denke, nur so kann man wirklich dafür sorgen, dass man sein volles Potenzial und Talent entfaltet. Natürlich sind das Werte, die auch anderswo gelten, für mich aber hat es, wie gesagt, in den USA am besten funktioniert. Dort habe ich den größtmöglichen Freiraum für mich gefunden. Zudem war der Markt 2005 in Deutschland für Geschäftsideen rund um das Internet noch nicht so weit wie in den USA. Facebook und Twitter existierten zu dem Zeitpunkt noch gar nicht. Wir waren damals sogar in den USA unserer Zeit voraus. Was es nicht einfacher gemacht hat! Es brauchte eine ganze Menge Unternehmergeist und ein Netzwerk von Angel-Investoren, die an unsere Idee glaubten und das Geschäft finanzierten.

Genau deshalb bin ich froh, damals in den USA gelebt zu haben. Deutschland ist einfach ein viel konservativeres Umfeld, wenn es um Unternehmertum, Finanzierung, große Träume und Visionen geht. Hand aufs Herz: Ich denke nicht, dass in Deutschland damals jemand uns das zugetraut hätte, geschweige denn wirklich investiert hätte! Der Markt in den USA ist zudem viel größer als in Deutschland. 30 Millionen Frauen lesen regelmäßig unser Magazin. Allein durch diese enorme Reichweite liegt unser Umsatz deutlich über 100 Millionen US-Dollar. Das bedeutet, dass wir mit Refinery29 mehr Reichweite erzeugen als so manches große Verlagshaus in Deutschland!

Florian: Deutschland steht für Mittelstand, Qualitätsarbeit, Tradition. Was kann ein klassischer deutscher Mittelständler von der amerikanischen Mentalität lernen?

Philippe: Zunächst denke ich, dass die Amerikaner von den Deutschen auch eine Menge lernen können. Es gibt sehr viel, was ich am deutschen Mittelstand bewundere und liebe. Mit meinem Team spreche ich oft darüber, wie Wirtschaft in Deutschland gemacht wird, weil es dabei um die Verbindung von Geschichte, Handwerk und Qualität geht, die sich über Generationen entwickelt hat. Man muss sich das mal vorstellen, was das an Durchhaltevermögen bedeutet, die Vision eines Unternehmens und dessen Werte an die nächste Generation weiterzugeben und weiterzuleben. Absolut beeindruckend! Genau wie die Qualität, die dabei herauskommt.

Florian: Also steckt auch etwas deutsches Unternehmertum in Refinery29?

Philippe: Ja, absolut. Auch bei Refinery29 war es für unseren Erfolg entscheidend, diesen Fokus auf die Werte zu haben, unsere Mission und den übergeordneten Sinn immer vor Augen zu haben! Als Unternehmen haben wir es verstanden, eine Plattform zu erschaffen, auf der Frauen ihre Geschichten teilen können und sie ihre Macht und ihren Einfluss unmittelbar fühlen können.

Florian: Das mit der Mission und Sinnsuche ist auch bei der Gen Y in Deutschland ein ganz wichtiges Thema …

Philippe: Das überrascht mich nicht. Der Wunsch, einen Beitrag zu etwas Sinnvollem zu leisten, zeigt sich ganz deutlich bei der jüngeren Generation. Das verändert das Spiel grundlegend. Ich erlebe das in unseren Bewerbungsgesprächen immer wieder. Die junge Generation will in Unternehmen arbeiten, die eine klare Mission haben, an die sie glauben können. Da wollen sie dabei sein! Besonders interessant finde ich, dass neun von zehn Millennials ihren Job wechseln würden, um für eine Marke zu arbeiten, die ihnen die Chance bietet, wirklich etwas bewirken zu können! Diesen Sinn in der Arbeit zu suchen, ist eine absolut neue Entwicklung.

Florian: Wie gehen die amerikanischen Unternehmen damit um?

Philippe: Tatsache ist, dass viele Unternehmen in den USA zurzeit ganz große Probleme mit den sinnsuchenden Millennials haben, wenn die auf diese Hire-&-Fire-Mentalität treffen, in der es nur um Leistung geht. Du kannst dir vorstellen, welche Konflikte da in den Unternehmen entstehen. Viele Unternehmen ziehen ihr Ding trotzdem durch: Wenn jemand nicht passt, dann muss er halt gehen! Das wird meiner Ansicht nach in Zukunft nicht mehr funktionieren. Diese Unternehmen werden riesige Personalprobleme bekommen oder haben sie schon. Sie werden nicht in der Lage sein, echte Talente ins Unternehmen zu locken! Schließlich leben wir in digitalen Zeiten und im Internet kursieren schnell Gerüchte darüber, wie ein Unternehmen mit seinem Personal umgeht.

Florian: Ihr macht das bei Refinery29 also anders?

Philippe: Ich denke schon. Wenn jemand zu uns kommt und gute Voraussetzungen mitbringt, dann ist es meine Aufgabe, ihn so zu unterstützen, dass er sich entfalten kann. Wichtig ist es, jemanden an der richtigen Stelle einzusetzen, eben da, wo die jeweiligen Stärken liegen. Dann kann er den Job am besten meistern, auch im eigenen Erleben.

Florian: Du hast mit deinem besten Freund, Justin Stefano, die Idee für Refinery29 gemeinsam entwickelt. Gleich zu Anfang ist zudem deine damalige Freundin und heutige Frau als Creative Director und Co-Founderin mit in das Unternehmen eingestiegen. In Deutschland heißt es dagegen immer, man sollte Privates und Geschäftliches trennen. Wie siehst du das?

Philippe: Auch wenn es immer heißt, man sollte Privates und Geschäftliches trennen, muss ich sagen, dass es bei uns hervorragend funktioniert hat, diesen Satz zu missachten. Es hat unsere Karrieren enorm gefördert, Partner zu sein, die sich gegenseitig respektieren und vertrauen. Das tun wir bis heute. Wir unterstützen uns gegenseitig und wir jubeln uns gegenseitig zu! Piera hat mir durch ihre kreative und kommunikative Art sogar geholfen, meine eigene Kreativität zu entdecken und ein viel besserer Kommunikator und Zuhörer zu werden!

Florian: Worin liegen aus deiner Sicht die Vor- und Nachteile, mit Freunden oder Lebenspartnern ein Unternehmen aufzubauen? Ist das vielleicht etwas, was für jüngere Menschen immer wichtiger wird: mit Freunden zu arbeiten?

Philippe: Meine Frau Piera ist eine unserer Mitgründerinnen. Sie ist verantwortlich für die Marke, alles Visuelle und die gesamte Mission des Unternehmens. In den ersten fünf Jahren haben wir nicht offen darüber gesprochen, dass wir verheiratet sind. Ich denke, wir wollten damals vermeiden, dass die Leute es seltsam finden, gleichzeitig Co-Founder und verheiratet zu sein! Wenn ich heute drüber nachdenke, erscheint mir unser damaliges Verhalten äußerst seltsam *(lacht)*, denn wir beide sind heute sehr stolz darauf, Co-Founder unseres Unternehmens und gleichzeitig glücklich verheiratet zu sein! Seien wir doch mal ehrlich: Arbeitest du nicht auch lieber mit Freunden zusammen? Ich habe noch nie jemanden getroffen, der seinen Job liebt und nicht auch einen besten Freund auf der Arbeit hat. Arbeit ohne Freunde ist für mich undenkbar und wäre sicher eine schreckliche Erfahrung. Ich denke, die Millennials ticken da ähnlich!

Florian: Wie hat sich dein Führungsstil im Laufe der Jahre verändert? Heute seid ihr kein Start-up mehr, sondern ein Unternehmen mit mehreren Hundert Mitarbeitern weltweit. Was waren die größten Herausforderungen für dich als Führungskraft während der Wachstumsphase?

Philippe: Mein Führungsstil hat sich im Laufe der Jahre dramatisch weiterentwickelt. Ich hatte, als wir Refinery29 gegründet haben, fast keine berufliche Erfahrung. Ich hatte vorher gerade mal zwei Jahre in Washington DC gearbeitet, wirkliche Führungserfahrung hatte ich nicht. Alles, was ich über Business und Führung gelernt habe, habe ich durch Refinery29 gelernt. Da es wichtig ist, gut zu führen, und ich mich ständig weiterentwickeln will – und muss –, habe ich seit fünf Jahren einen Executive Coach, eine Frau, bei der ich regelmäßig Rat bei Führungsfragen suche. Mit ihr telefoniere ich jede Woche. Sie hat mir die wichtigsten Lektionen zum Thema Führung beigebracht: Eine gute Führungskraft zu sein bedeutet, viel zu reflektieren! Es geht darum, dass du dein bestes Ich zeigst. Es geht nicht darum, alles zu können, alles zu wissen, es geht darum, konsequent, einfühlsam, offen, verletzlich und freundlich zu sein.

Florian: Und was hat dir dein Coach noch beigebracht?

Philippe: Ich denke, sie hat mir gezeigt, dass ich eine sehr anspruchsvolle Führungskraft bin, die viel einfordert und früher auch sehr viel diktiert hat, wie und was zu tun ist. Aber mir ist eins während unseres Wachstums klar geworden: Als Führungskraft kannst du nur gut sein, wenn du vor allem eins tust: *zuhören, zuhören und nochmals zuhören*. Ich tue fast den ganzen Tag nichts anderes. Die meisten Leute glauben, dass du als Führungskraft reden und Regie führen musst, und so habe ich mich in den ersten sieben Jahren auch verhalten. Heute weiß ich: Als Führungskraft ist es nicht deine Aufgabe, zu reden, sondern zuzuhören und den Menschen zu helfen bei dem, was sie benötigen, damit sie ihren Job anständig machen können!

Florian: Wow, das sind aber tiefe Einsichten, die du gewonnen hast. Also, das ist nicht unbedingt die Denke, die in deutschen Unternehmen vorherrscht, würde ich mal sagen …

Philippe: Es ist doch so: Der Schlüssel, um eine gute Führungskraft zu sein, ist, wirkliches Interesse an den Mitarbeitern und den Aufgaben, die sie erledigen, zu haben. Stell Fragen und sei neugierig! Komm nicht mit den Antworten. Eine der größten Herausforderungen für mich ist es auch heute noch, mich nicht in Dinge einzumischen, die mich als Führungskraft nichts angehen. Oft erwische ich mich immer noch dabei, mich in Details zu vertiefen, obwohl ich weiß, dass das alles auch ohne mich funktionieren wird. Ich weiß, dass die Mitarbeiter viel besser darin sind als ich. Dafür wurden sie ja auch eingestellt! Daher ermahne ich mich immer wieder selbst, das zu lassen. Wer das nicht tut, verschwendet Talente! Bei sich und bei anderen!

Florian: Ja, viele Unternehmer mischen sich immerzu ein. Sie haben das Unternehmen aufgebaut und fühlen sich für alles verantwortlich.

Philippe: Genau das ist der Punkt. Deswegen ist es so schwer loszulassen. Dabei hilft es, sich immer wieder vor Augen zu führen, dass die Mitarbeiter meistens besser im Thema drin sind als man selbst! Wenn ich loslasse und den Mitarbeitern wirklich vertraue, dann wird das Ergebnis in der Regel besser, als wenn ich es selbst gemacht hätte.

Florian: Ihr habt bei Refinery29 einen sehr hohen Anteil an jungen weiblichen Mitarbeitern. Deswegen möchte ich auf das Thema Gleichstellung zu sprechen kommen. Viele Unternehmen in Deutschland entscheiden sich bei gleicher Qualifikation immer noch für die männlichen Kandidaten, weil eine mögliche Schwangerschaft und der damit verbundene Personalausfall nach wie vor als problematisch empfunden werden. Wie geht ihr mit diesem Thema um?

Philippe: Das ist ein extrem wichtiges Thema. Ich sage es in aller Deutlichkeit: Dein Geschäft wird sterben, wenn du heutzutage die Gleichberechtigung ignorierst, sie nicht gezielt förderst! Wenn du es nicht tust, wirst du Probleme beim Personal bekommen, bei den Geschäftsideen und auch bei der Art und Weise, wie in Zukunft geführt werden muss. Denn das Internet fokussiert das Soziale – da wissen Frauen einfach besser Bescheid! Außerdem: Unser Führungsteam besteht zu 84 Prozent aus Frauen. Ich bin davon überzeugt, dass unser Engagement für die Gleichstellung dazu geführt hat, dass unser Geschäft so schnell gewachsen ist. Das lässt sich sogar mit Zahlen belegen, wenn du dir zum Beispiel die aktuellen Global Human Capital Trends von Deloitte anschaust, da steht: »*Unternehmen mit inklusiven Talentpraktiken bei Einstellung, Beförderung, Entwicklung, Führung und Teammanagement erzielen bis zu 30 Prozent mehr Umsatz pro Mitarbeiter und höhere Rentabilität als ihre Wettbewerber.*«

Florian: Das haben offenbar noch nicht alle verstanden …

Philippe: Um es ganz deutlich zu sagen: Frauen waren mein ganzes Leben lang meine Mentoren.

Sie haben mich zu einem stärkeren, leidenschaftlicheren, zielstrebigeren, entschlosseneren, einfühlsameren Leader gemacht. Ohne Frauen kann man heute als Unternehmer nicht gewinnen. Ich kann wirklich aus Überzeugung sagen: Wer Frauen versteht, ihnen zuhört, wird zu einer besseren Führungskraft.

Florian: Ihr seid nicht nur online unterwegs, sondern veranstaltet auch klassische Events wie bei der Fashion Week. Wofür braucht ihr – trotz eurer digitalen Präsenz mit enormer Reichweite – diese Veranstaltungen?

Philippe: Events sind ein wichtiges und wachsendes Geschäft. 78 Prozent der Millennials sagen, dass sie Erfahrungen über materielle Dinge stellen. Die digitale Welt kann Dinge sehr gut vermarkten, Events aber bieten eine einzigartige Möglichkeit, deinem Leben einen Sinn zu geben. *Erfahrungen sind daher die neue soziale Währung.* Deshalb investieren junge Menschen in Reisen, Festivals, Partys, anstatt Geld und Zeit in Luxusgüter zu stecken. Die Menschen verbringen einen so großen Teil ihres Lebens online, dass sie eine interessante, visuelle Online-Identität zeigen wollen. Dafür brauchen sie die Bilder von den Events, den letzten Konzerten und Ausstellungen, die sie besucht haben.

Die enorme Bedeutung des Sozialen

Viel wichtiger, als die Geheimnisse, die keine mehr sind, zu hüten, wird es sein, gegen Gerüchte gewappnet zu sein, die im Netz kursieren und gezielt gestreut werden, um Ihrem Unternehmen möglicherweise zu schaden. Die Gerüchteküche ist die Kehrseite der totalen Kommunikation, die mit der Digitalisierung Einzug in die Büros und unsere Köpfe hielt. Dieses Wispern im Netz kann brandgefährlich werden. Diesen Gerüchten sind wir ausgeliefert. Wir können wenig gegen sie ausrichten. Was einmal im Netz steht, ist für immer im Netz, selbst wenn die Webseite gelöscht wurde. Irgendwo findet sich immer noch eine Spur zum brodelnden Gerücht. Ignorieren können wir so etwas daher nicht. Wir müssen darauf reagieren, etwa mit Gegenkampagnen, Stellungnahmen, mit Einblicken, wie es um unser Produkt oder unsere Dienstleistung bestellt ist, denn in der digitalen Krise rettet uns nur noch die Transparenz, damit Vertrauen nicht verloren geht. Vertuschen, eine beliebte und bewährte Managementtechnik aus der Zeit der Industrialisierung, gehört ins Museum. Das hat uns zuletzt der VW-Skandal gelehrt. Denn ist das Vertrauen der Kunden erst einmal verloren, wird es eng.

Klar ist aber auch: Wenn wir gegen Gerüchte kämpfen müssen, kostet das Energie. Darauf sollten wir uns als Unternehmer von nun an immer einstellen. Wir müssen in Zukunft immer Kapazitäten frei haben, um von jetzt auf gleich auf die Hexenküche im Netz reagieren zu können. Denn die kann jederzeit losgehen, selbst wenn unser Produkt einwandfrei ist. Noch mehr Energie kosten richtige Shitstorms, wenn also im Netz massenhaft und wüst auf das Unternehmen eingeschlagen wird. Dabei werden keine Grenzen mehr eingehalten. Anonym lässt sich eine Menge sagen. Da kann ein Unternehmensschiff schon mal ins Schlingern geraten – und die Konkurrenz reibt sich die Hände.

So erwächst aus dem Digitalen eine ganz besondere Gefahr: Der Verlust der *Wirklichkeit*. Denn das Netz unterscheidet nicht zwischen Fake News und echten Fakten. Beide stehen gleichwertig nebeneinander. Wir haben kaum mehr die Zeit – und vielleicht auch nicht nötiges Hintergrundwissen –, das eine vom anderen zu scheiden. Was das bedeutet, wissen wir spätestens seit den Präsidentschaftswahlen 2016 in den USA. Dass es sich bei Fake News nicht selten um organisierte und massenhaft verbreitete Lügen handelt, lässt sich an dem mehrstelligen Millionenbetrag ablesen,[16] den die russische Regierung für die Trolle im US-Wahlkampf ausgab.

Trolle nennt man Menschen, die mit nichts anderem beschäftigt sind, als Falschmeldungen ins Netz zu stellen. Es gibt Unternehmer, nicht nur in Russland, die Fake News zum Geschäftsmodell entwickelt haben: Sie organisieren Gerüchte, gegen wen auch immer, professionell und gegen Bezahlung. Eine solche Troll-Fabrik ist beispielsweise das in St. Petersburg ansässige Medienunternehmen »Internet Research Agency«, das mehr als tausend Mitarbeiter haben soll. Dort, in der Stadt des Putin-Clans, setzt jeder freiberufliche Mitarbeiter, meist Studenten, während einer Schicht rund 150 solcher organisierter Lügen ab.[17] Diese Falschmeldungen entfalten im Netz eine ungeheure Wirkung. Wir haben es bei den Fake News tatsächlich mit einem neuen Phänomen zu tun. Zwar gab es auch früher Gerüchte und gezielte Lügen, aber sie blieben lokal begrenzt und gingen nicht in Sekundenschnelle rund um den Globus. Es ist daher nicht zu übersehen:

Mit dem Digitalen verbreitet sich nicht nur ein Mehr an sozialem Verhalten, sondern auch an *a*soziales Verhalten.

Wir finden es in den Shitstorms und Fake News, den massenhaften Lügen, in denen jeder im Schutze der Anonymität rücksichtslos sein zerstörerisches Tun entfalten kann.

---

16 Gesehen am 01.03.2018: http://www.fr.de/politik/usa-ein-satan-aus-st-petersburg-a-1450886

17 Vgl. dazu Windisch, Elke: Medienkrieger in St. Petersburg: Putins Troll-Armee. In: Der Tagesspiegel, 11.05.2015.

Nehmen wir einmal an, Sie bieten als Unternehmer Reinigungsmittel an, und einige fleißige Trolle behaupten im Internet, dass bei dem Spülmittel giftige Dämpfe beim Abwasch aufsteigen und diese Dämpfe Krebs auslösen. Gegen solche »Informationen« im Netz, die wie seriöse Nachrichten aufbereitet sind und sich womöglich noch auf eine angebliche Studie beziehen, ist das Wispern im Netz, das heißt die schwer verdaulichen Gerüchte aus der Gerüchteküche, nahezu harmlos, denn diese behaupten zumindest nicht, eine geprüfte Nachricht zu sein, sondern sind mehr eine Mutmaßung, eine Art Mundpropaganda in den Blogs. Selbst wenn Sie gegen Fake News Dementis raushauen – wer wird Ihnen glauben? Einen Konkurrenten mit solch unlauteren Tricks abzuservieren, ist nicht schwer. Und geschieht tagtäglich. Die Konsequenz: Die Absatzzahlen brechen ein.

Wir schildern diese Szene nicht, um Sie zu ängstigen, sondern um Ihnen zu zeigen, wie sich im Netz der Unterschied zwischen Fakten und Lügen, zwischen wahr und unwahr verwischt. Das hat erhebliche Auswirkungen auf das, was wir als Wirklichkeit bezeichnen. Hannah Arendt, jene weltberühmte politische Theoretikerin, hat bereits im vorherigen Jahrhundert darauf hingewiesen, wie gefährlich es ist, wenn *Fakten zu bloßen Meinungen werden.*[18] Dann geht die Wirklichkeit verloren und wir alle bewegen uns nur noch in unseren eigenen persönlichen Weltanschauungen, in denen Fakten keine Rolle mehr spielen. Ist dieser Punkt erreicht, sind unsere Vorurteile der Filter, um der Datenkomplexität Herr zu werden. Wir bekommen mithilfe ausgefeilter Algorithmen nur noch die Newsletter, Links und Tweeds, die zu unserem Weltbild passen. Wenn wir dann in Zukunft noch mithilfe digitaler Brillen mühelos zwischen der echten und der virtuellen Welt hin- und herwechseln, ist möglicherweise der äußerste Punkt erreicht – dann kann selbst die Frage, ob es den Krieg in Syrien tatsächlich gibt, zur bloßen Meinung werden.

18 Gesehen am 03.03.2018: http://www.spiegel.de/spiegel/print/d-13494945.html. Siehe dazu auch, gesehen am 03.03.2018: http://www.sueddeutsche.de/wissen/psychologie-des-starrkopfs-was-kuemmern-uns-die-fakten-wenn-wir-eine-meinung-haben-1.1765779. Sowie, gesehen am 03.03.2018: http://www.huffingtonpost.de/albert-wunsch/postfaktisches-wenn-meinu_b_15940268.html

Das ist die Gefahr, die mit der digitalen Kommunikation immer präsent ist. Im Netz macht es keinen Unterschied, ob es sich um Fakten, bloße Meinungen oder gar um nackte Lügen handelt. *Alles sind Daten.* Alles steht gleichwertig nebeneinander im Netz. Das ist der *Turning point*, der Wendepunkt, an dem sich Transparenz und Kommunikation ins Gegenteil verkehren *können*, aber nicht *müssen*.

Mitbestimmung als Teil der Unternehmenskultur

Da Meinungen und Fakten im Netz ohne Bewertung nebeneinanderstehen und letztlich die Meinung siegen wird, weil das Fakten-Recherchieren Zeit in Anspruch nimmt und viel zu langsam für das von der Digitalisierung geprägte Leben ist, kommt etwas auf leisen Sohlen in die Unternehmen, was einst zwischen Gewerkschaften und Unternehmen hart umkämpft war: die Mitbestimmung. Das Digitale ist der Türöffner für sie.

Warum? Weil im Zeitalter der digitalen Kommunikation Meinungen das alles entscheidende Kriterium sind. In leicht abgewandelter Form lässt sich der Satz »All government rest on opinion« (»Alle Regierungen beruhen auf Meinungen«), der in der amerikanischen Verfassung steht und von dem Philosophen James Madison stammt, auch auf das digitale Wirtschaftsleben anwenden: »All markets rest on opinion« – *alle Märkte beruhen auf Meinungen*. Wir müssen betonen: Nie waren Meinungen so wichtig wie heute, denn nie waren sie so präsent wie im Netz. Und diese Meinungen können nun auch noch mithilfe der digitalen Technik mühelos als Kampagne organisiert werden. Dabei hilft der #Hashtag, das Schlagwort, unter dem sich die Meinungen, Infos und Kommentare zu jenem einen Thema ohne Probleme von weiteren Meinungsträgern und möglichen Multiplikatoren finden lassen und der Verlauf der Diskussion ebenso mühelos verfolgt werden kann.

Wie über Ihr Produkt und Ihre Dienstleistung gedacht wird – nicht unbedingt, wie sie tatsächlich sind –, entscheidet über Erfolg und Misserfolg. Das Gleiche gilt für Sie als Führungskraft. Was die Mitarbeiter und Mitarbeiterinnen über Sie denken, entscheidet darüber, ob sie Ihnen folgen oder nicht. Dann wird sich zeigen, ob sie bereit sind, für das Unternehmen zu kämpfen, auch dann, wenn es eng wird wie beim Shitstorm. Wenn Sie den digitalen Wertekanon in Ihrem Unternehmen tatsächlich leben, werden Sie echte Follower haben und nicht nur belanglose »Likes« in Ihrem Account als Leader.

Sie werden daher nicht daran vorbeikommen, Ihre Mitarbeiter in die Geschäftsstrategie, in die Ausrichtung des Marketings, in die Produktentwicklung und die Gestaltung der Arbeitszeitmodelle einzubinden, sie mitreden zu lassen. Denn die Kommunikation des Digitalen ist auf die vielen gerichtet. Das erzeugt Druck, auch unternehmensintern. Kommunikation ist keine Einbahnstraße. Kommunikation ist nicht Ansage ohne Feedback. Die anderen, die Kunden und die Mitarbeiter, müssen Sie mitreden lassen, zumindest dann, wenn Sie auch in Zukunft erfolgreich sein wollen.

Deswegen kommt als letzter Wert für Ihren digitalen Kompass die Einbindung der anderen hinzu. Die Meinungen der Kunden und Mitarbeiter zu einer verständlichen und wirkungsvollen Geschäftsstrategie zusammenzubinden, wird zu Ihren wichtigsten Aufgaben als Unternehmer zählen.

Der aus dem Digitalen geborene Wertekompass – Freiheit, Wertschätzung, Vertrauen, Toleranz und die Einbindung der anderen – verändert die Unternehmen grundlegend: von Top-down (»Ich und die da unten«) zum Wir, und der Inhaber nimmt die Rolle des »Primus inter Pares« ein, des Ersten unter Gleichen, ist Leader, der ein hohes Prestige hat und daher dieses vielschichtige Wir lenken kann, weil er in den Augen der anderen – der Kunden, Geschäftspartner und Mitarbeiter – Autorität besitzt im Sinne der römischen »auctoritas«.

Eins allerdings fehlt noch, damit der transformationale Führungsstil vollständig ist, und das ist die *Vision*. Was bedeutet es, als Unternehmer eine Vision zu haben? Helmut Schmidt, der einstige Bundeskanzler, meinte zum Thema Visionen mal ganz lapidar, dass ein Staatsmann, der Visionen habe, doch bitte zum Arzt gehen solle. Wir sagen: Besser, er wird Unternehmer. Und zwar ein Unternehmer, der mit seinem Produkt oder seiner Dienstleistung tatsächlich eine Vision verbindet. Der eine Vorstellung davon hat, wie dieses Produkt oder diese Dienstleistung ein gesellschaftliches oder soziales Problem löst. Denn das Digitale fokussiert das Soziale, rückt es in den Mittelpunkt. Deswegen muss sich auch die unternehmerische Vision auf das Soziale richten, zumindest dann, wenn Sie Profit machen möchten. Das bedeutet es, in digitalen Zeiten eine Vision zu haben. Sie ist die Antwort auf die Frage, was eine auf ganz neue Art und Weise ins Soziale verankerte Gesellschaft benötigt. Wenn Ihnen das mit Ihrer Geschäftsidee gelingt – immer wieder aufs Neue und in relativ kurzen Zyklen –, werden Sie sehr erfolgreich sein als Unternehmer. Dann werden Sie auch Ihre Mitarbeiter begeistern können, denn deren Blick ist ebenfalls auf das soziale Miteinander gerichtet, weil sie mit dem Digitalen groß geworden sind. Das Digitale hat ihre Einstellung zum Leben geprägt. Es ist ein Miteinander, in dem sie ihre Möglichkeiten zu optimieren suchen. Deswegen wollen die Digital Natives bei der Lösung der großen Probleme dieser Welt dabei sein. Wenn Ihr Produkt oder Ihre Dienstleistung ein Stück dazu beiträgt, werden Ihre Mitarbeiter hinter dem Produkt stehen, und zwar zu hundert Prozent. So entsteht echtes Leadership. Wenn Sie mit Ihrem Produkt zudem keine neuen Probleme für die Gesellschaft verursachen, werden Sie Ihre Spuren als Unternehmer in der sozial ausgerichteten digitalen Gesellschaft hinterlassen. Davon sind wir überzeugt.

STREITGESPRÄCH

»Spring, wenn unten ein Netz gespannt ist«

Andreas Buhr und Florian Feltes sprechen darüber, welche Konsequenzen sich aus ihren Recherchen für die Umstellung in den Unternehmen und die Veränderung des Führungsverhaltens ergeben. Sie sprechen zudem darüber, wie sich diese Erkenntnisse praktisch umsetzen lassen.

Florian: Wir haben jetzt mit so vielen Menschen gesprochen. Mit Experten, Pionieren und Digital Natives. Was war für dich der wichtigste Erkenntnisgewinn?

Andreas: Dass die Digitalisierung von uns in ganz radikaler Weise soziales Verhalten einfordert. Das war neu für mich. Im deutschen Sprachraum wird das meistens missverstanden. Mit dem Wort »sozial« assoziieren wir immer so was wie »Mitleid haben« und »Almosen geben«. Dabei hat das gar nichts damit zu tun. Gemeint ist: das soziale Miteinander der Menschen, die Interaktion und das Sprechen. So wie das englische Wort »social« es ausdrückt. Hinter der digitalen Technologie steht der Gedanke, dass wir Menschen in erster Linie *soziale* Wesen sind.

Florian: Ja, das mit dem Sozialen wird ganz oft missverstanden. Viele deutsche Unternehmer rollen mit den Augen, wenn sie das Wort »sozial« hören. Dabei ist es gerade für Unternehmer ganz wichtig zu wissen, dass in Zukunft Profit nur dann gemacht wird, wenn Digitales und Soziales zusammenkommen.

Andreas: Ganz ehrlich, das wussten Marketingexperten und Verkäufer schon immer: In erster Linie sind wir *emotionale* Wesen.

Florian *(lacht)*: Ist klar, dass du das als alter Vertriebler sagst. Ich denke, es geht hier aber um eine ganz neue Qualität. Die Wirtschaft wird sich grundlegend verändern.

Andreas: Das wird gar nicht so einfach. Unternehmer neigen immer noch dazu, den Menschen als rationalen Nutzenmaximierer zu begreifen, und verstehen dann nicht, warum ein bestimmtes Produkt in diesen Zeiten nicht mehr funktioniert. Wir bewegen uns mit der Digitalisierung auf eine Wirtschaftsform zu, die den Menschen als soziales Wesen begreift, als ein Wesen, das mit anderen kommuniziert, Meinungen austauscht. Und es sind diese Meinungen, die den Wert eines Produktes oder einer Dienstleistung bestimmen.

Florian: Richtig, am Anfang der Wertschöpfungskette steht nicht mehr nur die geniale Geschäftsidee, sondern die *Meinung* über diese Idee. Ohne die Meinung, ohne dass sich Menschen über ein Produkt oder eine Dienstleistung austauschen, ist es gar nicht existent. An der Stelle, an der heute die Meinung steht, stand früher die Marke mit einer ungeheuren Strahlkraft, im Wesentlichen erzeugt durch Werbung, nicht durch den Austausch zwischen den Kunden. Das funktioniert so nicht mehr, denn die Marke ist in digitalen Zeiten transparent. Wenn die Marke Mängel hat, wissen es bald alle. Das kann auch die beste Werbung nicht ausgleichen. Indem der Käufer mit seiner Meinung, die früher nur hier und da in der Wertschöpfungskette eine Rolle spielte, nun im Netz ständig öffentlich präsent ist, es Bewertungsportale gibt, ist die Meinung zum wichtigsten Dreh- und Angelpunkt auf den Märkten geworden.

Andreas: Das leuchtet ein.

Florian: Genauso ist es. Verstehst du jetzt, warum ich so entsetzt darüber bin, wenn das in den Unternehmen nicht verstanden wird? Viele meinen, dass der digitale Austausch mit dem Kunden, die Portale und Blogs, lästige Zusatzarbeit sind, die man sich möglichst vom Leib hält.

Andreas: Die Einstellung ist in der Tat höchst gefährlich. Weißt du, was mich bei unseren Untersuchungen darüber hinaus noch überrascht hat?

Florian: Nein. Was denn?

Andreas: Ich habe zwar geahnt, dass sich das Führungsverhalten ändern muss, aber dass die Digitalisierung das Führungsverhalten derart revolutioniert, einen sozialen Verhaltenskodex regelrecht erzwingt, war mir in dieser Deutlichkeit nicht bewusst. Das aber habe ich jetzt auf dem Schirm.

Florian: Puh, da bin ich aber froh! Dann müssen wir jetzt nur noch die anderen Unternehmer davon überzeugen.

Andreas: Ich sage ja immer: Wir bleiben Lernende *(lacht)*. In der Tat, das scheint mir die zweite wichtige Einsicht zu sein: Das Führungsverhalten muss sich auf lange Sicht radikal ändern.

Florian: Was meinst du mit »auf lange Sicht«? Ich denke, es muss sich jetzt ändern! Sofort!

Andreas: Nein, ich sage, es muss Schritt für Schritt erweitert werden, bis am Ende das steht, was man »Social Leadership« nennt.

Florian: Darf ich nochmals daran erinnern, dass wir es mit einer exponentiellen Technologie zu tun haben? Das drückt aufs Tempo! Oder willst du, dass viele Unternehmen pleitegehen?

Andreas: Genau das will ich vermeiden. Veränderungen müssen sein, aber nicht kopfüber. Wenn alle überfordert sind, ist die Wahrscheinlichkeit, dass das Unternehmen aus der Kurve fliegt, sehr hoch. Die soziale Revolution in den Unternehmen wird nicht über Nacht kommen.

Florian: Das verstehe ich ja alles. Nur müssen alle erkennen, dass der Wandel notwendig ist!

Andreas: Das ist klar, aber die demografischen Daten sprechen auch eine deutliche Sprache. Wir haben viele Mitarbeiter in den Unternehmen, die zwischen 40 und 60 Jahre alt sind. Die sind nicht morgen weg. Und auch die Kundschaft wird tendenziell älter und nicht jünger, zumindest in Deutschland.

Florian: Habe ich mich da soeben verhört? Du empfiehlst den Unternehmen tatsächlich in den Slow-Motion-Modus zu schalten?

Andreas: Nein, das tue ich nicht. Ich sehe nur, dass das Tempo uns Menschen überfordert. Dem müssen wir Rechnung tragen, gerade dann, wenn wir etwas verändern wollen. Menschen brauchen Zeit, um Veränderungen umzusetzen. Das geht nicht von heute auf morgen.

Florian: Dann wird es eine Spaltung geben zwischen denen, die die Veränderung leben wollen, und denen, die nur mal schauen wollen oder sich sogar verweigern. Und wenn wir ehrlich sind, haben wir das doch schon lange, denk mal an Uber: Nicht Uber hat das alte Taxibusiness gekillt, sondern die begrenzte Verfügbarkeit und überteuerte Fahrpreise. Nicht Amazon hat die Retailbranche gekillt, sondern schlechter Kundenservice und zeitliche Begrenzung meiner Einkaufsmöglichkeiten. Und die Liste könnte ich einfach mit Netflix, Airbnb, Apple etc. fortführen. Alle diese Unternehmen haben es erkannt, Probleme einfach radikal zu lösen und neu zu denken!

Andreas: Das kann schon sein. Es wird immer welche geben, die einen Trend schneller leben. Aber zu einer Abspaltung wird es nicht kommen. Die Mehrheit der Menschen wird auch in den nächsten fünf bis sieben Jahren beides leben. Analog und digital. Auch auf der Arbeit. Und das ist gut so.

Florian: Ich verstehe, was du meinst – Schritt für Schritt vorgehen, um alle mitzunehmen. Eins aber ist klar: Die, die sich heute noch verweigern, müssen erkennen, dass der Wandel für alle notwendig ist.

Andreas: Die Digitalisierung hat aber auch ihre Nachteile. Ich möchte auf ein grundsätzliches Problem hinweisen: Das digitale Tempo verhindert das Nachdenken. Trotz der Fehlertoleranz im Netz sollten wir das eigene Denken nicht vergessen. Manches Problem lässt sich verhindern, wenn man mal zwei Takte darüber nachdenkt. Die analoge Welt hat durchaus ihre guten Seiten. Durch Rückzüge ins Analoge können gefährliche Fehlentwicklungen in der digitalen Welt rechtzeitig bemerkt und ihnen kann gegengesteuert werden. Ohne Nachdenken klappt das nicht. Und dann gibt es noch ein Problem: Big Data zwingt uns, ausschließlich nach dem Was und dem Wie zu fragen, nicht mehr nach dem *Warum*. Wenn wir die Warum-Frage verlernen, verstehen wir irgendwann nicht mehr, was mit uns passiert. Es ist wichtig, dass wir das nicht vergessen.

Florian: Na, also wenn hier einer nach dem Warum fragt, dann doch wohl die Gen Y. Das tun wir doch ständig, deswegen gibt es ja die Konflikte in den Unternehmen.

Andreas: Das meine ich nicht. Ich meine diese Denke, die uns die Digitalisierung auf Dauer angewöhnt, also, wenn wir in Zukunft ganz oft Big Data nutzen, gewöhnen wir uns an, genau so zu denken und nicht mehr nach dem Warum zu fragen.

Florian: Okay, da ist was dran. Vielleicht sollte man, um das zu verhindern, feste Termine einrichten, in denen Mitarbeiter und Geschäftsführung gemeinsam über Warum-Fragen und Lösungen für Probleme nachdenken – quer und kreativ. Sozusagen eine regelmäßige digitale Auszeit.

Andreas: Das halte ich für eine ausgezeichnete Idee! Ich stelle sogar die These auf, dass die analoge Welt eine ganz neue Wertschätzung erhält, je digitaler wir leben. Irgendwann wollen wir Menschen persönlich begegnen. Die digitale Welt wird die Sehnsucht nach echter authentischer Begegnung verstärkt wecken. Da bin ich mir ziemlich sicher. Das bedeutet aber nicht die Rückkehr in vollkommen analoge Zeiten. Es bedeutet nur, dass die analoge Welt eine neue Wertschätzung erfährt.

Florian: Der Trend ist jetzt schon zu erkennen. Darüber gibt es bereits viel zu lesen in den Blogs.[19] Das erinnert mich an das Buch von Jens Hansen: »Zukunft Digitalisierung«.[20] In dem Buch spricht Hansen von einer parallelen Welt, die völlig abgekoppelt ist von der digitalen Welt. Diese Parallelwelt ist sozusagen die Versicherung der digitalen Welt, wenn diese durch Hackerangriffe außer Kraft gesetzt wird oder wenn Algorithmen, die Roboter steuern, außer Kontrolle geraten. Durch diese analoge Parallelwelt kann die Gesellschaft jederzeit weiter funktionieren, auch in Krisenzeiten. In dieser Parallelwelt ist das Wissen, wie eine analoge Welt funktioniert, konserviert. Passiert etwas in der digitalen Welt, kann die analoge Welt jederzeit wieder reaktiviert werden. Hansen plädiert dafür, ein solches Sicherheitsnetz in unserer immer digitaler werdenden Welt einzuziehen. Er meint, wir dürften uns nie allein auf die digitale Welt verlassen.

Andreas: Das hört sich nach Science-Fiction an, ist es aber vielleicht gar nicht, wenn man die Idee auf Unternehmen in der Übergangsphase überträgt. Das wäre ein Modell, in dem beides parallel läuft und es problemlos möglich sein sollte, von einer Welt in die andere zu wechseln. Die Mitarbeiter, die digital leben, können in ihr verweilen, die anderen, meistens die älteren Semester im Unternehmen, können sich ausprobieren, ihre Erfahrungen in der digitalen Welt sammeln, können aber jederzeit in die analoge Welt im Unternehmen zurückkehren.

Florian: Ja, so könnten die Ängste der Älteren neutralisiert werden. Sie könnten Schritt für Schritt in die digitale Welt eingeführt werden. Die Digital Natives hingegen könnten sich in der digitalen Welt austoben. Ihr Exodus könnte gestoppt, zumindest deutlich verringert werden. Auch die Führungskräfte profitieren davon. Sie könnten in der digitalen Welt testen, wie belastbar der neue Verhaltenskodex ist, wie die Mitarbeiter darauf reagieren, ob sie mit der neuen Verantwortung klarkommen, ob dieses Arbeiten auf Augenhöhe funktioniert. Wenn etwas schiefläuft, ist die analoge Welt jederzeit da. Ein Ausprobieren mit eingebautem Sicherheitsnetz. Nach dem Motto: Spring nur, wenn unten ein Netz hängt!

Andreas: Klingt nach einer guten Idee, hört sich aber auch nach Aufwand und Kosten an.

Florian: Mehr Organisation? Ja! Aufwendig? Nein! Ich glaube sogar, dass man so etwas fast kostenneutral organisieren kann.

Andreas: Dann mal raus mit der Sprache.

Florian: Mit der Stop-and-go-Methode. Man führt *eine* bestimmte Neuerung ein und beobachtet für einen *begrenzten* Zeitraum, wie es läuft. Wenn es nicht läuft, bessert man nach oder stoppt sogar den Prozess und kehrt zum alten System zurück. Das ist relativ kostenneutral. So macht das beispielsweise das Unternehmen einhorn.

Andreas: Ich denke, die Methode funktioniert eher in kleinen Betrieben und in Start-ups. In größeren Unternehmen ist der Organisationsaufwand höher. Gerade diese beiden Betriebssysteme – das Analoge und das Digitale – miteinander zu synchronisieren, muss wirklich geplant werden.

Florian: Da könntest du recht haben. Und in größeren Unternehmen könnte man so etwas wie eine Parallelwelt aufbauen. Prof. John P. Kotter von der Harvard Business School sagt Ähnliches. Er spricht von einem »zweiten Betriebssystem«. Vielleicht sollte man zunächst definieren, in welchen Bereichen man überhaupt doppelgleisig fahren will. Bei den Kunden? Oder zunächst nur bei internen Organisationsabläufen? In der Produktentwicklung? Wichtig ist dabei nur eins: Der Bereich muss groß genug geschnitten sein, damit der Erfahrungshorizont nicht im Analogen stecken bleibt. Wer in die digitale Welt wechselt, wenn auch nur für einen bestimmten Zeitraum, der muss erleben können, was das bedeutet. Am Ende des Prozesses sollte er die neue Fehlertoleranz, die Vertrauenskultur, das Mitreden und kreative Ideensammeln, das Feedback auf Augenhöhe, das Arbeiten mit Big Data, den interaktiven Umgang mit den Kunden kennen. Vor allem sollte er die neue Führungskultur erfahren: Führungskräfte als Unterstützer all dieser Prozesse.

Andreas *(lacht)*: Wenn du das alles auf einmal in den Unternehmen machen willst – dann gute Nacht!

Florian: Du brauchst mich nicht auszulachen. Ich bin wirklich überzeugt: Wenn das Erfahrungsfeld zu klein ist, wird man nie wirklich begreifen, was es bedeutet, digital zu leben und zu arbeiten. Nur wer genügend digitale Erfahrung in diesem Kontext sammeln kann, wird verstehen, wie das eine das andere bedingt, wie etwa die Vertrauenskultur und die Fehlerkultur zusammenhängen und sich gegenseitig ergänzen.

Andreas: Ich warne davor, die Menschen zu überfordern. Die gehen sonst nicht mehr mit!

Florian: Und ich warne davor, nur so ein bisschen Digitales auf die analoge Welt aufzusetzen. Wenn es so gemacht wird, bleibt das Digitale ein Störfaktor, eine Zusatzbelastung. Genau diese Situation haben wir doch jetzt! Okay, ich gebe dir ein Beispiel: Die meisten Unternehmen vereinbaren Ziele fürs neue Jahr, zum Beispiel eine Umsatzsteigerung von zehn Prozent und, sagen wir mal, Kosteneinsparung auch von zehn Prozent. Nach der traditionellen Methode werden dann noch mehr Überstunden geschoben, obwohl alle eh schon am Anschlag sind, der Kaffee für die Mitarbeiter wird gestrichen oder die Weihnachtsfeier. So wird versucht, auf Biegen und Brechen jedes Jahr wieder ein wenig mehr Umsatz zu erzwingen! Es passiert aber etwas ganz anderes, wenn du anfängst, über die exponentiellen Möglichkeiten nachzudenken. Wenn das Ziel heißt: »Wir verzehnfachen unseren Umsatz«, dann kommst du nicht mehr mit den genannten Maßnahmen weiter! Dann musst du in Wahrheit ganz neue digitale Geschäftsmodelle entwickeln, denn das Wachstum im Netz ist exponentiell. Es fängt langsam an und wächst dann rasant. Da zeigt sich, wie die digitale Welt in Wahrheit funktioniert. Hier gibt es ganz große Chancen für Unternehmen! Was ich damit sagen will: Nur wenn der Erfahrungsradius groß genug ist, habe ich überhaupt erst die Möglichkeit, zu sehen, wie positiv diese digitale Welt sein kann, welche Chancen sie birgt. Erst dann macht alles Sinn. Ich kann mir gut vorstellen, dass manch einer, der sich vorher verweigert hat, am Ende wirklich begeistert ist.

Andreas: Aber nur, wenn es einen Kompass gibt, eine Art Navigation durch die digitale Welt, sonst fühlen sich die Probanden schnell verloren.

Florian: Was hältst du denn von der Idee, in dieser digitalen Parallelwelt Cross-Generation-Teams aus Digital Natives und Silver Surfern zu bilden? Digital Natives als Navigatoren für die Silver Surfer. Man könnte auch Personen aus verschiedenen Hierarchieebenen zusammenbringen. Und bevor ein Projekt gestartet wird, sollte man schauen, worin die jeweiligen Stärken der Personen wirklich liegen, unabhängig von der jeweiligen Position im Unternehmen. Die Unternehmen müssen sich fragen, wer in diesem Projekt welche Rolle übernimmt! Die Rollen könnten auch rotieren.

Andreas: Das könnte eine Möglichkeit sein. Du meinst, wie früher die Älteren als Mentoren die Jüngeren betreut haben, nur umgekehrt?

Florian: Nicht ganz. Dieses Mentoren-Ding war häufig auch so ein Top-down. Die Cross-Generation-Teams sollten mehr in Richtung Austausch gehen. Du hast eben davon gesprochen, dass die analoge Welt ganz bestimmte Vorteile hat. Wenn ein Digital Native auf einen Silver Surfer trifft, könnte das im Idealfall wie eine Spiegelung verlaufen. Der Digital Native muss sich durch die Rückfragen des Silver Surfers auch selbst infrage stellen: Was ist gut in der digitalen Welt und was nicht? Was geht bei uns im Unternehmen verloren, wenn die digitale Welt Oberhand gewinnt? Was bedarf in der digitalen Welt der Korrektur? Bei welchen Themen ist die analoge Welt der digitalen Welt nach wie vor überlegen? So etwas in der Richtung.

Andreas: Hört sich vernünftig an. Allerdings müssten die Digital Natives erst wieder lernen, wie man anständig Deutsch spricht. Die versteht ja kaum einer mehr. Sonst klappt das mit der Transformation von den Jungen zu den Alten nicht.

Florian *(lacht)*: Ja, die Sprache kann echt Barrieren aufbauen. Die englischen Bezeichnungen sind für uns so normal. Da denken wir gar nicht mehr drüber nach.

Andreas: Eben.

Florian *(lacht erneut)*: Okay, also vorher Übersetzungsübungen.

Andreas: Im Übrigen empfiehlt sich eine solche Parallelwelt auch im umgekehrten Fall, etwa wenn ein Start-up wächst und einige hierarchische Strukturen installiert werden müssen, damit es rundläuft. Das ließe sich in einer solchen Parallelwelt ebenfalls einüben, ohne dass die ursprüngliche agile Unternehmenskultur eines Start-ups flöten geht. Ein Raum zum Üben und Erfahren. Eins aber empfiehlt sich nicht …

Florian: … und das wäre?

Andreas: Das Ausgliedern dieser Parallelwelt – das gilt für etablierte Unternehmen wie für Start-ups. Solche ausgegliederten Projekte, die mit dem übrigen Unternehmen keine Verbindung mehr haben, sterben meist einen schnellen Tod. Einfach weil die Blutzufuhr durch das echte Unternehmen fehlt. Die sind abgekoppelt und bleiben es auch. Das hat in der Vergangenheit nicht funktioniert. Daraus sollten wir lernen.

Florian: Du meinst also, dass die beiden Parallelwelten einander die Blut- und Sauerstoffzufuhr garantieren?

Andreas: Ja, wenn sie an den wichtigen Schnittstellen in Verbindung bleiben und nicht vereinzelt irgendwo im Orbit herumschwirren. Deswegen sind der Zuschnitt der digitalen Parallelwelt, die schrittweise Ausdehnung derselben und auch die Genauigkeit bei der Synchronisation so wichtig.

Florian: Das klingt für mich jetzt ziemlich abstrakt. Wir brauchen aber konkrete Ideen, wie die digitale Parallelwelt aussehen sollte, und vor allem, wie die Synchronisation zwischen analog und digital pragmatisch umgesetzt werden kann.

Andreas: Da hast du recht. Damit sollten wir uns als Nächstes beschäftigen.

Wir wissen, dass das, was wir Ihnen erzählt haben, harter Tobak ist. Doch wir sind der festen Überzeugung, dass wir Ihnen die ungeschminkte Wahrheit sagen müssen – ohne Wenn und Aber. Ja, es ist wahr: Die Revolution steht Ihnen ins Haus. Daran führt kein Weg vorbei. Doch wir wissen auch: Als Unternehmer sind Sie es gewohnt, der Wahrheit ins Auge zu schauen. Und es gibt Lösungen und Wege, wie Sie die digitale Transformation anpacken sollten, und zwar so, dass nicht nur die Jungen im Unternehmen vorausstürmen, sondern die Menschen, die eine große Berufserfahrung haben, Ihnen im Unternehmen erhalten bleiben und mit Ihnen gemeinsam diesen Weg ins digitale Zeitalter gehen. Darüber, wie das pragmatisch umgesetzt werden kann, haben wir ebenfalls gründlich nachgedacht. Die Ergebnisse finden Sie im vierten Kapitel.

Die digitale Parallelwelt

Am Anfang steht die Entscheidung: Ist die digitale Transformation wirklich *gewollt*? Die Antwort muss ein klares Ja sein. Halbherzigkeit ist hier fehl am Platze. Die Entwicklung zu einem digital organisierten, digital denkenden und digital handelnden Unternehmen erfordert eine feste Verankerung im Kopf des Unternehmens, bevor der Prozess gestartet wird. Ist diese Entscheidung gefallen, muss die Transformation von der Führungsebene *vorgelebt* werden. Sonst fehlt die Glaubwürdigkeit. Genau daran mangelt es jedoch oft. Deswegen bleibt die digitale Transformation nicht selten auf halber Strecke im Morast des alltäglichen Klein-Kleins stecken. Das ist, wir möchten es an dieser Stelle nochmals betonen, für ein Unternehmen in diesen Zeiten brandgefährlich.

Wie können sich Führungskräfte auf die Transformation einstellen? Wir finden, dass die Vorgehensweise von Amy C. Edmondson, Professorin an der Harvard Business School in Boston, hervorragend dazu geeignet ist, diese Transformation anzuschieben, und lehnen uns daher an ihre Idee an. Edmondson nennt das Vorgehen: *reziproke Koordination*.

(Copyright: Credit Eve Photography)

Florian Feltes interviewt die vielfach ausgezeichnete Harvard-Professorin **Amy C. Edmondson**. Amy ist Professor of Leadership and Management an der Harvard Business School, einem Lehrstuhl, der eingerichtet wurde, um die Erforschung menschlicher Interaktionen zu unterstützen, die zur Gründung erfolgreicher Unternehmen führen und zur Verbesserung der Gesellschaft beitragen.

AMY C. EDMONDSON:

»Im hoch-innovativen Umfeld brauchen wir viele Meinungen«

Florian: Amy, Sie befassen sich in Ihren Forschungsarbeiten mit dem Thema Führung. Ihr Schwerpunkt liegt dabei auf der Teambildung. Sie beschäftigen sich mit der Frage, wie man Arbeitsgruppen über Grenzen hinweg bilden kann, sodass diese Teams nicht nur innerhalb des Unternehmens stark sind, sondern auch dann, wenn sie mit Externen kooperieren. Wie sollten Führungskräfte diese Aufgabe angehen?

Amy Edmondson: Nun, ich denke, dass viele Aufgaben, die einem begegnen, am besten von Menschen aus verschiedenen Disziplinen bewältigt werden können. Oft liegen die Kompetenzen für eine sinnvolle Sichtweise auf ein Problem nicht im eigenen Unternehmen, sondern außerhalb des Unternehmens. Manchmal benötigt man auch Mitarbeiter aus einem ganz anderen Sektor, vielleicht auch aus dem öffentlichen Bereich mit einem völlig anderen Hintergrund.

Florian: Für mich hört sich das so an: Ich arbeite an einem Projekt, aber ich habe nicht genügend Fachwissen in meiner Firma, um es durchzuführen, also schaue ich mich um und kaufe dieses Wissen von außen ein. Aber das hat doch mit der ursprünglichen Idee, ein Team in meinem Unternehmen zu bilden, nicht mehr viel zu tun, oder?

Amy Edmondson: Nein, nein, Sie machen da einen Denkfehler. Sie dürfen das Äußere und das Innere eines Unternehmens nicht so stark voneinander trennen. Die Innovation, die wir in Unternehmen oft benötigen, ist das, was wir »reziproke Koordination« nennen. Das bedeutet, dass es eine gegenseitige Kommunikation, Kooperation und Koordination gibt. Es darf sich dabei nicht um eine einseitige Initiative handeln, die das betreffende Wissen ins Innere des Unternehmens holt. Es geht vielmehr darum, sich an einen Tisch zu setzen, die Köpfe zusammenzustecken und das Problem auf so viele verschiedene Arten und mit so vielen Sichtweisen zu durchleuchten wie nur eben möglich. Dann können Lösungen oder Strategien gefunden werden, die wir ohne die anderen nicht gefunden hätten. So lernt man voneinander. Das bedeutet, dass das oft Aufgaben sind, bei denen kein vorgefertigter Ansatz zur Verfügung steht, oder Aufgaben, die man nicht gut in kleinere Unterpunkte aufteilen kann, weil man das Problem noch gar nicht ganz versteht.

Florian: Und wie muss sich der Führungsstil verändern, damit so ein Ansatz von Teambildung ermöglicht wird?

Amy Edmondson: Ich denke, der Führungsstil muss sich in einigen fundamentalen Punkten verändern. Zuallererst ist es wichtig, sich die Ungewissheit einzugestehen, die beim Planen eines neuen Projektes vor einem liegt. Das bedeutet: Anstatt mit einem vordefinierten, klaren Ziel in die Planung zu gehen und genau zu wissen, wer was machen soll, müssen wir uns alle erst einmal zusammensetzen und nachdenken, uns austauschen. Die Führungsebene muss natürlich trotzdem einen Weg und eine Vision haben von dem, was sie will, aber sie muss dies auf eine Art und Weise umsetzen, die eine Veränderung für die Zukunft ermöglicht. Ich nenne eine solche Teambildung eine »adaptierte Arbeitsgruppe«. Wir bilden zwar eine Abteilung, aber wir akzeptieren, dass diese flexibel ist. Das ist aus zwei Gründen wichtig: erstens, weil nun verschiedene Leute Ideen einbringen werden, die die Grundidee des Projekts von vornherein verändern, und zweitens, weil wir über die Zeit noch viel hinzulernen werden, was zu Anpassungen führen wird. Die nächste wichtige Sache ist, dass die Führungsebene einen Weg findet, die Mitarbeiter zu motivieren, ihr Wissen völlig ungezwungen weiterzugeben, sodass es einen echten Austausch zwischen den verschiedenen beruflichen Hintergründen und den damit verbundenen unterschiedlichen Perspektiven gibt. Das ist nicht ganz einfach, denn es gibt in jeder Profession ein unterschiedliches Vokabular, es gibt Vorurteile gegenüber anderen Disziplinen und vieles mehr, was zum Hindernis dabei werden kann, einander zuzuhören und zu verstehen. Damit das funktioniert, wird ein psychologisches Klima der Sicherheit benötigt, in dem die Leute wissen, dass sie auch Risiken eingehen können, ohne dass ihnen das gleich vorgeworfen wird. Wenn diese Sicherheit gewährt wird, werden schließlich alle diesen Prozess des Arbeitens und Lernens vorantreiben. Ein Prozess, der zwar irgendwann abgeschlossen wird, aber auf dem Weg dahin wird noch viel gelernt. So vorzugehen, ähnelt mehr dem wissenschaftlichen Arbeiten als dem wirtschaftlich-organisatorischen Arbeiten.

Florian: Ich habe das Gefühl, dass in Deutschland viele Unternehmer nicht so offen für Neues sind wie in den Vereinigten Staaten. Die Führungskräfte in Amerika sind viel aufgeschlossener. Sie sind weniger zurückhaltend, wenn es darum geht, ihre Ideen vorzustellen und ein Feedback zu bekommen. Sie scheinen auch keine Angst davor zu haben, dass ihre Ideen von anderen geklaut und kopiert werden. In Deutschland schotten sich die Firmen ziemlich ab, nach dem Motto: Der Nachbar darf nicht wissen, was wir uns hier drinnen ausdenken. Was meinen Sie, wie wir dieses Verhalten ändern können, um diese Art der Teambildung auch in Deutschland zu etablieren?

Amy Edmondson: Ich denke, es ist ganz verständlich, dass es andere Traditionen und Unternehmenskulturen gibt. Auf mich wirkt diese Art des Arbeitens eher altmodisch, dennoch gab es sicher eine Zeit, in der das gut funktioniert hat, und es mag Bereiche in der Wirtschaft in Deutschland geben, in der das immer noch gut funktioniert. Aber es wird nicht in Bereichen funktionieren, in denen es auf eine hohe Innovationsstärke ankommt und in denen die Situation durch große Unsicherheit gekennzeichnet ist. In Anbetracht dessen, was Sie von Deutschland erzählen, kann man vielleicht sagen, dass es deshalb einigen Führungskräften schwererfallen könnte, diesem neuen Trend zu folgen. Die Führungspersönlichkeiten aber, denen es gelingt, ihren Führungsstil an diese neuen Gegebenheiten anzupassen, und die damit von diesen großartigen Innovationen bei der Teambildung profitieren können, werden einen deutlichen Vorsprung vor den anderen haben.

Florian: Nun gibt es viele Menschen, die ihr ganzes Leben dafür geackert haben, die einzelnen Stufen in der Hierarchie nach oben zu klettern, und dabei die Ellbogen in alle Richtungen ausgefahren haben, um sich durchzusetzen. Nun kommt so ein Anfang 30-Jähriger daher und sagt ihnen, sie müssen dieses Prinzip von Grund auf ändern. Darüber sind die nicht gerade glücklich.

Amy Edmondson: Das stimmt. Dennoch sind diese Veränderungen nötig. Nur dann gelingt es, die Teams glücklich zu machen, sie effektiv zu machen. Deshalb glaube ich, dass es wichtig ist, sich einzufühlen in diese emotionalen Schwierigkeiten, die diese Mitarbeiter belasten. Sie müssen verstehen, dass es da draußen jetzt anders zugeht. Vielleicht können wir ihnen dabei helfen, sodass sie ebenfalls aus diesen Innovationen in der Teambildung ihren Nutzen ziehen können. So können wir eine bessere Welt und einen besseren Staat schaffen, der wichtige Aufgaben für die Kunden und somit am Ende für die Gesellschaft löst. Deshalb finde ich, dass wir aus einer Haltung der Empathie und des Mitgefühls heraus mit den Veränderungen beginnen sollten.

Florian: Okay, das ist ein wichtiger Hinweis.

Amy Edmondson: Es ist ein wichtiger Gedanke, zu verstehen, dass wir Führung brauchen, um die Brücke zu einer uns unbekannten Welt zu schlagen. Das ist die Aufgabe von Führung heute und noch mehr von Führung in der Zukunft.

Florian: Ja, das ist eine schöne Definition der Aufgabe, die Führungskräfte heutzutage haben. Das gefällt mir. Haben Sie vielleicht ein Beispiel, vielleicht eine der Fallstudien aus einem Ihrer Bücher, an dem Sie zeigen können, wie das Konzept der unternehmensübergreifenden Kooperation konkret funktioniert?

Amy Edmondson: Ja, die Rettung der Minenarbeiter in Chile im Jahr 2010 war ein absolut geniales

Beispiel, wie sich die Grenzen zwischen dem öffentlichen und dem privaten Sektor, zwischen konkurrierenden Unternehmen und verschiedenen Industriezweigen, wie etwa der Ölgewinnung und der Logistik, aufweichten und alle zusammen an neuen Ideen und Konzepten experimentierten, die noch nie zuvor ausprobiert worden waren, um am Ende für dieses komplizierte Problem eine Lösung zu finden. Das hat hervorragend funktioniert, weil sich alle auf die Sache konzentriert haben, um die Menschen zu retten! Da haben Vorbehalte keine Rolle gespielt. In unserem Buch haben wir zwölf solcher Ereignisse herausgestellt und vier davon detailliert beleuchtet. Das erstreckt sich von einer großen IT-Firma, die sich für ein neues Angebot mit einem Makerspace-Unternehmen[1] zusammengetan hat, bis hin zu einer Krankenkasse, die sich mit einem Software-Hersteller Gedanken darüber macht, wie man den Aufenthalt der Patienten sicherer gestalten kann. Der Prozess läuft grundsätzlich immer so ab, dass man sich zunächst hinsetzt und darüber austauscht, was man weiß und was nicht, sodass man dann zusammen nach neuen Ideen suchen kann. Das macht es einfach, ganz verrückte Dinge vorzuschlagen, von denen man dann die praktikablen auswählt. Indem man die Wichtigkeit und das Interesse an einer Sache herausstellt, lösen sich die meisten Vorbehalte ganz von selbst.

Florian: Das heißt, dass das Führungspersonal eigentlich gar keine neuen Arbeitsmethoden oder dergleichen lernen muss. Geht es mehr um eine Veränderung der eigenen Perspektive?

Amy Edmondson: Ganz genau, es geht mehr um die Sichtweise, wie wir auf das Problem schauen, als um die Methode selbst. Ich denke, dass die meisten Fähigkeiten, die wir für diesen Prozess benötigen, etwas sind, was wir aus unserem alltäglichen Leben kennen, wie zum Beispiel eine gute Frage zu stellen. Aber wir schaffen es nicht, diese Frage zu stellen, wenn wir glauben, dass wir noch nicht genug über ein Problem wissen, obwohl alle Antworten eigentlich vor uns liegen. Oder wir schaffen es nicht in einem Umfeld, in dem von uns gefordert wird, dass es so aussieht, als ob wir die Antwort bereits kennen würden. Ein solches Umfeld tötet kreatives Denken und echte Kooperation. Deshalb denke ich, dass Sie recht haben: Die Sichtweisen zu ändern, das Problem aus unterschiedlichen Perspektiven wahrzunehmen, das ist es, worum es dabei geht. Das zu verändern, ist manchmal sehr schwer. Wir sollten uns jedoch bewusst machen, dass so ein Umdenken gar nichts kostet, man muss es nur schaffen, dass die Leute selbst darauf kommen, vielleicht noch einmal anders über die Sache nachzudenken und sie von einer anderen Seite aus zu betrachten.

Florian: Das hört sich gut an. Ich danke Ihnen für das Gespräch!

1 Makerspace = Mitmach-Werkstatt; viele Leute kommen für eine Innovation zusammen.

Was verbirgt sich hinter der reziproken Koordination? Sie ist eine Vorgehensweise für einen professionellen Umgang mit Situationen, die durch große Unsicherheit gekennzeichnet sind. Wir sprechen bewusst nicht von »managen«, denn dieses Wort beinhaltet, dass man Weg und Ziel genau kennt. Das ist in digitalen Zeiten nicht mehr der Fall. Wir haben in Kapitel 3 dargestellt, dass durch die Komplexität, Geschwindigkeit und globale Vernetzung des digitalen Lebens diese Situation der Ungewissheit von nun an ständig gegeben sein wird. Daher haben traditionelle Methoden, die davon ausgehen, dass man sich ein Ziel setzt und den Weg dorthin präzise plant, um sodann die exakte Umsetzung durch Qualitätsüberprüfung zu steuern, ausgedient; zumindest in der digitalen Welt.

Was wir ab sofort brauchen, ist ein grundsätzlich anderes Denken. Und das leihen wir uns da aus, wo es bereits hervorragend funktioniert: in der Wissenschaft. Wir benötigen immer noch die Richtung, wohin die Reise gehen soll, doch mit einem glasklar definierten Endziel hat das nichts zu tun. Es ist mehr ein Umkreisen und Suchen, ausgehend von dem Problem, das es zu lösen gilt. In der Wissenschaft nennt man so etwas *Hypothese*. Man stellt eine These auf, die man für möglich hält und die durch Beobachtungen und Daten im Vorfeld gestützt wird, aber noch nicht bewiesen ist. Wichtig ist: Eine Hypothese kann sich auch als falsch herausstellen. Das genau macht den Unterschied zur momentanen Übung in der Wirtschaft aus: Zu Beginn des Prozesses ist nicht klar, was am Ende herauskommen wird.

Alte Strukturen aufbrechen

Damit der Diskurs beginnen kann, wird die Hypothese in einem einzigen, bewusst zugespitzten Satz formuliert. Beispielsweise stellt ein Unternehmer, der Kugelschreiber herstellt, folgende These auf: Durch die massiv zunehmende digitale Kommunikation werden in Zukunft keine Kugelschreiber zum Schreiben mehr benötigt. Nun sollten Menschen aus unterschiedlichsten Fachrichtungen die Köpfe zusammenstecken und darüber nachdenken, ob diese Hypothese stimmt. Ob dieser Prozess, der nun beginnt, fruchtbar ist, hängt entscheidend davon ab, ob die, die da zusammenkommen, eine wirklich heterogene Truppe sind. Hierarchien dürfen keine Rolle spielen, das typische Silodenken in Unternehmen muss aufgebrochen werden. Frische Ideen müssen sich entfalten können, deswegen sind externe Teilnehmer so wichtig.

Ist die Hypothese formuliert, setzt die reziproke Koordination ein. Das bedeutet, dass Wissenschaftler aus möglichst unterschiedlichen Disziplinen sich treffen und austauschen. Dabei sind die vielen verschiedenen und sich auch durchaus widersprechenden Meinungen keine Störfelder, sondern höchst willkommen. Sie helfen dabei, das Problem aus den unterschiedlichsten Perspektiven zu beleuchten – und genau das brauchen wir auch jetzt in der Wirtschaft. Plötzlich können wir durch die Mithilfe der anderen erkennen, wie viele unterschiedliche Facetten die Aufgabenstellung hat.

Es kommt der berühmten 360-Grad-Kamerafahrt gleich, die der Kameramann Michael Ballhaus zusammen mit dem Regisseur Rainer Werner Fassbinder zum ersten Mal in dem Film *Martha* entwickelte und die ihn in Hollywood durch die Zusammenarbeit mit dem Regisseur Martin Scorsese weltberühmt machte. Wie bei dieser Rundum-Kamerafahrt betrachten wir – durch die Augen der anderen – das Problem von allen Seiten. Ergänzt wird dieser 360-Grad-Blick von der Vogel- und der Froschperspektive, also von oben und von unten. Von nah und von fern. Jedes Mal zeigt sich ein weiterer Aspekt. Mit anderen Worten: Es wird eine *komplexe Situation* erzeugt. Doch die führt nicht zum Chaos, sondern versetzt uns überhaupt erst in die Lage, Klarheit zu gewinnen. Erst jetzt haben wir ein viel genaueres, realistischeres Bild von der Aufgabe, die vor uns liegt. Durch diesen Austausch erfährt die Hypothese eine fortwährende Korrektur. Am Ende dieses Prozesses könnte beispielsweise die Erkenntnis stehen, dass es falsch wäre, die Kugelschreiber abzuschaffen, weil die Leute zwar nicht mehr mit Kulis schreiben, die Schreibutensilie aber als schickes Statussymbol nutzen. Das Unternehmen sollte keine Insolvenz anmelden, sondern statt Gebrauchskugelschreibern Luxusware herstellen.

Dieses Beispiel macht deutlich, worum es geht. Erst durch diesen Austausch können wir erkennen, wie das Feld, in dem wir uns bewegen, tatsächlich aussieht, wie es strukturiert ist. Es ist in etwa so, als ob wir in eine Landschaft schauen und zunächst nur die Berge und den Wald sehen, dann aber erkennen wir die Blätter, wir sehen plötzlich, dass das Wasser im Fluss grünlich glitzert, wir bemerken die äsenden Rehe, riechen das Gras und vieles mehr. Wir sammeln viele Einzelaspekte und kehren doch gemeinsam in der Gruppe immer wieder zum Gesamteindruck zurück.

Es ist das, was in der Wissenschaft *Diskurs* genannt wird. Es ist kein Zufall, dass sich diese Vorgehensweise in der Wissenschaft etabliert und bewährt hat. Denn Wissenschaftler sind es gewöhnt, mit unbekannten Situationen umzugehen, vor allem in der Grundlagenforschung. Es ist eine qualifizierte Methode, die nun auch in der Wirtschaft Anwendung finden sollte, weil die Digitalisierung solche unbekannten Situationen ständig erzeugt, zum einen durch die Komplexität und Geschwindigkeit, zum anderen durch die weltweite Vernetzung. Diese Millionen von Teilnehmern umfassende Kommunikation erzeugt die große Unbekannte X, die wir immer wieder aufs Neue begreifen müssen. Deswegen ist dieser Diskurs kein Nice-to-have, sondern eine *Notwendigkeit*. Wir empfehlen daher, diese Vorgehensweise anzuwenden, weil die digitale Technologie Situationen hervorbringt, bei der die subjektiv eingeschränkte Sichtweise des Einzelnen nicht mehr genügt. Das Digitale braucht die vielen.

Barrieren überwinden

Doch diesen höchst fruchtbaren Prozess zu starten, ist nicht leicht. Denn auch unter Wissenschaftlern sind die Vorbehalte gegenüber anderen Disziplinen ausgeprägt. Dieses Anderssein der jeweiligen Disziplin findet in den speziellen Fachausdrücken seinen Niederschlag und schafft Barrieren statt Offenheit. Das gibt es auch in der Wirtschaft, keine Frage.

Wie aber schaffen es Wissenschaftler trotzdem, sich wirklich miteinander auszutauschen? Wie schaffen sie es, das latente Misstrauen und die möglichen Vorbehalte zu neutralisieren?

Die Antwort lautet: indem die Sache in den Mittelpunkt gerückt wird. In Notsituationen gelingt dies oft mühelos. Eitelkeiten, persönliche Animositäten oder Konkurrenzdenken sind dann ausgeschaltet. Professorin Edmondson erzählt im Interview, wie dieses »Wunder« in Chile im Jahr 2010 gelang und die Bergarbeiter dadurch lebend geborgen werden konnten. Voraussetzung für den Erfolg war, dass sich alle an einen Tisch setzten, verbunden mit dem unbedingten Willen, die Bergleute zu retten. Da saßen Menschen aus den unterschiedlichsten Branchen beieinander und berieten sich vorurteilsfrei. Sie wussten nicht, wie die Situation unter Tage konkret aussah, sie mussten mit dem Unbekannten zurechtkommen. So tasteten sie sich gemeinsam voran. Die extremsten Situationen wurden durchgespielt, das Wissen floss zusammen und am Ende konnten sie das Problem lösen.

Die reziproke Koordination ist damit eine Vorgehensweise, die voraussetzt, dass wir offen sind gegenüber den Meinungen und Ideen anderer Menschen. Sie erfordert, dass wir das eigene Denken, Fühlen und Handeln nicht an die erste Stelle setzen, uns professionell zurücknehmen und zuhören. Vor allem: *neugierig sind*. Und im Idealfall ganz einfache Fragen stellen. Das sind immer die besten Fragen, sie treiben das Verstehen voran. Ziel ist es nun nicht mehr, die eigenen Vorstellungen auf Teufel komm raus durchzudrücken, sondern so viele Perspektiven und Meinungen aufzusaugen wie nur eben möglich. Eine solche Vorgehensweise lebt von der Vielfalt, nicht von der Einseitigkeit und schon gar nicht von vorgefertigten Meinungen oder einer sterilen Monokultur. Es geht um die Erweiterung oder Änderung der eigenen Sichtweise auf das Problem oder die Aufgabenstellung. In der Wissenschaft nennt man das *Perspektivwechsel*.

Diesen Austausch zuzulassen, ihn sogar professionell zu steuern, wird für deutsche Unternehmer ein schwieriger Prozess sein, zeichnete sich doch in der Vergangenheit Unternehmertum dadurch aus, nicht zu *fragen*, sondern zu *handeln*, eine sehr genaue Vorstellung davon zu haben, welche Geschäftsidee mit welchen Produkten und Dienstleistungen man anbieten wollte, und diese Idee *gegen alle Widerstände* durchzusetzen.

Soft Skills sind nicht mehr soft

Und nun diese Kehrtwendung um 180 Grad! *Fragen*, *zuhören*, *verstehen*, ein Ziel erst im Austausch mit anderen Schritt für Schritt zu entwickeln und auf dem Weg dorthin bereit zu sein, dieses Ziel auch noch mal zu ändern. Und das immer wieder – bei jeder neuen Aufgabe. Das ist aus der Perspektive eines unternehmerisch handelnden Menschen in etwa so, als ob Wasser und Öl zusammengerührt werden sollten: eine vorprogrammierte Unverträglichkeit. Wurden doch diese Verhaltensweisen in der Vergangenheit unter »Soft Skills« verbucht, etwas, was man als Unternehmer nicht wirklich ernst zu nehmen brauchte. Jetzt aber wird genau das wichtig. Diese Soft Skills sind in digitalen Zeiten Hard Skills. Hier fällt die Entscheidung über Erfolg und Misserfolg. Wer diese Soft Skills draufhat, hat das Ticket für die Zukunft in der Tasche. Dabei sind Frauen im Vorteil. Denn es sind Verhaltensweisen, die Frauen leichtfallen. Mit anderen Worten: Es ist ein Zeichen von großer Klugheit, in diesem Transformationsprozess Frauen in Führungspositionen einzusetzen. Dann läuft der Prozess rund.

Was aber ist mit jenen, die bisher geführt haben und ganz anders sozialisiert worden sind? Die gute Botschaft lautet: Wir Menschen sind lernende Wesen. Das heißt: Wir können etwas dazulernen, uns an unbekannte Situationen anpassen, jederzeit und in jedem Alter. Diese grandiose Fähigkeit gilt es zu nutzen. Sich anderen gegenüber öffnen, fragen und zuhören, gemeinsames Vorantasten, bis sich die Konturen des Problems langsam herausschälen, kann geübt werden. Edmondson weist darauf hin, dass dabei eine Atmosphäre der Sicherheit die wichtigste Voraussetzung ist. Nur dann kann der Prozess gemeistert werden. Sie müssen daher als Unternehmer denen, die an dem Diskurs teilnehmen, einen geschützten Raum bieten, in dem das, was ein Teilnehmer sagt, ernst genommen wird und Wertschätzung erfährt. Niemand, wirklich niemand, darf dabei befürchten müssen, berufliche Nachteile zu erleiden, nur weil er sich in den Prozess offen eingebracht hat.

Das Wichtige an der Vorgehensweise, die von Edmondson entwickelt und verfeinert wurde, um in der Wirtschaft *externes* Wissen in die Unternehmen zu holen, ist die Tatsache, dass sie auf eine *teamübergreifende Koordination* zielt. Externes Wissen werden die Unternehmen sich in Zukunft immer öfter ins Haus holen müssen; zu sehr sind im Digitalzeitalter die Dinge miteinander vernetzt, als dass dies unterbleiben könnte. Software-Ingenieure treffen auf Werbefachleute, diese wiederum eignen sich Wissen aus der Logistikbranche an, einzig und allein, um gemeinsam hochkomplexe Aufgaben zu lösen. Je größer die Heterogenität, desto größer die Chance, eine Lösung zu finden.

Doch teamübergreifend lässt sich auch innerhalb eines Unternehmens arbeiten. Die Buchhaltung hat einen anderen Blick als der Vertrieb, die Geschäftsführung sieht die Sache noch einmal aus einem ganz anderen Blickwinkel als der Einkauf oder die Personalabteilung. Heterogene Gruppen lassen sich auch im Unternehmen bilden. Und das ist gut so. Eine heterogene Gruppe lässt sich zudem aus Geschäftspartnern, Kunden, Zulieferern und Mitarbeitern bilden – je nachdem, um welche Fragestellung es geht. Eins allerdings ist klar: Dieses Vorgehen ist nicht kompatibel mit den etablierten hierarchischen Strukturen, die wir in den meisten Unternehmen haben.

Denn die reziproke Koordination ist nicht nur *teamübergreifend*, sondern auch *hierarchieübergreifend*, *wissensübergreifend* und *generationsübergreifend*.

Viele werden ins Boot geholt und für die Lösung aktiviert. Daraufhin werden in Ihrem Unternehmen Ressourcen sichtbar, von denen Sie nicht einmal ansatzweise eine Ahnung hatten. Daraus können sogar ganz neue Netzwerke entstehen, die Sie noch nie im Blick hatten, denn jede Person hat eine Fülle an Verbindungen, die nun Ihrem Unternehmen dienen können. Das ist das Facebook-Prinzip. Der eine hat ein Netzwerk und verbindet sich mit unzähligen weiteren Netzwerken. Selbst der Pförtner kann Kontakte haben, die für Sie nützlich sind. Und gibt gern, wenn er das Gefühl hat, geschätzt zu werden. Das ist der springende Punkt.

Damit sind wir bei den Werten, die in diesem Prozess gelebt werden müssen, damit er funktioniert. Sie lauten: Menschen Wertschätzung entgegenbringen, Fehlertoleranz üben gegenüber sich selbst und anderen, Vertrauen schenken, Respekt vor der Freiheit des anderen haben und sich sozial gegenüber seinen Mitmenschen verhalten. Kommt Ihnen irgendwie bekannt vor? Richtig, es ist der Wertekompass, den wir in Kapitel 3 entwickelt haben. Es sind dieselben Werte, die Sie auch in dieser diskursiven Methode als Maßstab anlegen sollten. Nur dann wird es Ihnen gelingen, ein Klima des Vertrauens und der Wertschätzung in diesen Gruppen zu schaffen, und nur dann gewinnt der Austausch an Fahrt. Dann bekommt das Ganze *Drive*, es werden wirklich Standpunkte ausgetauscht, Meinungen geäußert, Wissen geteilt. Dadurch erschließen Sie sich Ressourcen, die Ihnen in einem hierarchisch organisierten Unternehmen nicht zur Verfügung stehen.

Der Ansatz von Hierarchie ist ein anderer: Hier geht es um Strukturierung von Prozessen, um Effizienz und Qualitätssicherung. Hierarchische Strukturen haben es im Wesentlichen mit bekannten, planbaren Situationen zu tun. Dort macht es Sinn, Strukturen festzuzurren, zu schauen, wie effizient diese Strukturen arbeiten können und wie die Qualität der Resultate sichergestellt werden kann. Mit bekannten Situationen werden wir es aber immer weniger zu tun haben.

Das Unbekannte wird in einer global vernetzten Welt zum Normalfall. Damit ist das sogenannte Changemanagement nicht mehr der Ausnahmefall, sondern die Regel.

Es ist daher nur konsequent, dass sich auch das Führungsverhalten dieser neuen Situation anpassen muss.

Wie aber nähert man sich als Führungskraft diesem neuen Denken?

In fünf Schritten zum digitalen Unternehmen

Schritt 1: Reziproke Koordination

Im Folgenden nennen wir Ihnen fünf Schritte, die zu gehen für die Annäherung an dieses neue Denken notwendig ist. Für **Schritt 1** ist es empfehlenswert, sich zu Beginn des Prozesses mindestens zwei Tage Zeit zu nehmen und ein Thema auszusuchen, das für Ihr Unternehmen wichtig ist. Zu diesem Thema sollten Sie eine Hypothese formulieren. Sodann empfiehlt es sich, zu dieser Diskursübung externe Menschen einzuladen, die sich dadurch auszeichnen, deutlich andere Kompetenzen zu haben als

Sie selbst. Vorteilhaft ist es zudem, einen erfahrenen Moderator hinzuzunehmen, der immer wieder eingreift, wenn in der reziproken Koordination die alten Verhaltensmuster zum Vorschein kommen. Wenn Sie das eigene Verhaltensrepertoire um die reziproke Koordination erweitert haben – wir versprechen Ihnen, dass Sie auf dem Weg dorthin viele Aha-Momente erleben werden –, dann holen Sie Ihre Mitarbeiter hinzu. Wenn es bei denen *in medias res* geht, sollten Sie bei den Übungen wieder selbst als Teilnehmer mit dabei sein, denn Sie signalisieren durch Ihre Anwesenheit: Mir ist wichtig, was ihr hier macht! Sollten Sie ein großes Unternehmen leiten, achten Sie darauf, dass die Diskursgruppen nicht zu groß sind; eine Gruppe bis zu sieben Personen gilt als ideal. Alle Gruppen brauchen zudem einen Moderator, denn diese Art, miteinander zu sprechen und Ergebnisse zu entwickeln, will gelernt sein. Sie fällt nicht vom Himmel. *Üben* heißt auch hier das Zauberwort.

Gegenstand der Übungen, zumindest im fortgeschrittenen Stadium, können auch die anvisierten digitalen Veränderungen im Unternehmen sein: Denn irgendwann sollte definiert werden, welche Bereiche als Erstes für die digitale Transformation fokussiert werden. Kundenservice? Interne Prozesse? Produktentwicklung? Was auch immer … Hier können sicher eine Menge Hypothesen aufgestellt werden, deren Einsatz im Diskurs zu spannenden Ergebnissen führen wird und zu Einsichten, die niemand im stillen Kämmerlein gewinnt.

Schritt 2: Young Leader in die Chefetage!

Dann erfolgt **Schritt 2**. Um das zu schaffen, müssen Sie in puncto Organisation ans Eingemachte gehen. Wir empfehlen Ihnen, die Digital Natives in die Chefetage zu holen, nicht als Berater oder Trainee, sondern als diejenigen, die ab sofort mitreden und mitentscheiden.

Warum? Weil es nicht reicht, unten auf der Mitarbeiterebene ein bisschen Digitales ins System hineinzufrickeln. Das ist zum Scheitern verurteilt. Schließlich beginnen im Leben alle Änderungen im Kopf. Das ist bei Unternehmen nicht anders. Und der Kopf des Unternehmens ist die Geschäftsführungs- oder Vorstandsebene. Dieser Kopf muss gefüttert werden mit neuen Ideen, muss hautnah erfahren, wie der Kunde von morgen denkt, wie technologiegetriebene Entscheidungen mithilfe von Big Data gewonnen werden. Kurz: wie Führung von morgen aussieht. Deswegen raten wir Ihnen:

> **Wenn Sie noch viele Fragen an die digitale Welt haben, dann holen Sie sich die digitale Welt an Ihre Seite!**

Den Rat gab auch Pascal Finette von der Singularity University (siehe dazu Interview Pascal Finette). Er ist überzeugt, dass sich ein Unternehmer möglichst eine/-n smarte/-n 25-Jährige/-n in die Chefetage holen sollte, damit er begreift, wie Produkte und Dienstleistungen von morgen aussehen müssen, damit sie auch in Zukunft gekauft werden. Der Youngster an seiner Seite kann ihm erzählen, wie diese Welt gebaut ist. Und er, der Unternehmer, wird lernen, wird das Wissen und das neue Verhalten in sich aufsaugen wie ein Schwamm. Wir wagen die These, dass es Spaß machen wird. Neues ist immer spannend. Es stimmt: Früher lief das genau andersherum.

Da haben die Älteren den Jüngeren die Welt gezeigt. Doch wer die Digitalisierung verstehen will, fragt nicht nach Alter, sondern nach *Kompetenz*. Darum geht es.

Wenn Sie die Sache so angehen, sind Sie sogar im Vorteil gegenüber den Young Leadern, denn Sie kennen beide Welten: die alten und die neuen Kunden. Wenn Sie das neue Wissen aufgesogen haben, sind Sie sogar besser als die Youngsters, denn die werden nicht mehr lernen, wie die ältere Kundschaft tickt. Da fehlt einfach das Verständnis. Wichtige Märkte erschließen sich den Digital Natives daher nicht. Selbst wenn sie Big Data zu Hilfe nehmen, um passgenau deren Profil zu studieren, müssen an Big Data die richtigen Fragen gestellt werden. Dafür muss man wissen, wie die Welt der Älteren aussieht. Eins dürfen wir bei dem ganzen Hype um Digital Natives und digitaler Transformation nicht vergessen: Die Silver Surfer werden auch in den nächsten Jahren immer noch wichtige Teile der Märkte dominieren. Die demografische Entwicklung zeigt, dass es sich dabei sogar um wachsende Märkte handelt, zumindest in Deutschland, Japan und anderen Industrieländern, da der relative Anteil der älteren Einwohner an der Gesamtbevölkerung steigt. Genau diese Kombination aus alter und neuer Welt brauchen Sie also, um mit Ihrem Unternehmen am Markt auch in den nächsten Jahren weiter in der ersten Liga zu spielen.

(Copyright: Singularity University)

Interview mit **Pascal Finette**, Chair for Entrepreneurship & Open Innovation an der Singularity University mit Sitz im Silicon Valley, der weltweit wichtigste Think-Tank für Führungskräfte zum Thema Digitalisierung, zugleich auch Business-Inkubator.

PASCAL FINETTE:

»Du musst im Voraus wissen, wo der Puck landet«

Florian: Pascal, du bist genau der richtige Mann, wenn es um Innovation und um exponentielle Technologien geht.

Pascal: Das bin ich in der Tat *(lacht)*. Bei Singularity machen wir als Think-Tank natürlich alles in extremer Art und Weise, was man zu dem Thema machen und denken kann. Wenn man davon nur ein bisschen in diese deutsche Bequemlichkeit transformieren könnte, hätten wir schon viel gewonnen. Ich weiß, wovon ich rede, ich kenne die deutsche Mentalität. Ich komme wie du aus Köln.

Florian: Pascal, du arbeitest in einer der außergewöhnlichsten Denkfabriken dieser Welt. Du bist Chief Evangelist, Chef-Botschafter, bei der Singularity University. Was ist deine Aufgabe als Chef-Botschafter und wieso haben deutsche Unternehmen keinen solchen Botschafter?

Pascal *(lacht)*: Um genau zu sein: Ich bin sogar Global Evangelist, also weltweiter Botschafter. Die Aufgabe ist einfach zu beschreiben: Ich soll das Gedankengut, das wir bei Singularity entwickelt haben, weltweit verbreiten. Dabei erstreckt sich mein Aufgabenfeld vom mittelständischen Unternehmen bis zum großen DAX-Konzern. Darüber hinaus bin ich auch für die Führungskräfte in der Politik zuständig, also angefangen vom Deutschen Bundestag bis zum mexikanischen Staatspräsidenten. Warum ihr einen solchen Ideen-Botschafter in Deutschland nicht habt? Das ist wirklich eine gute Frage!

Florian: Fehlen die Ideen?

Pascal: Nein, das glaub ich nicht. Ideen gibt es genug in Deutschland! Aber in Deutschland gibt es nicht dieses ausgeprägte Sendungsbewusstsein. Der Amerikaner hingegen ist zutiefst davon überzeugt, wenn er eine tolle Idee hat, dass er die dann auch in der Welt verbreiten muss! Ich glaube, in Deutschland ist man da einfach bescheidener. Keine Frage: Das ist ein großer kultureller Unterschied!

Florian: Was ist denn deine Kernbotschaft, die du den Führungspersonen, die zu euch kommen, mit auf den Weg gibst?

Pascal: Ich glaube, die simpelste Form zu erklären, worum es geht, ist zu sagen, dass die Zukunft ganz anders aussehen wird als das, was wir heute kennen, und dass sich die Geschwindigkeit, mit der sich die Dinge ändern, ständig beschleunigt. Wir haben dadurch eine noch nie dagewesene Herausforderung: Wir haben innerhalb kürzester Zeit so viele Veränderungen, wie wir es noch nie in der Welt gesehen haben! Das ist dem exponentiellen Wachstum dieser Technologie geschuldet. Ich glaube auch, dass wir uns genau jetzt an dem Punkt eines sehr dramatischen Umbruchs befinden.

Florian: Was genau meinst du damit?

Pascal: Also, du kannst den Umbruch geradezu mit Händen greifen. Du siehst, auf welchem Niveau Big Data und künstliche Intelligenz jetzt bereits schon sind, du siehst es bei den Robotern. Die haben früher Millionen Dollar gekostet. Jetzt sind sie bezahlbar. Du siehst, dass sie in der Automobilindustrie und im Mittelstand bereits eingesetzt werden. Du kannst den dramatischen Umbruch in der synthetischen Biologie erkennen, wo wir gerade anfangen, ganz neue Wege in der Medizin zu beschreiten, indem wir Gene manipulieren. Viele dieser unterschiedlichen Technologien werden jetzt sogar miteinander kombiniert. In der Medizin kommen zum Beispiel Digitalisierung, Big Data und die synthetische Biologie zusammen. Daraus entsteht der nächste qualitative Sprung. Du siehst bereits heute Ärzte, die künstliche Intelligenz und Big Data nutzen, die neue Sensoren und Techniken nutzen, um Krebs früher zu erkennen. Die Technologien sind jetzt so weit – sowohl hinsichtlich der Kosten wie auch in Bezug auf ihren Entwicklungsstand –, dass sie nun in vielen alltäglichen Bereichen eingesetzt werden können. Deswegen sage ich: Der Umbruch ist genau jetzt da.

Florian: Was bedeutet diese Situation für Führungskräfte?

Pascal: Die Herausforderung für die Führungskräfte liegt darin, mit dieser Geschwindigkeit überhaupt Schritt halten zu können. Ich möchte mit einer kurzen Anekdote beschreiben, worum es bei dieser Geschwindigkeit geht. Vielleicht hast du schon mal von dem berühmten Eishockeyspieler Wayne Gretzky gehört. Der wurde mal gefragt, warum er so gut ist, und dann hat ein Kommentator über ihn gesagt: »Wayne Gretzky läuft nicht zum Puck, er läuft dorthin, wo der Puck sein wird.« Das genau ist es, was Führungskräfte können müssen, dieses »chasing the puk«. Du hast die Wahl: Entweder rennst du dem Puck hinterher oder du versuchst dich dahin zu bewegen, wo der Puck sein wird. Darum geht es! Wir müssen verstehen, wohin sich diese Zukunft bewegt.

Florian: Welche Herausforderung siehst du noch für Führungskräfte?

Pascal: Beim Thema Lernen sehe ich große Herausforderungen. Wir müssen uns fragen: Was sind denn die Qualitäten von einer Führungskraft in der Zukunft? In der Vergangenheit waren das vor allem: komplexe Sachverhalte verstehen, Finanzen verstehen ... so etwas. Das aber können schon sehr bald Computer für uns erledigen. Das ist als Führungskompetenz also passé. In Zukunft müssen Führungskräfte ganz andere Sachen draufhaben: Kreativität, Empathie, psychische Widerstandsfähigkeit, also diese sehr menschlichen Faktoren und weniger diese Skills von Gewinn-und-Verlust-Rechnung. Diese Sachen wird der Computer machen. Als Führungskraft ist es bald viel wichtiger, Information zu verarbeiten und sinnvoll in die Zukunft zu übersetzen. Das musst du können.

Florian: Wir sind beide Kölner. Daher möchte ich dir folgende Frage stellen: Wenn du 20 Kilometer aus Köln herausfährst, also: Bergisches Land, Eifel – da sieht die Welt schon ganz anders aus. Da ist man schon froh, wenn das Handy Empfang hat, es eine stabile Internetverbindung gibt. Wenn wir also mit solchen Themen in die kleinen und mittelständischen Unternehmen in solchen Regionen gehen, sagen die: Das ist doch Bullshit! Das interessiert uns nicht! Wie gewinnt man solche Menschen? Zum Beispiel den Maurer oder den Handwerker: Wie kann er von diesen Ideen profitieren? Oder muss er sich gar nicht umstellen?

Pascal: Das ist eine sehr spannende Frage. Das geht so ein bisschen in diese Future-of-Work-Debatte. Ich glaube, eine der spannendsten Fragen bei dieser Debatte ist, dass du, wenn du dir die nackten Daten anguckst, feststellst, dass die am meisten gefährdeten Jobs höchstwahrscheinlich die sind, die im Mittelstand angesiedelt sind! Wenn du als Anfänger heute in einer Rechtsanwaltskanzlei diese typischen Anfängerjobs machst, also Verträge durchgehen, Standardverträge aufsetzen und solche Sachen, dann gehört das genau zu den Jobs, die in Zukunft durch Computer ersetzt werden. Denn diese Aufgaben können Maschinen sehr gut erledigen. Der Gewinn dabei ist riesig. Anstatt einen hochbezahlten Rechtsanwalt, der in Deutschland sechs Jahre zur Uni geht, anzustellen, kannst du das eine Maschine machen lassen.

Etwas anderes gilt, wenn du Klempner bist. Ich denke, du wirst auch in 40 Jahren noch Klempner sein. Ich glaube nicht, dass wir in den nächsten 20 oder 30 Jahren irgendwelche Roboter haben, die das können, denn das ist einfach unglaublich schwierig. Das erfordert Kreativität, Handfertigkeit und vieles mehr. Das heißt: Wenn du in der Eifel lebst und du bist Klempner, dann ist dein Job sicher. Wenn du aber in der Eifel lebst und in der Bank arbeitest, dann ist dein Job nicht mehr sicher. Wenn du in der Eifel Brötchen bäckst, ist dein Arbeitsplatz auch gefährdet, denn die Brötchen werden heutzutage schon von einer Maschine hergestellt. Du siehst: Die Sache ist wesentlich nuancierter, als es in den Medien immer dargestellt wird. In den Medien wird das immer so eindimensional dargestellt, so nach dem Motto: Wenn du Lkw-Fahrer oder Taxifahrer bist, dann wirst du in fünf Jahren keinen Job mehr haben. Ich aber sage:

Das kann sein, muss es aber nicht. Da spielen noch ganz andere Faktoren eine Rolle, beispielsweise kann es ja auch einen Boom für nicht maschinell hergestellte Brötchen geben. Den Trend gibt es ja schon. Also, die Sache ist schon ein bisschen komplexer. Um genau zu sein: Sie ist *deutlich* komplexer.

Florian: Was würdest du denn jungen Leuten raten, die jetzt Abitur machen und vor der Entscheidung stehen, ob sie studieren sollen? In einem von deinen Interviews sagst du, 2050 oder 2060 haben wir Computer, die so schlau sind wie die ganze Menschheit zusammen. Was soll ich denn dann überhaupt studieren? Macht Jura noch Sinn? Macht überhaupt alles, was in Richtung Beratung geht, also das, was wir beide machen, überhaupt noch Sinn? Oder sagen wir lieber: Gut, wir konzentrieren uns wirklich auf so etwas Zukunftssicheres und werden alle Klempner?

Pascal *(lacht)*: Du vielleicht! Ich meine, es gibt einen Klempnerfachkräftemangel in Deutschland, weil keiner mehr Klempner werden will. Aber ich glaube, wenn wir alle Klempner werden, ist das vielleicht auch nicht die Lösung.

Florian: Logisch.

Pascal: Aber du sprichst etwas Wichtiges an. Im Grunde ist es unmöglich, den Beruf der Zukunft vorauszusehen und sich die dazu passende Ausbildung zu suchen. Außerdem glaube ich, dass die meisten Leute auf diesem Planeten nicht mehr 10, 20, 30 oder 40 Jahre in ein und derselben Karriere bleiben werden. Sie werden sich alle fünf Jahre neu erfinden müssen. Es geht mehr um Themen denn um Fakten, es geht um Fähigkeiten wie Kreativität, Empathie, psychische Widerstandsfähigkeit, Anpassungsfähigkeit, also diese ganzen Soft Skills, die uns als Menschen ausmachen. Die muss man draufhaben.

Florian: Was hast du denn studiert?

Pascal: Ich habe an der Universität Köln vor 20 Jahren studiert und das war damals alles sehr reglementiert. Also, du hast BWL studiert, hast dein Vordiplom gemacht, danach dein Hauptdiplom und du hattest ein genau umrissenes Curriculum. Das amerikanische Bildungssystem ist insofern sinnvoller, weil du die Möglichkeit hast, zu sagen: Ich mache zwar BWL im Hauptstudium, aber ich gucke mir ein paar Philosophiekurse an oder was auch immer. Ich glaube, so zu studieren, macht für die Zukunft viel mehr Sinn. Themen zu suchen, die mir meinen Bildungshorizont erweitern.

Florian: Die Zukunft, wie du sie beschreibst, ängstigt viele Menschen. Denn das bedeutet: raus aus der Komfortzone, Unsicherheit aushalten, sich immer wieder neu erfinden. Wie motiviert man Menschen, diese Zukunft anzunehmen?

Pascal: Es gibt viele Menschen, ich würde auch viele Freunde von mir mit einschließen, die extrem verschreckt darauf reagieren, wenn man sie damit konfrontiert, was es schon alles an künstlicher Intelligenz gibt, was mit Robotern in naher Zukunft gemacht werden kann. Viele sagen sogar: Ich weiß gar nicht, ob das gut für uns ist. Also, was nicht funktioniert, um Menschen für diese Zukunft zu gewinnen, ist die Methode: Friss oder stirb! Man muss den Menschen zeigen, dass sie die Zukunft wirklich aktiv mitgestalten können.

Florian: Wie macht man das?

Pascal: Nach meiner Erfahrung gibt es zwei grundsätzliche Einstellungen, die man einnehmen sollte: Du darfst nicht denken, dass die Zukunft vorgeschrieben ist. Das ist sie nicht. Wir Menschen sind es, die die Zukunft machen. Wir als Menschen entscheiden, was passiert. Was ich ausgesprochen gut finde! Das ist das eine. Das andere ist: Viele werden niemals eine künstliche Intelligenz oder einen Roboter kreieren. Das müssen sie auch nicht. Wenn ich mit einem Pflug ein Feld bestelle, muss ich nicht wissen, wie ich den Pflug herstelle. Ich muss nur wissen, wie ich den Pflug benutzen kann. Also, die Frage ist doch: Wie kann ich die Technologie in Zukunft nutzen, um das, was ich machen will, besser zu machen? Wie kann mir künstliche Intelligenz oder ein Roboter helfen, irgendeine Tätigkeit besser, schneller, weniger gefährlich zu machen? Und dann werden einige von uns sagen: Wir bauen diese künstliche Intelligenz, diese Roboter. Viele werden diese Technik aber nur konsumieren. Das ist okay. Du und ich – wir wissen nicht, wie man ein iPhone baut. Und trotzdem kann ich es nutzen, und es hat mein Leben deutlich besser gemacht, denn jetzt bin ich überall und jederzeit verbunden.

Florian: Diese Einstellung versucht ihr ja auch bei Singularity in eurem Lernprogramm den Leuten näherzubringen. Hast du einige konkrete Tipps, wie Unternehmer und Unternehmerinnen sich diesen Themen nähern sollten? Bei euch einen Kurs buchen?

Pascal: Es ist wichtig, dass man sich in den Unternehmen mit dem Thema auseinandersetzt und wirklich versucht zu verstehen. Ich denke, dass man das heutzutage ganz gut kann, denn es gibt mittlerweile etliche Bücher zu dem Thema, die auch wirklich gut geschrieben sind. Also alles Mögliche von unseren Gründern bei Singularity, beispielsweise von Raymond Kurzweil und Peter Diamandis über exponentielle Technologien.

Florian: Reicht es, gute Bücher zu lesen?

Pascal: Nein, das reicht natürlich nicht, wenn ich mich wirklich mit einem Thema auseinandersetzen will. Als Erstes muss ich die Fragestellung für mich formulieren: Was bedeutet das für mich als Mensch? Was bedeutet es für mich als Unternehmer? Was bedeutet es für die Gesellschaft, in der ich lebe? Das muss auf der Führungsebene geschehen. Dann werde ich merken, dass man keine Antworten hat. Es ist nicht so, dass man dann schon die Zukunft klar vor Augen hat und danach nach Plan X die Zukunft bauen kann. Diese Idee eines Fünfjahresplans ist obsolet. Deswegen glaube ich, dass man danach in den Dialog mit seinen Mitarbeitern treten muss. Du musst sie mitnehmen auf diese Reise! Dabei musst du darauf vertrauen, dass viele von diesen Leuten bereits wissen oder ein Gespür dafür haben, wohin die Reise geht. Gerade die jüngeren Mitarbeiter. Die haben sich schließlich auch ihre Gedanken gemacht.

Du hast mir erzählt, dass du eine Doktorarbeit über Millennials und deren Führungsverhalten geschrieben hast. Wenn ich heute eine 55-jährige Führungskraft wäre, würde ich mir ganz schnell einen supersmarten 20-Jährigen holen und den neben mich setzen. Und sagen: Lass uns einen Dialog führen! Und dieser Dialog darf nicht top-down verlaufen nach dem Motto: Ich bin hier der Boss und du der Untertan und du gehst mir jetzt mal Kaffee holen. Das muss auf Augenhöhe sein. Ich muss als Führungskraft fragen: Wie sieht denn die Welt für dich aus? Wenn ein 55-jähriger Unternehmer in Zukunft Erfolg haben will, muss er verstehen, wie jemand die Welt sieht, wenn er jünger ist. Eine der wichtigsten Aufgaben für Unternehmer ist es daher, in den Dialog mit den verschiedenen Stakeholdern zu treten. Das sind zum einen die Mitarbeiter, vor allem die jüngeren, und zum anderen deine Lieferanten und Kunden.

Und dann gibt es auch noch Software, sogenannte Frameworks, die dir einen digitalen Rahmen bietet, mit dem du ein wenig rumprobieren kannst, wie die Zukunft für dein Unternehmen aussehen könnte. Nimm dir ein Framework und deklinier das mal für dein Unternehmen in Ruhe durch.

Florian: Bei euch gibt es verschiedene Lernprogramme im Angebot. Was sagst du, wenn ich mich jetzt auf einen Job bewerbe oder einen Investor suchen oder mein Unternehmen zukunftsorientiert nach vorne bringen will? Worauf soll ich achten, wenn ich einen Pitch formuliere?

Pascal: Okay, sagen wir mal, du bist der Bewerber und du pitchst dich selbst. Der Pitch muss eine Punktlandung sein. Was du während des Pitchs sagst, ist wichtig, noch wichtiger aber ist es, was die andere Seite hört. Das heißt, du musst verstehen, was die andere Seite braucht. Also, ich könnte dir sagen, wenn du jetzt ein jüngerer Mitarbeiter bist und du möchtest gerne in ein Unternehmen rein, dann präsentiere dich eben als empathisch, adaptiv und so weiter. Wenn das Unternehmen da aber noch gar nicht steht, gar nicht jemanden sucht, der so agil ist, wird dir das nicht viel nützen. Wenn das noch so ein steifer deutscher Mittelständler ist, der dir dann gegenübersitzt, dann guckt er dich an und sagt: Klar, klassischer Millennial! Geh mal wieder nach Hause! Beim Pitchen kommt es also wirklich darauf an, dass Message und Landing zusammenpassen.

Florian: Letzte Frage. Was kann man bei euch lernen?

Pascal: Wenn du bei uns bist, versuchen wir dich abzuholen, wo du gerade bist, und dann geben wir dir stückweise die Zukunft. Denn wenn ich mich hinstelle und sage: Morgen werden alle Autos fliegen, guckst du mich an und sagst: Alles klar, Alter, geh mal wieder spielen! Wenn ich aber sage: Lass uns mal schauen – wo stehst du denn heute? Dann kann ich dich abholen und sagen: Okay, überlege doch mal, was es bedeuten könnte, wenn XY passiert. Dann habe ich eine Chance, dich ein Stück in die Zukunft zu bewegen. Ich glaube, das ist das Beste, was wir bei Singularity machen können. Verstehen, wo du heute stehst, und dann mit dir gemeinsam ein paar Zukunftsfäden spinnen.

Es ist offensichtlich: Auf der Führungsebene braucht es die Perspektiven der vielen: der Alten und der Jungen, der Frauen und der Männer, der Externen und der Internen. Bei jeder Entscheidungsfindung sollte mit dem integrativen Ansatz gearbeitet werden. Exemplarisch umgesetzt wurde dies zum Beispiel an der Zeppelin Universität Friedrichshafen, die seit 2010 als eine von lediglich vier Hochschulen (und davon einzige Universität) in Deutschland einen studentischen Vizepräsidenten institutionalisiert hat, wobei der Studierende seine Tätigkeit hauptamtlich ausführt.[2]

Die Zeppelin Universität hat es genauso gemacht, wie Finette es empfiehlt: Seit 2010 haben die Universitätspräsidenten einen studentischen Vizepräsidenten an ihrer Seite.[3] Der redet bei den großen Entscheidungen der Universität mit. Das hat mit der studentischen Selbstorganisation nichts zu tun, sondern geht weit darüber hinaus; der Vize ist in der Organisation der Universität ganz oben angesiedelt. An der Zeppelin Universität hat sich das bewährt. Die Erfahrungen, die die Universitätsgremien mit der Arbeit der studentischen Vizepräsidenten gemacht haben, haben überzeugt: So wurden u. a. die studentische Forschungskonferenz »ZUfo« ins Leben gerufen, der Lehrpreis »Teaching Award« eingeführt sowie die Planung und inhaltliche Ausgestaltung der Studieneinstiegsphase und die interne Kommunikation mit den Studierenden entscheidend verbessert. Das Präsidium, der Senat und die Gremien sind jetzt näher dran an den Bedürfnissen und Sichtweisen ihrer Studenten. Seitdem wird die Perspektive der Studenten unmittelbar in Entscheidungen des Präsidiums miteinbezogen und es lassen sich bessere Lösungen finden. Das ist wichtig, denn die Studenten sind an einer privaten Universität die wichtigsten Kunden. Deren Bedürfnisse zu kennen, bedeu-

[2] Neben der privaten Zeppelin Universität gibt es ähnliche Ämter (z. B. hauptamtlich oder ehrenamtlich als Unterscheidungsmerkmal) an der FH Potsdam (seit März 2013), der Hochschule Eberswalde (seit 1999) und der Universität Rostock (seit 2006). Dieses Konzept ist auch abhängig vom Landeshochschulgesetz, d. h., es ist nicht überall erlaubt.
[3] Gesehen am 20.03.2018: https://m.zu.de/im-de/universitaet/organisation/praesidium.php

tet, das Überleben der Universität für die Zukunft zu sichern. In Zeiten, in denen Universitäten gegen andere Unis im Wettstreit stehen, ist das keine Nebensächlichkeit, zumal die Zeppelin Universität noch die Wunden leckt, die durch die Turbulenzen rund um den vorherigen Präsidenten geschlagen wurden.[4]

Eine Universität agiert nicht in der freien Wirtschaft, mögen Sie einwenden. Doch die Zeppelin Universität wird privat finanziert, muss also gegenüber privaten Investoren und denen, die die Studiengebühren bezahlen, geradestehen für das, was an der Uni passiert. Daraus zog Anika Rehder den Schluss, dass diese Idee, Young Leader in die Chefetage zu holen, auch in der privaten Wirtschaft funktionieren könnte. In einem Teilprojekt ihrer explorativen Forschungsarbeit hat sie genau das untersucht und zudem ihre Masterarbeit zu diesem Thema verfasst.[5] Sie fragte Menschen, die in der privaten Wirtschaft arbeiten, ob dieser integrative Ansatz auch bei ihnen auf Akzeptanz stößt. Rehder hat dazu eine Umfrage mit rund hundert Teilnehmern durchgeführt.[6] Die Ergebnisse waren positiv. Die meisten zeigten sich aufgeschlossen gegenüber dieser Idee. Nur fünf Prozent der Befragten standen der Sache kritisch gegenüber.[7] Die Ergebnisse lassen hoffen, dass die Bereitschaft in der privaten Wirtschaft groß genug ist, die notwendigen Schritte zur digitalen Transformation tatsächlich in Angriff zu nehmen.

[4] Gesehen am 20.03.2018: https://www.suedkurier. de/region/bodenseekreis- oberschwaben/friedrichshafen/ Er-nimmt-seinen-Hut-Stephan- A-Jansen-verlaesst-die- Zeppelin-Uni-nun-offiziell-als- Lehrender;art372474,8553165

[5] Rehder, Anika: Systemtheoretische Organisations- und Führungstheorie. Eine Exploration der Juniorität in Führungsgremien. 2017. Bislang unveröffentlicht.

[6] Rehder, Anika: Young Leader: Chancen und Risiken bei der Integration von jungen Führungskräften in Top-Management-Teams. Eine Umfrage. 2017. Bislang unveröffentlicht.

[7] Ebd.

Wir denken, dass der integrative Ansatz noch aus einem weiteren Grund empfehlenswert ist. Wir erinnern uns: In Kapitel 2 wurde anhand der Studie dargelegt, dass die Generation Y mit ihren Ideen in den Unternehmen auf der Stelle tritt. Wenn das so weitergeht und die jüngere Generation sich mühsam durch die Hierarchien kämpfen muss, sieht es für die mittelständischen Unternehmen düster aus. Dafür ist das Tempo der digitalen Veränderung zu hoch. Für viele Unternehmen könnte es bald schon zu spät sein, um noch rechtzeitig den Anschluss an die digitalen Märkte zu schaffen. Wir sind daher überzeugt, dass es für die Wettbewerbsfähigkeit der Unternehmen besser ist, die Chance, die der integrative Ansatz bietet, zu ergreifen. Große Veränderungen brauchen besondere Maßnahmen. Der integrative Ansatz ist einer von ihnen.

Damit keine Missverständnisse bei der organisatorischen Umsetzung aufkommen: Die Digital Natives sind keine Praktikanten oder Assistenten! Sie dürfen und müssen wirklich mitentscheiden, sonst findet keine Transformation statt. Selbstverständlich müssen die Young Leader, wenn sie in die Entscheidungen einbezogen werden, mitreden und mitentscheiden wollen, auch die Verantwortung mittragen. Mit Ein-bisschen-Mitreden, ohne für die Auswirkungen der eigenen Entscheidungen geradestehen zu müssen, ist es nicht getan. Da oben mitzutanzen, bedeutet, nicht nur die Freuden, sondern auch die Bürden mitzutragen. Der integrative Ansatz sieht daher wie folgt aus:[8]

8 Rehder, Anika: Y-Leader. Ein Konzept. 2017. Bislang unveröffentlicht.

In fünf Schritten zum digitalen Unternehmen

Der Young Leader …

- … ist ein ständiger Bestandteil des Führungsgremiums.

- … ist systemisch in einem der obersten Entscheidungsgremien der Organisation verankert, mit möglichst vollumfänglichen Stimmrechten (Rechte und Pflichten). Personalverantwortung ist optional (abhängig von den Vorkenntnissen). Als Beispiel: Bei der Rechtsform AG wird die Vorstands- oder Aufsichtsratsebene als Zielhöhe anvisiert.

- … ist in die Themen Strategie und Governance involviert.

- … wird für seine Young-Leader-Phase angemessen vergütet.

- … ist *kein* Praktikant oder Vorstandsassistent! Dieses Konzept sollte des Weiteren nicht auf ein verlängertes Traineeship oder eine bloße Beratungsfunktion reduziert werden. Eigene Projekte können und sollen vom Young Leader etabliert und bearbeitet werden.

Die **Integration des Young Leaders** auf der Führungsebene ist aus folgenden Gründen notwendig:

- Andere Ansichten und Out-of-the-box-Denken sind in diesen Zeiten eine Überlebensfrage. Die Wettbewerbsfähigkeit kann erhalten bzw. gesteigert werden.

- Angesichts des hohen Tempos der digitalen Umwälzungen ist der normale Integrationsprozess über viele Jahrzehnte zu langsam für die Unternehmen und daher existenzgefährdend.

- Durch den integrativen Ansatz können etablierte, institutionalisierte Strukturen durchbrochen werden, Strukturen, die oft durch persönliche (Karriere-)Interessen gekennzeichnet sind und in diesen Zeiten die Wettbewerbsfähigkeit des Unternehmens einschränken können. Das Gleiche gilt für die Erfahrung der Älteren im Unternehmen, eine Erfahrung, die nicht an die Digitalisierung gekoppelt ist. Ist sie die alleinige Entscheidungsbasis im Unternehmen, kann dies in Umbruchzeiten wie diesen für die weitere Entwicklung des Unternehmens sogar von Nachteil sein. Wer die Jungen bei den Entscheidungen einbezieht, beugt Fehlentscheidungen im Unternehmen vor.

Organisatorisch ist dieser integrative Ansatz in jeglicher Rechtsform grundsätzlich denkbar: GmbH, AG, öffentliche Einrichtungen wie Ministerien, Stiftungen etc.

Im Rahmen der Studie gab ein Unternehmer folgende Einschätzung zu den Chancen dieses Ansatzes:

»Wenn die Young Leader oben mitmischen, könnte das folgende Vorteile haben: Aus betriebswirtschaftlicher Sicht könnten innovative Ideen für Produkte, Märkte und Arbeitsprozesse daraus gewonnen werden. Im Personalbereich könnten die Stellenangebote viel passgenauer auf die jungen ›High Performer‹ zugeschnitten werden. Im Bereich Marketing könnten neue Ideen zur Nutzung von ›State of the Art‹-Technologien einfließen, wie Social Media oder Virtual Reality. Schließlich ist anzunehmen, dass junge Führungskräfte einen Mehrwert in der Strategieentwicklung bringen. Junge Generationen betrachten die Welt vernetzter und zugleich ist die Sicht auf das Unternehmen komplexer. Das Unternehmen als Profitmaximierer zu begreifen, hat ausgedient. So wächst eine neue Führungselite heran, die eine Vision für die Zukunft teilt, in der Unternehmen als gesellschaftliche Akteure verstanden werden, welche die Interessen der Stakeholder, und nicht nur ihrer Shareholder, in ihrem Umfeld maximieren müssen. Wenn sie es nicht tun, ist in Zukunft die wirtschaftliche Grundlage für das eigene Geschäft gefährdet. Für eine Vision für das 21. Jahrhundert sind die Perspektiven der Young Leader Gold wert.«[9]

Schritt 3: Datengetriebene Entscheidungen – der Kunde ist der Chef im Ring

Wenn diese beiden Schritte – Einüben der reziproken Koordination und der integrative Ansatz – organisatorisch umgesetzt wurden, geht die digitale Transformation in die nächste Phase über: In **Schritt 3** lernen die älteren Unternehmer von den Young Leadern, wie diese ihre Entscheidungen treffen. Das Stichwort dazu lautet: Customer Centricity.[10] Klar, die Idee, den Kunden in den Mittelpunkt zu stellen, ist nicht wirklich neu. Sie erinnert an den uralten Spruch: »Der Kunde ist König.« Also alles kalter Kaffee? Schnee von gestern? Nein, denn erstens haben nur wenige Dienstleistungsunter-

---

[9] Rehder, Anika: Young Leader: Chancen und Risiken bei der Integration von jungen Führungskräften in Top-Management-Teams. Eine Umfrage. 2017. Bislang unveröffentlicht.
[10] Gesehen am 21.03.2018: https://de.ryte.com/wiki/Customer_Centricity

nehmen in der Servicewüste Deutschland den Kunden wirklich als König behandelt und zweitens beruhen die Angebote, die dem Kunden analog gemacht wurden, meistens auf Mutmaßungen. Die analoge Marktforschung hatte einst ihre Sternstunden, auch wenn inzwischen bekannt ist, dass viele Ergebnisse gepfuscht waren. Die Umfragen von Haustür zu Haustür waren einfach zu mühsam in der Durchführung. Deswegen wurde später bei den Ergebnissen oft »ein bisschen nachgeholfen«.[11] Geahnt haben das viele. Das ist dank des Internets jetzt anders. Die Daten sind nicht gefakt, sondern recht genau, sie stammen von den Cookies und Algorithmen im Netz. Sie melden unmissverständlich, was Sache bei den Kunden ist. Nichts Geträumtes, eine gute Intuition oder wirre Vorstellungen von dem, was der Kunde angeblich will, sind jetzt Grundlage der Entscheidungen, sondern nackte Zahlen. Big Data lässt grüßen. Die Big Player der Internetszene – Uber, Airbnb, Amazon, Apple, Facebook und andere – vertrauen diesen Zahlen. Angefangen bei der Produktentwicklung bis hin zu den Marketing- und Werbekonzepten geht ohne Daten nichts mehr. Zum ersten Mal in der Geschichte steht der Kunde wirklich im Mittelpunkt. Was er will, geschieht. Er ist der neue Chef. Ohne Wenn und Aber.

Genau so arbeiten Young Leader. Hierarchien sind bei dieser Art, Entscheidungen zu treffen, gänzlich überflüssig. Sie stören sogar dabei, dem Kunden so nahe wie möglich zu kommen. Das muss an der Spitze des Unternehmens ankommen. Genau deswegen ist es so wichtig, Young Leader auf die oberste Führungsebene zu hieven. Dort muss verstanden werden, was im Unternehmen alles zu ändern ist, damit es auch in Zukunft rundläuft. Bleiben die Digital Natives auf der mittleren Führungsebene stecken, dringen diese Informationen nicht bis ganz nach oben und fließen nicht rechtzeitig in die wirklich zentralen Unternehmensentscheidungen mit ein. Das aber ist zwingend erforderlich, zumindest dann, wenn Sie möchten, dass es Ihr Unternehmen auch in fünf Jahren noch gibt.

11 Gesehen am 21.03.2018: http://www.spiegel.de/wirtschaft/service/pfusch-in-der-marktforschung-wie-martin-thoering-sich-umfragen-ausdachte-a-1190741.html

Schritt 4: Die Erschaffung einer digitalen Parallelwelt

Mit **Schritt 4** kreieren Sie eine digitale Parallelwelt.[12] Diese digitale Welt ist zu Beginn des Prozesses ein geschützter Raum, in dem ausgesuchte Projekte, die schnelle Erfolge versprechen, in Angriff genommen werden. Die raschen Erfolge sind wichtig, da die positiven Ergebnisse auf das ganze Unternehmen ausstrahlen sollen. Stellen sich die Erfolge nicht schnell genug ein, droht die Gefahr, dass ein solches Unterfangen schnell als Fremdkörper im unternehmensinternen Getriebe empfunden und abgekoppelt wird. Die Transformation wäre zu Ende, bevor sie begonnen hätte.

Trotz dieses Erfolgsdrucks soll die digitale Parallelwelt ein Raum sein, in dem Scheitern erlaubt ist. Wie bei Google & Co. ist das Scheitern sogar gewollt, damit die Lernprozesse in großen Schritten vorangehen. Wie passen schnelle Erfolge und Scheitern zusammen? An dieser Stelle verweisen wir auf eine der wichtigsten Maximen des Silicon Valley:

Scheitere oft und schnell, dann stellt sich der Erfolg umso rascher ein.

Denn Ziel dieser digitalen Parallelwelt ist es, inspirierende, überzeugende, innovative Ergebnisse hervorzubringen, um sodann das Unternehmen mit diesen Ideen und ihrem Spirit zu infiltrieren. Ohne Scheitern funktioniert das nicht.

Während die digitale Parallelwelt ihre Arbeit aufnimmt, läuft die analoge Welt zunächst wie gewohnt weiter. Prozesse, Technik, Kunden – alles bleibt wie gehabt.

---

12 Diese Vorgehensweise ist angelehnt an die Ideen von zwei Personen: Jens Hansen, der von einer analogen Parallelwelt spricht, dies aber auf ein Sicherheitsnetz für eine volldigitalisierte Gesellschaft bezieht. Siehe dazu Hansen, Jens: Zukunft Digitalisierung. Jens Hansen Consulting GmbH 2017. Des Weiteren lehnen wir uns an die Idee des zweiten Betriebssystems von Harvard-Professor John Kotter an, siehe dazu: Kotter, John P.: Die Kraft der zwei Systeme, Harvard Business Manager, 12/2012.

In der digitalen Parallelwelt hingegen gelten bereits die Gesetze der neuen Unternehmenskultur: Vertrauen, Fehlertoleranz, Wertschätzung gegenüber den Mitmenschen, Respekt vor der Freiheit der anderen und das aktive Einbinden der Mitarbeiter in Strategien und Lösungen. Zwar wird zunächst nur *ein* Bereich und nicht gleich *alles* in dieser Weise organisiert, doch dieser einzelne Bereich ist ganzheitlich nach den soeben vorgestellten Prinzipien strukturiert, denn sonst erschließen sich die Chancen des neuen digitalen Lebens nicht.

Wer ganzheitlich verfährt, ermöglicht es, dass die Mitarbeiter, die Lust darauf haben, sich in die neue digitale Parallelwelt einzubringen, positive Erfahrungen machen können. Diese Erfolgserlebnisse sind wichtig, damit die Motivation steigt. Nur ein bisschen Vertrauenskultur, ohne Fehlerkultur einzuführen, hieße, das Projekt zum Scheitern zu verurteilen. Das eine funktioniert nur zusammen mit dem anderen. Es lebt erst als Ganzes. Wer nur ein bisschen hier und da herumdoktert, erzeugt ungewollt negative Erfahrungen, weil die Brille, mit der auf das Geschehen geschaut wird, bei den Mitarbeitern noch immer analog ist. Das aber wäre Gift für die Transformation. Denn eins ist sicher: Der Weg zum digitalen Unternehmen muss über viele kleine Erfolgsetappen führen, sonst kann Transformation nicht gelingen.

Wenn Sie den Startschuss für die digitale Parallelwelt geben, empfiehlt es sich, diejenigen im Unternehmen zu versammeln, die neugierig und motiviert sind, in dieser digitalen Parallelwelt zu leben, oder die sich zumindest ausprobieren möchten. Als Transformator in diese Parallelwelt dient das »Cross-Mentoring«. Dahinter verbirgt sich die Idee, Mitarbeitern, die die digitale Kompetenz noch nicht haben, einen Digital Native zur Seite zu stellen, genau wie auf der Vorstands- oder Geschäftsführungsebene auch. Das Mentoring geht dabei vom Digital Native aus, denn nicht das Alter, sondern die digitale Kompetenz ist entscheidend.

Dabei ist die Zusammenarbeit nicht als ein eindimensionaler Transfer, sondern im fortgeschrittenen Stadium als *Austausch* angelegt. Auch die Lernenden geben ihrem Mentor Feedback. Melden zurück, was sie gut finden, selektieren, was besser analog verbleibt, entwickeln gemeinsam Ideen, wie der Kundenservice neu organisiert werden kann, und so weiter. Das Ganze ist keine Top-down-Veranstaltung. Je heterogener die Truppe ist, umso besser. Denn wir wissen bereits: Das Digitale braucht viele unterschiedliche Perspektiven. Wenn diese vielfältigen Meinungen im digitalen Orbit versammelt sind, klappt auch die Adaption an die analoge Welt. Wenn ein Unternehmen bereits am Markt etabliert ist, hat es auch der digitalen Welt einiges zu bieten: eine Marke mit Strahlkraft, einen vom Produkt überzeugten Kundenstamm, spezifisches Know-how rund um das Produkt sowie bereits erschlossene Marktzugänge. Wenn nun noch das Digitale hinzukommt, wird die Marke auch in Zukunft unschlagbar sein! Es lohnt also, den Prozess zu beginnen! Herrscht in diesen Transformationsgruppen Vertrauen und Wertschätzung, werden sich die Erfolge einstellen, weil dann der Austausch zwischen analoger und digitaler Welt zu einem spezifischen Unternehmenswissen zusammenwächst.

Ist die erste Gruppe in der soeben vorgestellten Weise unterwegs, funktionieren die analogen Strukturen dennoch weiter – parallel zu der wachsenden digitalen Welt im Unternehmen. Wer so vorgeht, schützt sein Unternehmen vor dem digitalen Crash, der droht, sobald die Mitarbeiter überfordert sind. Die analoge Welt bleibt noch eine ganze Weile Rückzugsort. Während die digitale Welt im Unternehmen an Gewicht gewinnt, wird die analoge schrittweise zurückgebaut. Möglicherweise belassen Sie bestimmte Bereiche sogar ganz bewusst im Analogen – vielleicht als letztes Sicherheitsnetz, das immer dann auffängt, wenn die digitale Welt von Zeit zu Zeit kollabiert, gehackt wird oder weil in bestimmten Bereichen auch in Zukunft *face to face* agiert werden muss.

Sinnvoll ist es, wenn sich die gemischten Teams in regelmäßigen Abständen freiwillig einem 360-Grad-Feedback mit Externen unterziehen. Denn die digital Affinen wissen längst, dass der Blick von außen hilft, zu erkennen, ob das Cross-Mentoring in die richtige Richtung läuft. Wenn diese Feedback-Veranstaltungen organisiert werden, sollte sich die Führungsebene erneut stark einbringen, um zu signalisieren, dass sie den Transformationsprozess unterstützt und diesen wirklich will. Wichtig dabei ist, dass die reziproke Koordination und die damit verbundene hierarchielose Kommunikation von jedem Teilnehmer verinnerlicht wird und nicht plötzlich alle verstummen, weil der Chef sich dazugesellt.

Schritt 5: Wachsende Digitalisierung dank Cross-Mentoring

In **Schritt 5** werden immer mehr Menschen und Bereiche in die digitale Transformation einbezogen. Es gibt zwei Methoden, dies zu tun: Entweder Sie bieten den Mitarbeitern die digitale Parallelwelt nur in einem ausgesuchten Bereich und wechseln das Personal in dieser Parallelwelt, sodass jeder seine Erfahrungen sammeln kann. Oder Sie lassen immer mehr solcher Planeten in Ihrem Unternehmen entstehen, wobei auf jedem von ihnen ein eigenes digitales Projekt verfolgt wird.

> **Der Transformationsprozess wird aber nur dann von Erfolg gekrönt sein, wenn zuvor die Fortschritte sichtbar wurden, die Begeisterung bei den Mitarbeitern für die digitale Transformation gewachsen ist und sich auf die, die noch zögern, überträgt.**

Dabei wirken Erfolge ungemein belebend. Deswegen betonen alle, die solche Transformationsprozesse bereits hinter sich haben, wie wichtig es ist, auch die kleinen Erfolge gebührend zu feiern. Damit wird deutlich, dass es vorangeht und funktioniert. Schließlich werden immer mehr Menschen in den Prozess eingebunden. Am Ende steht das digital agierende Unternehmen.

> **Die 5 Schritte zum digitalen Unternehmen**
>
> Schritt 1: Üben Sie die reziproke Koordination!
>
> Schritt 2: Holen Sie Young Leader in die Chefetage!
>
> Schritt 3: Treffen Sie datengetriebene Entscheidungen!
>
> Schritt 4: Schaffen Sie einen geschützten digitalen Raum und halten Sie dabei die analogen Strukturen konstant!
>
> Schritt 5: Weiten Sie den digitalen Prozess mithilfe des Cross-Mentoring Schritt für Schritt aus!

Übungen zum Wertekompass

Damit auch die Ausführungen zum Wertekompass nicht graue Theorie bleiben, finden Sie im Folgenden ausgesuchte Übungen zu den Prinzipien, die elementar sind für die neue digitale Unternehmenskultur: Fehlerkultur, Freiheitskultur, Wertschätzungskultur, Vertrauenskultur und Mitmachkultur.

Fehlerkultur

Machen Sie es wie Wooga. Das Berliner Unternehmen stellt Spiele fürs Internet her. Jeden Morgen kommt das Team im Auditorium zusammen, nicht etwa um den Tagesablauf zu besprechen oder neue Spiele zu entwickeln, sondern um aktuelle Projekte zu besprechen und dann auch noch kleine Gedenkfeiern für gescheiterte Projekte abzuhalten. Bei den gescheiterten Projekten erzählt ein Mitarbeiter oder eine Mitarbeiterin möglichst witzig, mit welchem Projekt er oder sie sich in letzter Zeit so richtig auf die Nase gelegt hat. Ohne das gibt es keinen Eintrag in die *Wall of Fame*, die Wand des Ruhms. Sie haben richtig gelesen, *des Ruhms*. Eine Wand, die dem *Walk of Fame* in Hollywood, auf dem nur die ganz Großen des Showbiz sich mit einem Stern verewigen dürfen, nachempfunden worden ist. Bei Wooga gilt:

Auf der *Wall of Fame* werden alle Projekte, die zum Erfolg geführt wurden, gewürdigt, aber auch die, die scheiterten. Weil das Scheitern für die Menschen genauso wichtig ist wie das Gewinnen.

Deswegen wird bei Wooga dem Scheitern gedacht, regelmäßig und mit Respekt. Wooga-Mitarbeitern wird Hochachtung gelehrt vor denen, die sich getraut haben, ungewöhnliche Wege zu gehen, und die durch ihr Scheitern andere davor bewahren, die gleichen Fehler zu begehen. Ihr Scheitern hilft Wooga dabei, ganz neue Geschäftsideen und Lösungen zu entwickeln, und zwar solche, die funktionieren. Deshalb auch die Verewigung auf der Wall of Fame. Ehre, wem Ehre gebührt.

Sie finden diese Wall of Fame befremdlich? Oder seltsam? Wir nicht. Wir finden das gut. Ausgezeichnet sogar, weil die andere Seite des Erfolgs schon immer das Scheitern war. Jeder Sieger steht auf einem Berg von Frust, Enttäuschung und Niederlagen. Nur hat man bisher nicht über das Scheitern gesprochen, schon gar nicht in der Öffentlichkeit. Das aber braucht es, wenn Sie als Unternehmer vorankommen wollen, wenn Sie auch morgen noch neue Märkte erobern möchten, wenn Sie in den nächsten Jahren kräftig mitmischen wollen. Richten Sie in Ihrem Unternehmen auch eine Wall of Fame für gescheiterte Projekte ein. Gehen Sie mit gutem Beispiel voran, damit sich auch die anderen trauen. Erzählen Sie Ihren Mitarbeitern, wann und wie Sie gescheitert sind. Zeigen Sie Ihrem Team, dass gescheiterte Projekte nur dann ein Grund zum Schämen sind, wenn das Team nichts daraus lernt. Nur so können Sie im Unternehmen eine Kultur etablieren, die es möglich macht, die Fehler zu benennen, anstatt sie zu vertuschen. Eine Kultur, die effizient mit Fehlern umgeht, weil sie diese dokumentiert und jeder, auch ein Neuzugang, daraus lernen kann. So wird die Fehlerquote reduziert.

Manch einer macht aus seinem Scheitern sogar eine Geschäftsidee. So wie Max Levchin. Gegen gutes Geld verkauft er Failure-Reports, also Fehlerberichte, die sein eigenes und das Scheitern anderer präzise dokumentieren. Diese Berichte des Versagens verkaufen sich auf hippen Fehlerkonferenzen, zum Beispiel der *FailCon* im Silicon Valley, wie warme Semmeln.[13] Kein Wunder also, dass Google X, die Forschungsabteilung von Google, das Scheitern fast schon zu etwas Heiligem erklärt, wohl wissend, dass ohne die vielen gescheiterten Projekte der ganz große Wurf nicht möglich ist.[14]

Es gibt also genügend Gründe, endlich eine andere Haltung zu Fehlern einzunehmen. Das Scheitern darf nicht verdrängt werden, sondern sollte als das betrachtet werden, was es tatsächlich ist: *ein wichtiger Bestandteil des Erfolgs.* Darüber müssen Sie in Ihrem Unternehmen sprechen, und zwar öffentlich. In Abwandlung eines alten Sprichwortes heißt es dann in Zukunft: Wer den Misserfolg nicht ehrt, ist des Erfolges nicht wert. Wie Sie solche »Nächte des Scheiterns« in Ihrem Unternehmen organisieren können, erfahren Sie auf Seite 275.

---

[13] Gesehen am 14.03.2018: https://www.wired.com/2009/10/failcon-succeeds/

[14] Gesehen am 14.03.2018: http://www.sueddeutsche.de/wirtschaft/silicon-valley-schoener-scheitern-1.3692723

(Copyright: Fuckup Nights)

Pepe Villatoro hat sechs Unternehmen gegründet oder mitbegründet. Drei davon sind große Misserfolge und drei sind erfolgreich. Er ist Mitbegründer und CEO von Fuckup Nights, einer Veranstaltungsreihe, in der Geschichten über unternehmerisches Scheitern, sogenannte »Fuckups«, erzählt werden und die zu einer globalen Bewegung geworden ist. Mittlerweile ist das Unternehmen mit Workshops, Vorträgen und Fuckup Nights in 78 Ländern vertreten. Pepe war verantwortlich für die Gründung und Leitung von WeWork in Mexiko, das wie kaum ein zweites Unternehmen im neuen Markt rasant wuchs, bis es scheiterte. Er war Gründungspräsident der Mexican Entrepreneurs Association und berät diverse Fortune-500-Unternehmen. Pepe liebt sinnvolle Gespräche, gutes Essen und Reisen.

PEPE VILLATORO:

»Sprich über dein Scheitern«

Florian: Pepe, wie kam es zu den Fuckup Nights?

Pepe: Aus Frust. Wir hatten total die Nase voll von diesen Folge-deiner-Leidenschaft-Geschichten oder diesen völlig abgefuckten Über-Nacht-Erfolg-Storys. Total verlogen.

Florian: Warum verlogen? Diese Erfolgsstorys gibt es doch!

Pepe: Klar gibt es die, aber erstens sind die wahren Geschichten nie so, wie sie auf den Podien erzählt werden, und zweitens blenden sie den viel interessanteren Teil völlig aus: das tausendfache Scheitern, bis die Punktlandung erfolgt. So geht Erfolg in Wahrheit. Das haben wir erst in jener magischen Nacht verstanden.

Florian: Wer ist »wir« und warum hattet ihr eine magische Nacht?

Pepe: Es war die Nacht der Wahrheit.

Florian: Hm?

Pepe: In dieser Nacht haben wir schonungslos über unser Scheitern als Unternehmer gesprochen. Da hockten fünf Freunde zusammen: Leticia Gasca, Julio Salazar, Carlos Zimbrón, Luis López De Nava und ich. Wir redeten über das, was wir als Unternehmer und Gründer so alles falsch gemacht haben. Julio zum Beispiel hatte mit einem Freund ein Immobilienunternehmen gegründet. Auch wenn er es im Nachhinein selber nicht mehr als Unternehmen bezeichnen würde. Ihr Plan war es, in Los Cabos, einem High-End-Resort, ein Geschäft zu eröffnen, um schicke Häuser zu verkaufen. Nach fast einem Jahr, in dem viele Geschäfte scheiterten, Kunden, die die Häuser zum Verkauf anboten, sie übers Ohr zu hauen versuchten und eigentlich alles schieflief, was man sich so vorstellen kann, erkannten sie frühzeitig, dass sie eigentlich gar nicht für dieses Business gemacht waren. Das Ende vom Lied war: Sie beendeten ihre Aktivitäten im Immobilienbereich und ihre Wege trennten sich.

Carlos wiederum erzählte von seiner Fußballkarriere, die leider viel zu früh endete. Wer hätte nicht gerne einen Fußballprofi in seinem Freundeskreis? Carlos war echt ein vielversprechender Fußballspieler, als er auf der High School war, und hat in der Jugend für die großen Klubs in Mexiko gespielt. Als er auf dem Sprung in die erste Mannschaft war, erkannte er sehr klar, dass Fußball in Mexiko voller Mafia und Korruption ist. Als ihm klar wurde, dass er keine Chance hätte, wenn er nicht irgendwelche krummen Deals mit den Präsidenten und Managern der Klubs machen oder sich einen dieser windigen Spielervermittler suchen würde, die wie moderne Sklavenhändler sind, war ihm das Risiko zu hoch. Sich so zu verhalten, entsprach nicht seinen Werten. So entschied er sich schweren Herzens, die Karriere gegen das College einzutauschen.

Florian: Coole Geschichten. Aber die Nacht war noch lang …

Pepe: Ja, die Nacht war noch lang. Luis erzählte dann, wie er seinen größten Auftrag als Architekt verlor. Es war wirklich so eine Geschichte, die man sonst nur aus dem Fernsehen kennt. Wir haben Tränen gelacht, auch wenn es eigentlich nicht zum Lachen war. Er hatte seinen größten Fisch an der Angel, ein Auftrag, der ihn wirklich auf ein ganz anderes Level gehoben hätte. Also bereitete er sich auf den entscheidenden Termin vor, Toppräsentation, jedes Wort saß, pünktlich in Richtung Vorort losgefahren, in Mexico City nicht zu unterschätzen … Alles lief wie geplant. Als er an dem Treffpunkt ankam, war noch niemand da. Er wartete und wartete. Plötzlich klingelte sein Handy, der Kunde war dran und fragte, wo er denn bleiben würde. Es stellte sich heraus, dass er zur falschen Adresse gefahren war. Straße und Hausnummer stimmten, es gab auch ein Restaurant dort, nur halt in Mexico City und nicht im Vorort der Stadt. Leider verlor er durch diesen Fehler das Mandat und auch das Geld, dass er schon in das Projekt investiert hatte.

Florian: Und du? Was hast du zu der Nacht beigesteuert?

Pepe: Ich erzählte von meiner Zeit in Spanien und wie ich in Mexiko die Mafia kennenlernte. Die Story geht so: Mit 23 lebte ich in Madrid und hatte einen gut bezahlten Job bei einem Beratungsunternehmen. Ich arbeite 60 Stunden die Woche, als ich beschloss, aufzuhören, weil ich dachte: Das kann nicht alles sein, was die Arbeitswelt zu bieten hat. Mein Plan war, nach Mexico City zu ziehen, um meine Geschäftsidee zu starten, die bis dato nur in meinem Kopf existierte: eine Content-Crowdsourcing-Plattform, bei der die Leute die besten Artikel auswählen können. Ich wollte eine demokratische Stimme schaffen, die sich auf die Meinungsfreiheit konzentriert. Die Artikel, die am besten bewertet wurden, wurden in ein Printmagazin aufgenommen. Das Magazin erstellten Menschen mit Behinderungen. Sie druckten und verkauften das Magazin, um ein Einkommen zu erwirtschaften. Also, ein Social Business.

Was als One-Man-Show gestartet war, entwickelte sich innerhalb weniger Jahre zu einem Unternehmen mit fast tausend Mitarbeitern. Die

Website war eine der bestbesuchten in den spanischsprachigen Ländern. Ein Traum wurde wahr! Damit wuchs auch die Auflagenzahl des Printmagazins und natürlich auch die Kosten. Also schalteten wir mehr und mehr Werbung und versuchten, die Verkaufszahlen auf der Straße zu erhöhen. Leider hatte ich die, sagen wir mal, »kulturellen Gegebenheiten« auf der Straße etwas unterschätzt. Ich gebe zu, ich hatte die Mafia nicht auf dem Schirm. Als wir anfingen, Werbeplätze zu verkaufen und offensiver auf dem Markt aufzutreten, wurden meine Verkäufer auf der Straße von der Mafia immer wieder erpresst. Sie verlangte Schutzgeld. Dazu muss man wissen: Der ganze informelle Handel auf den Straßen wird in Mexico City von der Mafia kontrolliert. Der Druck wurde so groß, dass wir die Printausgabe einstellen mussten. Damit brachen auch unsere Einnahmen weg, ich musste die Leute entlassen. Die Website überlebte noch ein weiteres Jahr, weil viele tolle Menschen freiwillig arbeiteten, um das Projekt am Leben zu halten. Aber nach einem Jahr waren sie dann auch verschwunden! Leider! Du siehst: Wir hatten in dieser Nacht genügend Stoff, um gemeinsam zu weinen und zu lachen.

Florian: Mutig.

Pepe: Ja, und total befreiend. Wir haben Mezcal, diesen mexikanischen Schnaps, getrunken. Das hat irgendwie geholfen. Und plötzlich fing einer an, von seinem gescheiterten Projekt zu erzählen. Ich glaube, es war Luis. Wir waren mucksmäuschenstill. Kein Grinsen auf dem Gesicht, keine Häme, wir haben einfach nur zugehört. Plötzlich war eine magische Atmosphäre im Raum. Eine Ehrlichkeit und ein Verstehen, wie ich es mit meinen Freunden noch nie erlebt hatte. Dabei kannten wir uns damals schon eine ganze Weile! Das war eine extrem gute Erfahrung für uns alle! Plötzlich hatten wir eine ganz andere, tiefere Verbindung zueinander. Wir haben gemerkt: Dieses ehrliche Sprechen hat uns verdammt gutgetan!

Florian: Deswegen blieb es nicht bei dem einen Mal …

Pepe: Richtig. Wir haben weitergemacht, uns ausgetauscht. Die Sache war zunächst sehr persönlich. So persönlich, dass wir in unseren Social-Media-Accounts nichts davon erzählt haben. Das war richtig Underground *(lacht)*. Wir hätten damals nie gedacht, dass daraus ein Business erwachsen könnte!

Florian: Was habt ihr aus diesen Nächten mitgenommen?

Pepe: Wir haben gelernt, dass du klare Prinzipien und Werte brauchst. Dann hast du einen Kompass, um Entscheidungen treffen zu können. Privat wie beruflich. Diese Werte ermöglichen es dir auch, Gelegenheiten zu ergreifen, wenn sie vor dir auftauchen, selbst wenn sie am Anfang nicht wie eine

Gelegenheit aussehen und du für andere nur eine verrückte Person bist, die einer Idee hinterherjagt. Wenn du Werte hast, weißt du, was zu tun ist – auch gegen Widerstände. Gerade in Notlagen ist es enorm wichtig, diese Werte zu haben. Daher lautet ein wichtiger Grundsatz: Viele Dinge im Leben laufen nicht wie geplant, also plane lieber nicht zu viel! Wichtiger als planen ist, sich Klarheit darüber zu verschaffen, mit welchen Werten du durch das Leben navigieren willst. Wenn du die gefunden hast, ist es leicht, sich selbst treu zu bleiben und sich nicht in die falsche Richtung lenken zu lassen.

Florian: Irgendwann habt ihr aber doch anderen von euren Nächten erzählt …

Pepe: Ja, wir haben so viel für unser berufliches Leben aus diesen Geschichten gezogen, dass wir anfingen, es auch anderen zu erzählen. Der Kreis wurde größer. Das lief über Mundpropaganda. Wir haben nicht viel investiert, ein paar Kisten Bier. Denen, die mitmachten, passierte das Gleiche, was auch uns in jener magischen Nacht passiert war: Sie lernten aus den eigenen Fehlern und den Fehlern anderer. Sie konnten es einfach ab sofort besser machen! Sie merkten: Zum Erfolg gehört das Scheitern dazu! Die Lektion ist wunderbar und sehr, sehr heilsam. Das Ganze bekam einen derartigen Drive, dass wir das Unternehmen Fuckup Nights gegründet haben. Jetzt geht dieser Spirit rund um den Globus. Wow! Hätten wir nie vermutet, dass das Ding so groß werden würde, wenn man bedenkt, wie wir angefangen haben!

Florian: Ja, die Fuckup Nights werden inzwischen überall auf der Welt veranstaltet. Aber früher sind die Leute auch gescheitert. Neu ist das nicht!

Pepe: Neu ist, dass darüber öffentlich gesprochen wird! Während einer Veranstaltung kommt es mir immer so vor, als ob den Zuhörern eine riesige Last von den Schultern fällt. Jetzt ist Raum für Neues da. Sie sind wahnsinnig inspiriert nach den Nächten. Ich kann das gut verstehen. Genauso haben wir uns damals auch gefühlt. Neu ist auch, dass nicht jeder erst selbst die Fehler machen muss. Man kann dadurch ungeheuer viel Zeit sparen! Die Kunden bekommen so viel schneller bessere Produkte und Dienstleistungen! Und das Wichtigste: Wir gehen alle zufriedener durchs Leben!

Florian: Wie können Führungskräfte das Format Fuckup Nights ins eigene Unternehmen integrieren?

Pepe: Nachdem wir mit vielen Unternehmern auf der ganzen Welt zusammengearbeitet haben, haben wir Folgendes gelernt: Die Unternehmer und Unternehmerinnen müssen Vorbild sein, sozusagen »Role Model«. Sie müssen anfangen, über ihr Scheitern zu sprechen. Anders geht es nicht. Das bedeutet, verwundbar zu sein und den Mitarbeitern zu zeigen, dass sie Menschen mit Fehlern sind.

Gleichzeitig demonstrieren sie, dass sie sich in das eine oder andere Scheitern ihres Teams hineinversetzen können. Wenn die Mitarbeiter sich öffnen und erzählen, hat die Führungsebene die Chance, die Ursachen für das, was schiefgelaufen ist, wirklich zu begreifen. Das aber kann nur in einem angstfreien Raum geschehen. Wenn die Mitarbeiter verstehen, dass sie ihre Fehler nicht mehr unter den Teppich kehren müssen, können sie aus ihren Fehlern lernen. Und nicht nur sie: auch die Kollegen. Und die Führungsebene.

Florian: Hört sich gut an.

Pepe: Eins aber sollte man wissen: Wenn man diese neue Unternehmenskultur anstoßen will, bedeutet das, dass man von dem traditionellen Konzept des unbesiegbaren Anführers, der immer weiß, was zu tun ist, Abstand nehmen und zu einer integrativen Führung übergehen muss. Eine solche Führungskraft hört sich die Ideen der Mitarbeiter genauso an wie deren Fuckup-Storys. Eine moderne Führungspersönlichkeit fördert Lernprozesse, anstatt Misserfolge zu tabuisieren. Allerdings sollte man diesen radikalen Wandel in der Unternehmenskultur langsam angehen. Die Mitarbeiter dürfen nicht überfordert werden. Ganz wichtig dabei ist es, als Führungskraft den ersten Schritt zu machen. Sonst ändert sich nichts.

Florian: Das ist harter Tobak für viele Unternehmer.

Pepe: Ich weiß, aber wir glauben fest an den positiven Einfluss von ehrlichen Gesprächen. Gesprächen mit Bedeutung – so wie in unserer magischen Nacht. Das gilt besonders für eine Gesellschaft, die immer mehr polarisiert und ungleicher wird. Eine Gesellschaft, die voll von Filtern und Standardisierungen ist. Das Internet hat diese Entwicklung sogar noch verstärkt. In einer solchen Situation erweist sich Misserfolg als ein großartiges Werkzeug, um wieder tiefere Verbindungen zu anderen Menschen aufnehmen zu können und Raum zu geben für neue Einsichten. Das ist möglich, weil die Fuckup Nights die Paradigmen traditioneller Hierarchie und Bürokratie durchbrechen. So werden die Meetings persönlicher, unterhaltsamer, entspannter und unkomplizierter. Mit den Fuckup Nights lässt sich eine ganz besondere Atmosphäre schaffen, die das Ego im Zaum hält und den Blick für den anderen öffnet. Die Fuckup Nights sind keine Nice-to-have-Veranstaltungen, sondern ein höchst wirksames Instrument, um die Unternehmenskultur grundsätzlich zu verändern. Wir merken: Da gibt es einen großen Bedarf bei den Unternehmen!

Florian: Vielleicht habt ihr grundsätzlich eine lässigere Lebenseinstellung. Wir Deutschen aber haben panische Angst vor dem Versagen. Alles muss reibungslos und perfekt funktionieren! Wie können wir unsere Denkweise ändern, um mit »Fuckups« ähnlich lässig und produktiv umzugehen?

Pepe: Versagen ist ein soziales Konstrukt und am Ende des Tages eine persönliche Definition. Was heißt scheitern? Die Antworten werden höchst unterschiedlich ausfallen, wenn man Menschen dazu befragt. Ich persönlich sage: Wir sollten unsere Erwartungen minimieren und uns darauf konzentrieren, wie wir auf schwierige Situationen reagieren. Anstatt in Kategorien von Erfolg und Misserfolg zu denken, sollten wir eine innere Elastizität aufbauen, die uns befähigt, diesen Herausforderungen zu begegnen. Eine solche Praxis der inneren Elastizität bringt uns dem, was wir Glück und Freiheit nennen, viel näher. Deshalb ist es für unsere globale Bewegung so wichtig, Räume zu schaffen, in denen Geschichten über das Versagen erzählt werden können. So können Menschen neue Perspektiven gewinnen, sie bauen eine neue psychische Widerstandsfähigkeit auf und schaffen eine bessere, tiefere Verbindung zum anderen. Das geht weit über die Kategorien von Erfolg und Misserfolg hinaus.

Florian: Und wie setzt man als mittelständischer Unternehmer ganz konkret die Fuckup Nights um?

Pepe: Es ist wichtig, dass die Führungskräfte den Weg weisen, damit sie im Unternehmen eine kritische Masse erreichen, die mitmacht. Wir haben Fuckup Nights als kontinuierliche Veranstaltungsreihe organisiert, weil wir wissen, dass du dein Verhalten nicht änderst, indem du an *einem* Ereignis teilnimmst oder *einem* Vortrag zuhörst. Wir müssen die neuen Aktionen zu einem Teil unseres Alltags machen. Wir haben uns auch entschieden, uns nicht auf die eine berühmte Rede oder den einen erfolgreichen Redner zu konzentrieren, der auf der Bühne performt, und die anderen sehen nur zu. Wir wollen Gemeinschaften aufbauen. Wir glauben, dass kulturelle Verhaltensänderungen im Unternehmen sowohl von unten nach oben als auch von außen durch eine politische Institution ins Unternehmen hinein installiert werden können. Beides ist möglich. Da jetzt schon viele Menschen bei dieser Bewegung mitmachen, ist der globale Bewusstseinswandel bereits in vollem Gang. Wir bewegen uns auf einen integrativeren und gerechteren Kapitalismus zu, der mehr Wohlstand schafft und Ungleichheiten bekämpft. Das kapitalistische System ist an einem Punkt angekommen, an dem es geändert und in die Zukunft transformiert werden muss.

Florian: Wie kann es gelingen, dass etablierte Führungspersönlichkeiten und junge Führungskräfte gemeinsam diesen neuen Führungsstil umsetzen?

Pepe: Es macht einen großen Unterschied, ob Menschen ihr Berufsleben bereits mit dem Internet begonnen haben oder ob das nicht der Fall ist. Erstere sind sowieso auf Zusammenarbeit, Dezentralisierung und Effizienz ausgerichtet, weil das Internet so konstruiert ist und sie daher dieses Verhalten draufhaben. Die anderen fokussieren sich eher auf

Hierarchien und auf die Art, wie die Dinge immer schon gemacht wurden. Für die ist es natürlich schwieriger, diesen Führungsstil zu verinnerlichen. Dennoch gilt: Es gibt nicht den *einen* Weg. Es muss viele verschiedene Arbeitskulturen geben, denn es gibt nicht den einen Ansatz, der für *alle* passt.

Eins aber wissen wir aus den vielen Erfahrungen, die wir inzwischen mit den Unternehmen gemacht haben: Die Maximierung des Shareholder-Value als oberstes Ziel ist für eine gelungene, produktive Arbeitskultur schlecht. Sehr schlecht sogar, denn dieses Ziel hat in der Vergangenheit häufig zu Fehlentscheidungen geführt, vor allem im Hinblick auf die Arbeitskultur. Mein Rat lautet daher: Wenn wir einen positiven, kreativen Spirit im Unternehmen wollen, sollten wir alle Paradigmen über Bord werfen und stattdessen einfach fragen, was gut für die Menschen ist, die in dem Unternehmen arbeiten. Wenn die sich wohlfühlen, ist das auch fürs Unternehmen gut. Und wenn Veränderungen anstehen, solltest du als Unternehmer immer mit gutem Beispiel vorangehen. Die Führungskräfte von heute müssen verstehen: Die Menschen suchen nach Vorbildern, die durch ihr *Handeln* überzeugen und nicht durch ihre Positionen in der Hierarchie.

Wichtige Hinweise für Ihre firmeninterne Fuckup Night

Identifizieren Sie Personen im Unternehmen, die eine erzählenswerte Geschichte haben, aus der andere Mitarbeiter etwas lernen können.

Zeigen Sie den Rednern, wie unterhaltsame Präsentationen funktionieren und wie man gute Geschichten erzählt (Storytelling). Wenn Sie selbst kein Experte darin sind, schauen Sie, ob es im Unternehmen jemanden gibt, der das kann, oder schicken Sie die Referenten zu einem Präsentations- oder Edutainmentworkshop. Dort lernen sie, wie man's macht.

Suchen Sie jemanden, der die Veranstaltung unterhaltsam moderiert. Dabei gehört es zur Aufgabe eines guten Moderators, die Referenten vorzustellen und den Fragen und Antworten im Anschluss an die Vorträge Raum zu geben (Q&A-Sessions).

Dokumentieren Sie die Vorträge und die darin genannten Fehler ebenso wie die anschließende Q&A-Session. Dokumentieren Sie Lösungsansätze, wie die Fehler zukünftig vermieden werden und was die Mitarbeiter daraus lernen können.

Geben Sie dem Ganzen einen entsprechenden Rahmen, beispielsweise durch ein besonderes Design der Location, Einladung, Getränke und Snacks etc.

Bewerben Sie die Veranstaltung im Intranet, in internen Newslettern und versenden Sie Einladungen an Ihre Mitarbeiter.

Merke: Pro Fuckup Night sollten maximal vier Vorträge gehalten werden. Jeder Speaker trägt seine Geschichte in exakt sieben Minuten mit zehn Präsentationsbildern vor. Anschließend gibt es eine Q&A-Session.

Warum Fuckup Nights gut für Ihr Unternehmen sind:
- Sie fördern die Akzeptanz des Scheiterns.
- Sie erzeugen eine Kultur der Inklusion und Transparenz.
- Sie beseitigen das Gefühl der Hierarchie.
- Sie erleichtern Bottom-up-Innovation.
- Sie fördern eine positive Unternehmenskultur.
- Sie können Fehler bereits im Anfangsstadium identifizieren.

Quelle: https://fuckupnights.com/private-fuckup-nights/

Freiheitskultur

Wussten Sie, dass der Schriftsteller Victor Hugo erst um 18 Uhr abends zu arbeiten begann? Nein? Dann wissen Sie bestimmt auch nicht, dass er, einer der wichtigsten französischen Autoren, täglich nicht mehr als zwei Stunden arbeitete. Wenn Sie nun der Meinung sind, dass wir es hier mit einem ausgesprochen faulen Menschen zu tun gehabt haben, müssen wir Sie enttäuschen. Hugo schrieb mehr als 56 Bücher in seinem Leben.[15] Auch Sigmund Freud nahm sich Zeit fürs Leben. Er frühstückte morgens ausgiebig, widmete sich sodann der Schönheitspflege, ging mittags spazieren und um neun Uhr abends war sein Arbeitspensum erfüllt.[16] Dennoch wissen wir: Ohne ihn gäbe es die Psychoanalyse nicht. Auch von Profisportlern, die reihenweise Medaillen mit nach Hause bringen, und Musikern, deren Hits weltweit gespielt werden, wissen wir Ähnliches. Sie arbeiten hoch konzentriert, meistens aber nicht mehr als vier, höchstens sechs Stunden.[17]

Was wollen wir damit sagen? Ganz einfach: Produktivität und Länge der Arbeitszeit hängen nicht zwingend miteinander zusammen. Anders Ericsson, Autor des Buches *Peak: How All of Us Can Achieve Extraordinary*, ist sich sicher: Mit einem Vierstundentag würden wir nicht nur den Burn-out verhindern, sondern auch alle zu kleinen Genies mutieren. Wir wären konzentrierter, frischer, hätten mehr kreative Einfälle und wären den Menschen, mit denen wir tagtäglich zu tun hätten, zugewandter. Wer ist da wohl produktiver? Der, der klassisch nine to five arbeitet, oder der, der es wie ein Hochleistungssportler hält?

15 Gesehen am 06.06.2018: https://arbeits-abc.de/perfekte-arbeitswoche/
16 Vgl. ebd.
17 Vgl. ebd.

Vielleicht denken Sie mit Unterstützung der reziproken Koordination einmal nach, was die verschiedenen Arbeitszeitmodelle für die Produktivität Ihres Unternehmens bedeuten könnten. Vielleicht nehmen Sie sich auch die Zeit, darüber zu reflektieren, ob die Anwesenheitspflicht für jeden die ganze Woche über wirklich Sinn macht; zumal durch die Digitalisierung vieles nicht mehr zwingend im Büro erledigt werden muss. Was glauben Sie, welche Auswirkungen das auf die Staumeldungen im Radio hätte? Wie stark würde sich die Schadstoffbelastung, die mehr durch den Individualverkehr als durch die Industrie erzeugt wird, reduzieren? Sie bräuchten weniger Parkplätze und weniger Büroräume für Ihre Mitarbeiter. Sie hätten auch zufriedenere Menschen im Unternehmen, die nicht vom täglichen Stau gestresst wären und so vermutlich freundlicher und zuvorkommender mit den Kunden umgehen würden als zuvor. Spielen Sie die Idee, gerne mit Unterstützung von Dritten, ruhig einmal durch. Möglicherweise können Sie so sogar viel Geld sparen und die Krankenstände in Ihrem Unternehmen deutlich reduzieren.[18]

In einer solchen »Special Session« sollten Sie auch über die Umstellung von Organisationsabläufen nachdenken. Wer muss wann anwesend sein, damit alles glatt läuft? Wie müssen die Kommunikationsabläufe organisiert sein, wenn nicht immer alle präsent sind? Beziehen Sie in diese Überlegungen Ihr Personal mit ein. Ihre Mitarbeiter werden ihre Ideen und Vorstellungen gerne beitragen. Davon sind wir überzeugt.

Eins jedoch ist sicher: Der Nine-to-five-Job macht in digitalen Zeiten immer weniger Sinn – außer dort, wo operativ gearbeitet wird. Das Gleiche gilt für die Anwesenheitspflicht, die nach wie vor in den Unternehmen eine heilige Kuh ist. Viel wichtiger jedoch ist es in digitalen Zeiten, das Augenmerk auf die Arbeits*ergebnisse* zu richten. Diese geben in der Tat Auskunft über die Produktivität eines Mitarbeiters, nicht aber unbedingt die Anzahl der Stunden im Unternehmen.

18 Gesehen am 14.03.2018: https://www.xing.com/communities/posts/home-office-abeitsplaetze-reduzieren-den-krankenstand-1002354642

Wenn Sie mit Externen und Mitarbeitern die Köpfe zusammenstecken, stellen Sie sich vor, wie der zukünftige Tagesablauf im Homeoffice für einige Ihrer Mitarbeiter in Zukunft aussehen könnte. Vielleicht so:

- eine Stunde arbeiten,
- dann frühstücken,
- die Kinder zur Schule bringen,
- auf dem Heimweg im Supermarkt vorbeischauen,
- noch mal zwei Stunden arbeiten,
- ein bisschen Sport machen,
- Mittagessen kochen,
- eine Stunde arbeiten,
- die Kinder wieder von der Schule holen und
- am Abend, wenn diese im Bett sind, noch zwei bis drei Stunden arbeiten.[19]

Vielleicht können Sie dieses Arbeitsmodell probeweise einführen und dann die Arbeitsergebnisse mit denen der Mitarbeiter vergleichen, die weiter im Büro ihren Job wie gewohnt versehen. Sie werden feststellen: Produktivität ist keine Frage von Fleiß oder der bloßen Anzahl von Arbeitsstunden. Wenn Sie der Sache dennoch skeptisch gegenüberstehen, sollten Sie sich vergegenwärtigen, dass Spitzensportler, weltberühmte Musiker, Schriftsteller … Menschen also, die Außergewöhnliches leisten, sich die Freiheit nehmen, über ihren Tagesablauf selbst zu bestimmen. Diese Selbstbestimmung kann auch bedeuten, dass jemand kein Homeoffice machen möchte und den Job im Büro vorzieht. Aber dann hat dieser Mitarbeiter diese Entscheidung selbst getroffen. Er will es so und ist damit zufrieden.

[19] Gesehen am 11.06.2018: https://arbeits-abc.de/perfekte-arbeitswoche/

Wer diese Freiheit hat, seinen Tagesablauf und sein Arbeitspensum selbst strukturieren und dann auch noch in dem Feld arbeiten zu können, in dem seine echten Talente liegen, der ist nah an dem, was man einen glücklichen Menschen nennt. Das ist auch gut für Ihr Unternehmen: Denn wer Spaß an seinem Job hat, schenkt Begeisterung, Kreativität und eine hohe Produktivität dem Unternehmen, für das er arbeitet. Davon sind wir überzeugt. Diese Freiheitskultur als Teil der neuen Unternehmenskultur wird dann wie eine frische Brise durch muffige Büroräume ziehen und sie durchlüften. Das tut gut, denn wie wir alle wissen: Frische Luft inspiriert ungemein!

Deswegen empfehlen wir Ihnen, ernsthaft darüber nachzudenken, ob es nicht an der Zeit ist, die Idee von mehr selbstbestimmter Arbeit in Ihr Unternehmen einziehen zu lassen. Dabei sind Arbeitszeitmodelle nur *ein* Beispiel dafür, den Arbeitsalltag freier zu gestalten, Ihnen und Ihren Mitarbeitern werden sicherlich noch ganz andere Möglichkeiten einfallen! Eins aber ist sicher: Wenn Sie mehr Freiheit zulassen, sind Sie ein sehr attraktiver Arbeitgeber – nicht nur für Digital Natives.

Wertschätzungskultur

Douglas McGregor, der am berühmten MIT in Michigan als Professor lehrte und sich intensiv mit Managementfragen beschäftigte, hatte bereits in den 1960er-Jahren den Verdacht, dass mit dem Menschenbild im Management etwas nicht in Ordnung sei, und entwickelte deswegen seine X- und seine Y-Theorie, in der er dem Buchstaben X ein negatives Menschenbild und dem Y ein positives Menschenbild zuordnete. Er vertrat die Auffassung, dass die Vorstellung, wie Menschen als Arbeitnehmer in den meisten Unternehmen wahrgenommen wurden, viel zu negativ sei und die damit verbundene Geringschätzung dazu führe, sie zu demotivieren. Mit anderen Worten: Es werde genau das Gegenteil von dem bewirkt, was eigentlich bezweckt werden sollte. Die Mitarbeiter zeigten nämlich genau das Verhalten, das in dem negativen Menschenbild postuliert werde. Die X-Theorie fasst McGregor wie folgt zusammen:

- Der Durchschnittsmensch ist träge und geht der Arbeit so weit wie möglich aus dem Weg.
- Mitarbeiter haben nur wenig Ehrgeiz, scheuen Verantwortung und möchten angeleitet werden.
- Mitarbeiter zeichnen sich durch ein dominantes Sicherheitsstreben aus.
- Durch Druck und mithilfe von Sanktionen muss versucht werden, die Unternehmensziele zu erreichen.
- Straffe Führung und häufige Kontrolle sind wegen der Trägheit des Menschen unerlässlich.[20]

Im Gegensatz dazu vertrat er die Auffassung, dass den Menschen in den Unternehmen mehr Wertschätzung entgegenzubringen sei, denn dann seien sie auch produktiver. Die Y-Theorie fasst Mc Gregor wie folgt zusammen:

- Arbeitsunlust ist nicht angeboren, sondern eine Folge schlechter Arbeitsbedingungen.
- Mitarbeiter akzeptieren Zielvorgaben. Sie besitzen Selbstdisziplin und Selbstkontrolle.
- Die Mitarbeiterpotenziale sind größer als vermutet und damit stärker als erwartet nutzbar.
- Durch Belohnung und die Möglichkeit zur Persönlichkeitsentfaltung werden die Unternehmensziele am ehesten erreicht.
- Bei günstigen Erfahrungen suchen die Mitarbeiter die Verantwortung, wenn sie richtig geführt werden.[21]

[20] Gesehen am 14.03.2018: http://www.personalmanagement.info/hr-know-how/glossar/detail/xy-theorie/
[21] Ebd.

McGregor war der Meinung, dass dieses positiv besetzte Menschenbild von großem Nutzen für die Unternehmen sei. Und es scheint, dass seine Vision von damals erst in digitalen Zeiten zum Tragen kommt, denn jetzt sind Soft Skills gefragt. Damit ändert sich auch, wie wir die Mitarbeiter im Unternehmen wahrnehmen. Da schlummern verborgene Ressourcen, die zu heben sich lohnt.

Wertschätzung lässt sich ganz konkret erfahren, etwa wenn die Mitarbeiter bei Entscheidungen einbezogen werden.

Vertrauenskultur: Konsultativer Einzelentscheid

Diese Methode bedient sich der flachen Hierarchien, der Mitarbeiterpartizipation und Teamorientierung. Der *konsultative Einzelentscheid* verbindet das Wissen der Masse mit der Entscheidungsfähigkeit der Einzelperson. Wenn eine Entscheidung zu treffen ist, die mehrere Mitarbeiter betrifft, wird zunächst jemand als »Entscheider« gewählt. Er ist es, der sich nach seiner Wahl dem Thema annimmt und anschließend die Entscheidung trifft.

- Der Entscheider wird dabei unabhängig von seiner Position im Unternehmen gewählt. Ausgewählt wird nach Expertise, Vorerfahrung oder dem Zutrauen, das die jeweilige Gruppe zu demjenigen hat, den sie benennt.

- Die gewählte Person konsultiert anschließend mehrere Personen, die von der Entscheidung betroffen sind, das heißt Menschen, die etwas zu dem Thema beitragen können, deren Meinungen dem Entscheider wichtig sind.

Je nach Tragweite der Entscheidung können nur Teammitglieder einbezogen werden, bei weitreichenderen Entscheidungen können abteilungsübergreifend oder sogar unternehmensexterne Personen befragt werden.

- Ausgehend von den gesammelten Informationen, trifft der Entscheider seine Wahl. Diese verkündet er anschließend öffentlich und begründet sie, indem er angibt, mit wem er gesprochen hat und welche Perspektiven und Überlegungen in seine Entscheidung eingeflossen sind.

- In einer anschließenden Reflexionsphase werden mögliche »Learnings« für die nächsten Entscheidungen festgehalten.[22]

Diese Methode kann auch genutzt werden, um Aufgaben zu delegieren. Ältere Führungskräfte können Entscheidungen an Jüngere delegieren, wenn diese beispielsweise über eine Expertise verfügen, die im jeweiligen Projekt benötigt wird. Jüngere Führungskräfte können ebenfalls an die älteren Mitarbeiter Aufgaben delegieren, wenn deren Wissen für das Projekt von Nutzen ist. Es ist genau das, wovon der Trivago-Unternehmer Schrömgens spricht: Die Macht wird flüssig. Sie wandert von einem zum anderen, je nachdem wo das Fachwissen und die Kompetenz sind. Beim nächsten Projekt kann es schon wieder ganz anders ein! Im Übrigen ist es eine Methode, bei der die Führungskräfte ihre Mitarbeiter und deren unterschiedliche Fähigkeiten sehr viel besser kennenlernen als in hierarchischen Strukturen. So kann das Personal in Zukunft viel passgenauer eingesetzt werden.

22 Roock, Stefan: Konsultativer Einzelentscheid. Der Kompetenteste entscheidet. In: Brandes, U., Gemmer, P., Koschek, H., Schültken, L. (Hrsg.): Management Y. Agile, Scrum, Design Thinking & Co.: So gelingt der Wandel zur attraktiven und zukunftsfähigen Organisation. Campus 2014, S. 172–174.

Mitmachkultur: Vetorecht des Teams

Sie können die Einbindung der Mitarbeiter auch noch mit einer anderen Übung trainieren, indem Sie das Vetorecht in die Gruppe einführen.[23] Um funktionierende Teams aufzubauen und Fehlbesetzungen zu vermeiden, bindet Google beispielsweise seine Mitarbeiter sehr stark in die Personalentscheidungen ein. Probieren Sie es einfach mal aus! Das geht wie folgt:

- Nach den ersten Stufen eines Bewerbungsprozesses werden die potenziellen Mitarbeiter des Bewerbers in den Entscheidungsprozess involviert.

- Der Bewerber stellt sich allen Kollegen in einer Präsentation, beim Mittagessen oder in der Kaffeepause vor. Wichtig ist, dass die Kollegen sich von dem Bewerber einen Eindruck verschaffen können. Deshalb dürfen sie dem Bewerber Fragen stellen.

- Im Anschluss dürfen die Kollegen ihre Eindrücke besprechen.

- Dann stellt die Führungskraft mit Personalverantwortung die Veto-Frage. Jeder Mitarbeiter hat ein Vetorecht. Legt ein Mitarbeiter ein Veto ein, muss er erklären, warum er glaubt, dass diese Person nicht zum Team passt. Wird von dem Vetorecht Gebrauch gemacht, wird der Bewerber nicht eingestellt.

Die Methode hat den Vorteil, dass Fehlentscheidungen minimiert werden, da die Intuition mehrerer Personen einbezogen wird. Zudem fällt die

23 Brandes, U., Gemmer, P., Koschek, H., Schültken, L.: Management Y. Agile, Scrum, Design Thinking & Co. So gelingt der Wandel zur attraktiven und zukunftsfähigen Organisation. Campus 2014, S. 182 f.

Integration des neuen Kollegen einfacher, da es nach der Zustimmung der anderen keine Vorbehalte gegenüber dem Neuen mehr gibt.

Die gezeigten Übungen sind selbstverständlich nur der Beginn eines umfassenden Transformationsprozesses. Doch wie schon Laotse sagte: »Auch der längste Marsch beginnt mit dem ersten Schritt.« Sie werden sehen: Diese Vorschläge, die wir Ihnen gemacht haben, tragen dazu bei, dass in Ihrem Unternehmen nicht nur konstruktiver kommuniziert wird, sondern auch das Vertrauen wächst. Diese beiden letzten Übungen, bei denen Mitarbeiter an Entscheidungen aktiv mitwirken, können einen entscheidenden Beitrag dazu beisteuern, die Vertrauenskultur wachsen zu lassen, denn die wird sich nicht über Nacht einstellen. Um Vertrauen aufzubauen, braucht man immer einen langen Atem.

Diesen langen Atem werden Sie bei dem digitalen Transformationsprozess auch selbst benötigen. Wir begleiten Sie dabei gerne! Wir würden uns daher freuen, wenn Sie immer mal wieder auf unserer Landingpage revolution-ja-bitte.de zum Buch vorbeischauen und sich Tipps und Anregungen holen, um den digitalen Transformationsprozess in Ihrem Unternehmen voranzutreiben. Wir würden uns auch freuen, wenn Sie uns Ihr Feedback unter andreas@buhr-team.com und /oder florian@zortify.com zusenden.

Gutes Gelingen!

Anleitung zur Revolution

1. Wer Verbesserungen will, **muss** die **Veränderung** wollen!

2. Wer in eine Veränderung hineinführen will, muss das **Startsignal für eine Revolution** geben!

   - Seien Sie ein klares Vorbild, leben Sie das vor, was Sie von Ihren Mitarbeitern verlangen.
   - Übernehmen Sie die Verantwortung für Veränderungen und deren Wirkung.

3. Verabschieden Sie sich von dem Gedanken, dass **Sie** allein der Experte sind, der eine Revolution meistern kann. Greifen Sie auf das Potenzial Ihres Teams zurück. Egal aus welcher Hierarchieebene, egal welchen Alters, egal aus welcher Abteilung! Nutzen Sie die Weisheit aller. Es betrifft auch **alle**!

4. Machen Sie sich **gemeinsam** bewusst, was die digitale Transformation konkret für Ihr Unternehmen bedeutet! Was geschieht, wenn Sie nichts ändern? Jetzt, in drei Jahren, in fünf Jahren? Fokussieren Sie sich auf die Chancen, die sich in der Zukunft abzeichnen! Prüfen Sie dabei folgende Punkte:

   - Veränderung von Produkten und Dienstleistungen von analog zu digital
   - Entwicklung einer digitalen Customer Experience
   - Entwicklung digitaler Prozesse und Fähigkeiten
   - Entwicklung digitaler Geschäftsmodelle zur Erschließung neuer Märkte/neuer Möglichkeiten
   - Vernetzung von Produkten und Prozessen mit der Umgebung (Big Data, Internet der Dinge, künstliche Intelligenz)

5. Suchen Sie gemeinsam mit ausgewählten Mitarbeitern, Kunden, Externen, jenen, die Lust auf Veränderung haben und eine entsprechende Mentalität mitbringen, Antworten auf die Frage: Wie können wir unseren jetzigen und potenziellen Kunden helfen mit dem, was wir tun? Wie können wir Führung und Prozesse intern so verändern, dass sie uns helfen, besser zu arbeiten? Entwickeln Sie gemeinsam Hypothesen (siehe reziproke Koordination), seien Sie lösungsoffen!

6. Die digitalen Projekte müssen in einem geschützten Raum stattfinden, um schnell und agil agieren zu können. Gehen Sie bei diesen Projekten bewusst ein Risiko ein und erlauben Sie sich, auch scheitern zu dürfen. Wichtig ist, dass und was Sie aus dem Scheitern lernen.
Suchen Sie zu Beginn die Mitarbeiter aus, die motiviert sind, die Veränderung voranzutreiben, und eine deutliche Start-up-Mentalität mitbringen. Sie werden solche Mitarbeiter auch in Ihrem Team hundertprozentig finden. Stellen Sie klar, dass es keine vorgegebenen Hierarchien in diesem Team gibt und es in einem geschützten Raum agiert.

- Kernorganisation
  - Hier wird weitergearbeitet wie bislang gewohnt.
  - Die bereits bestehende IT bleibt, ebenso wie die gewohnten Prozesse, da die Kunden weiterhin mit bestehenden Produkten/Dienstleistungen versorgt werden wollen.
  - Digitalisierung wird stufenweise vorangetrieben und immer wieder an die Bedürfnisse der Mitarbeiter und Kunden angepasst (Stop-and-go-Methode).

- Digitale Parallelwelt
  - Hier arbeitet man in einem geschützten Raum, in dem das Testen und Scheitern erlaubt ist.
  - Es werden greifbare Leuchtturmprojekte mit raschen, sichtbaren Ergebnissen gestartet.
  - Die Parallelwelt besteht aus internen und externen Teammitgliedern.
  - Ihre Aufgabe ist es, durch überzeugende und innovative, inspirierende Ergebnisse die Kernorganisation zu infiltrieren.
  - Hier verabschiedet man sich von einem extremen Anspruchsdenken und dem Perfektionismus.
  - Erste Erfolge werden transparent und sichtbar für alle.
  - Denken Sie in der Parallelwelt daran, was die erfolgreichen Tech-Giganten und Start-ups dieser Welt auszeichnet: absolute Customer Centricity, absolute Datengetriebenheit, Risikobereitschaft, extreme Testmentalität, Highspeed Execution, radikale, weltverändernde Visionen.

Der Fokus aller Ideen/Produkte ist auf den Kunden und seine Bedürfnisse ausgerichtet, Stichwort: Customer Centricity. Der Kunde ist der Einzige, der Geld ins Unternehmen hineinträgt. Ihr Kunde bezahlt Ihre Rechnungen. Er ist der Chef im Ring.

7. Nutzung innovativer, agiler Methoden, wie Scrum, Blue Board oder dem Design Thinking, dem Lean-Start-up-Ansatz und dem Einsatz digitaler Tools.

8. Kompetenzprofile der Mitarbeiter klar vor Augen haben. Helfen Sie ihnen, sich zu entwickeln. Geben Sie ihnen die Möglichkeit, die Skills zu erlernen, die Sie benötigen. Stärken Sie die Stärken.

9. Schrittweise Anpassung der Kernorganisation an die Methoden, Prozesse, Skills, Kompetenzen, an die digitale Parallelwelt (Mentoring; Young Leader). Wenn Sie es schaffen, die oben genannten Stärken zu implementieren und mit den bestehenden Werten und Assets zu verknüpfen, kann Großes gelingen:

    - Marktzugänge, die schon jahrelang bestehen
    - Treue Kundenstämme
    - Marke sowie Vertrauen in diese Marke am Markt
    - Entwicklung vom Know-how zum Do-how
    - Training aus der Praxis für die Praxis

10. Unvollkommen zu beginnen ist besser, als perfekt zu zögern, deshalb: Auf geht's! Learning by doing! Zetteln Sie eine Revolution an! Jetzt!

Anhang

Dank

Führung lebt im digitalen Zeitalter auch und besonders davon, dass Themen aus verschiedenen Perspektiven betrachtet werden. Dass Menschen mit unterschiedlichen Expertisen und Ideen zuhören, dass sie Fragen stellen und auch Fragen gestellt bekommen. Genau das haben auch wir getan. Wir haben gefragt, nachgehakt, nachgedacht. Und wir haben gut zugehört.

Und nun möchten wir genau diesen Menschen, die uns mit ihrer Zeit, ihren Fragen, ihren Antworten in den Interviews, ihren Ideen, ihrem kritischen Feedback, ihren Anregungen, ihren Tipps und ihrer Beratung zur Verfügung gestanden haben, DANKE sagen!

Wir danken Frau Simone Matthaei, Institut für Rede und Rhetorik, für ihre Mitarbeit.

Ebenso sagen wir Danke an Dr. Christiane Gierke, Ute Flockenhaus, Ulrike Hollmann und Dr. Sandra Krebs!

Danke auch an: Sebastian Berg, Gesine Braun, Toni Lane Casserly, Kai Diekmann, Marion Dudla, Prof. Dr. Amy C. Edmondson, Gilberto Fernandes, Pascal Finette, Alexander Fritzsche, Lydia Gless, Anke Gummersbach, Dr. Marcus Heidbrink, Christoph Herrmann, Pia Hilger, Hardy Homann, Jubin Honarfar, Prof. Dr. Katrin Hussinger, Dr. Andreas Jacobs, Sebastian Kaivers, Silvia Karp, Diana Kön, Daniel Krauss, Michael Kutschinski, Prof. Dr. Charles Max, Dr. Marcel Megerle, Melissa Montanarella, Elisa Naranjo, Stephan Neuhoff-Schröder, Dr. Karl Nowak, Anika Rehder, Ulf Reichardt, Prof. Dr. Anna Riedel, Florian Roth, Simon Schmitz, Prof. Dr. Christoph Schommer, Rolf Schrömgens, Miriam Schumacher, Dr. Jean Schweitzer, Prof. Dr. Dr. h. c. mult. Hermann Simon, Prof. Dr. Klemens Skibicki, Jana Tepe, Sven Umlauf, Pepe Villatoro, Philippe von Borries, Jenny von Zepelin, Christiane Wald, Dr. Malgorzata Wiklinska, Dianna Yau und Jürgen Zwanzig.

Literaturverzeichnis

Bücher und Buchbeiträge

Binckebanck, Lars / Elste, Rainer (Hrsg.): *Digitalisierung im Vertrieb. Strategien zum Einsatz neuer Technologien.* Springer Gabler 2016

Bock, Laszlo: *Work Rules! Wie Google die Art und Weise, wie wir leben und arbeiten, verändert.* Vahlen 2016

Brecke, Jan: *So wollen Top-Talente arbeiten: Handlungsempfehlungen für eine Unternehmenskultur der Zukunft.* Frankfurter Allgemeine Buch 2015

Brandes, Ulf / Gemmer, Pascal / Koschek, Holger / Schültken, Lydia (Hrsg.): *Management Y. Agile, Scrum, Design Thinking & Co.: So gelingt der Wandel zur attraktiven und zukunftsfähigen Organisation.* Campus 2014

Brynjolfsson, Erik / McAfee, Andrew: *The Second Machine Age: Wie die nächste digitale Revolution unser aller Leben verändern wird.* Plassen Verlag 2018

Buhr, Andreas: *Agiere jetzt! 7 Aktionsgesetze für mehr Erfolg im Leben.* go! LiveVerlag 2017

Buhr, Andreas: *Führungsprinzipien: Worauf es bei Führung wirklich ankommt.* GABAL Verlag 2016

Buhr, Andreas: *Erfolgsfaktor Hybride Beratung.* Wolters Kluwer 2015

Buhr, Andreas: *Machen statt meckern! Die 10 Prinzipien der Clean Leadership: Erfolgreich auf dem Weg zur Spitze.* go! LiveVerlag, 2. Aufl. 2015

Buhr, Andreas (Hrsg.): *Training ist der Erfolg von morgen.* go!Live Verlag 2016

Buhr, Andreas: *Vertrieb geht heute anders. Fünf Regeln für den Vertrieb 24/7.* go! LiveVerlag 2015

Buhr, Andreas: *Vertrieb geht heute anders. Wie Sie den Kunden 3.0 begeistern.* GABAL Verlag, 8. Aufl. 2011

Buhr, Andreas: *Vertriebsführung. Aufbau, Führung und Entwicklung einer professionellen Vertriebsorganisation.* GABAL Verlag 2017

Drucker, Peter F.: *The Effective Executive. The Definitive Guide to Getting the Right Things Done.* HarperBusiness, überarb. Aufl. 2006

Edmondson, Amy C. / Harvey, Jean-François: *Extreme Teaming. Lessons in Complex, Cross-Sector Leadership.* Emeral Group Publishing 2017

Galloway, Scott: *The Four. Die geheime DNA von Amazon, Apple, Facebook und Google.* Plassen Verlag 2017

Hansen, Jens: *Zukunft Digitalisierung: der Wettlauf zum Weltbetriebssystem. Warum wir neue Visionen für Wirtschaft, Staat und Sicherheit brauchen.* Jens Hansen Consulting GmbH 2017

Harari, Yuval Noah: *Homo Deus. Eine Geschichte von Morgen.* C.H. Beck, 14. Aufl. 2018

Ismail, Salim / Malone, Michael S. / van Geest, Yuri: *Exponential Organizations. Why new organizations are ten times better, faster, and cheaper than yours (and what to do about it).* Diverson Books 2014

Jäger, Wolfgang / Petry, Thorsten (Hrsg.): *Enterprise 2.0 – die digitale Revolution der Unternehmenskultur. Warum Personalmanager jetzt gefordert sind.* Luchterhand 2012

Kaczmarek, Joel: *Die Paten des Internets: Zalando, Jamba, Groupon – wie die Samwer-Brüder das größte Internet-Imperium der Welt aufbauen.* FBV 2015

Neuberger, Oswald: *Führen und führen lassen. Ansätze, Ergebnisse und Kritik der Führungsforschung.* UTB 2002

Robertson, Brian J.: *Holacracy. The Revolutionary Management System that Abolishes Hierarchy.* Portfolio Penguin 2015

Sattelberger, Thomas / Welpe, Isabell / Boes, Andreas (Hrsg.): *Das demokratische Unternehmen. Neue Arbeits- und Führungskulturen im Zeitalter digitaler Wirtschaft.* Haufe 2015

Schönefeld, Frank: *Praxisleitfaden Enterprise 2.0. Wettbewerbsfähig durch neue Formen der Zusammenarbeit, Kundenbindung und Innovation.* Hanser Verlag 2009

Schulenberg, Nils: *Führung einer neuen Generation. Wie die Generation Y führen und geführt werden sollte.* Springer Gabler 2016

Simon, Hermann: *Zwei Welten, ein Leben. Vom Eifelkind zum Global Player.* Campus 2018

Sprenger, Reinhard K.: *Radikal digital. Weil der Mensch den Unterschied macht.* DVA 2018

Welk, Svenja: *Die Bedeutung von Führung für die Bindung von Mitarbeitern. Ein Vergleich unterschiedlicher Führungsstile im Kontext der Generation Y.* Springer Gabler 2015

Studien, Fachbeiträge und Whitepapers

8 predictions for the world in 2030; World Economic Forum; https://www.weforum.org/agenda/2016/11/8-predictions-for-the-world-in-2030/ (dokumentiert am 04. März 2017)

Binckebanck, Lars / Buhr, Andreas: Training im Verkauf geht heute anders. In: Sales Management Review 1/2017, S. 12–21

Buhr, Andreas / Feltes, Florian: *(Wie) führt die »Generation Why« anders? Eine Studie zum Führungsverhalten der Digital Natives.* https://buhr-team.lpages.co/whitepaper-generation-y/ (gesehen am 15.06.2018)

Buhr, Andreas: *Neue Wege zum Mitarbeiter 3.0.* In: CASH (Cash.Finanzberater), Ausgabe 1/2014, S. 98 ff.

Chou, Shih Yung: *Millennials in the Workplace: A Conceptual Analysis of Millennials' Leadership and Followership Styles.* International Journal of Human Ressource Studies, 2(2), 71–83. 2012; http://citeseerx.ist.psu.edu/viewdoc/download?doi=10.1.1.674.3681&rep=rep1&type=pdf (gesehen am 15.06.2018)

Deloitte: *The 2016 Deloitte Millennial Survey. Winning over the next generation of leaders.* https://www2.deloitte.com/content/dam/Deloitte/global/Documents/About-Deloitte/gx-millenial-survey-2016-exec-summary.pdf (gesehen am 30.06.2018)

Feltes, Florian / Buhr, Andreas: *»Die Jungen werden ausgebremst.« Die Generation Y in Leadership-Positionen.* In: managerSeminare 235, Oktober 2017, S. 36–40 (Interview) 2017

Feltes, Florian / Heidbrink, Marcus: *Was kann dein CEO besser machen?* In: Gründerszene Karriere. https://www.gruenderszene.de/karriere/leadership-studie-fuehrung-generation-y (gesehen am 15.06.2018)

Feltes, Florian: *Mitarbeiterführung und Social-Media-Nutzung im Führungsalltag von Generation-Y-Führungskräften. Eine explorative Analyse mittels Mixed-Methods-Ansatz*. Dissertation, Université du Luxembourg, 2016

Feltes, Florian: *Gebt den Kindern das Kommando.* In: Jugend von heute. http://jugend-vonheute.de/neue-studie-zum-fuehrungsverhalten-der-generation-y-von-buhr-teym-und-uni-luxemburg/ (gesehen am 15.06.2018)

Feltes, Florian: *Generation Y – die Ära der neuen Chefs.* In: Capital. https://www.capital.de/karriere/generation-y-die-aera-der-neuen-chefs (gesehen am 01.07.2018)

Frohne, Julia / Belch, Theresa / Eikenbusch, Julia: *Absolventen 2015 unter die Lupe genommen: Ziele, Wertvorstellungen und Karriereorientierung der Generation Y* (K. I. GmbH, Hrsg.), 2015. https://www.researchgate.net/publication/281459211_ABSOLVENTEN_2015_UNTER_DIE_LUPE_GENOMMEN_Ziele_Wertvorstellungen_und_Karriereorientierung_der_Generation_Y (gesehen am 01.07.2018)

GfK Enigma (Hrsg.): *Umfrage in mittelständischen Unternehmen zum Thema Digitalisierung – Bedeutung für den Mittelstand im Auftrag der DZ Bank. Juli / August 2014.* https://www.dzbank.de/content/dam/dzbank_de/de/library/presselibrary/pdf_dokumente/DZ_Bank_Digitalisierung_Grafiken.pdf (gesehen am 15.06.2018)

Heidbrink, Marcus / Feltes, Florian: *Leadership lernen.* In: Chance Praxis. Das Fachmagazin für junge Zahnmediziner, Vol. 3/17, S. 8 – 13

Inititative Neue Qualität der Arbeit (INQA): *Monitor: Führungskultur im Wandel. Kulturstudie mit 400 Tiefeninterviews.* Bundesministerium für Arbeit und Soziales, Bundesanstalt für Arbeitsschutz und Arbeitsmedizin, Berlin. http://www.inqa.de/SharedDocs/PDFs/DE/Publikationen/fuehrungskultur-im-wandel-monitor.pdf?__blob=publicationFile (gesehen am 15.06.2018)

Kotter, John P.: *Die Kraft der zwei Systeme*, Harvard Business Manager, 12/2012. http://www.harvardbusinessmanager.de/heft/d-89521597.html (gesehen am 15.06.2018)

»Most wanted«-Arbeitgeberstudie 2013: *Spaß schlägt Gehalt*. http://www.e-fellows.net/Karriere/Beruf-und-Karriere/Arbeitgeberstudie-Most-Wanted-2013 (gesehen am 15.06.2018)

»Most wanted«-Arbeitgeberstudie 2016: *Was sich e-fellows vom Job wünschen.* http://www.e-fellows.net/Karriere/Beruf-und-Karriere/Most-Wanted-Studie-2016 (gesehen am 15.06.2018)

Odgers Berndtson: *Manager-Barometer 2015/2016. Fünfte jährliche Befragung des Odgers Berndtson Executive Panels in Deutschland, Österreich und der Schweiz.* http://www.odgersberndtson.com/media/2271/ob_manager_barometer_2015.pdf (gesehen am 15.06.2018)

Shell Deutschland (Hrsg.): Albert, Mathias / Hurrelmann, Klaus / Quenzel, Gudrun / TNS Infratest Sozialforschung: *Jugend 2015 – 17. Shell-Jugendstudie.* Fischer TB 2015

Van Dick, Rolf, et al.: *Digital Leadership – die Zukunft der Führung in Unternehmen.* CLBO, DGFP, Groß&Cie. und Personalwirtschaft (Hrsg.), Studie 2016. http://www.clbo-frankfurt.org/media/2016/08/Digital-Leadership-Studie-NEW.pdf (gesehen 01.07.2018)

Stichwortverzeichnis

A
Algorithmen 204, 215, 258
Anwesenheitspflicht 138, 150, 277
Arbeitsergebnis 138, 150 f., 154, 156, 277 f.
Arbeitszeit 144, 150 f., 154, 156, 276, 279
Augmented Reality 18
Autorität 152, 158, 206

B
Big Data 16, 189 f., 214, 243, 247
Bitcoin 24 ff., 191

C
Cross-Generation-Team 218
Cross-Mentoring 260 ff.
Crowdfunding 34
Customer Centricity 257, 288

D
Datenoverkill 180 f.
Diskurs 233 ff., 240
Disruptive Technik 136

E
Effizienz 188, 240
Exponentielles Wachstum 14 f., 29

F
Fehlerkultur 174, 182, 260, 263 ff.
Fehlertoleranz 160, 162, 164 ff., 182, 190, 214
Freiheitsgefühl 149, 155
Freiheitskultur 276 ff.

Führungsstil 54, 60, 63, 68 ff., 71 f., 83, 101, 117 ff., 154, 158, 176, 199, 229 f., 273 f.
Führungsverhalten
    digitales 190 ff.
    sozial orientiertes 156 f.
    werteorientiertes 156

G
Gerüchteküche 202 f., 204

H
Hackathon 46
Hacking-Kultur 46

I
Integrativer Ansatz 253 ff., 272
Internet
    der Dinge 19, 46, 286
    des Geldes 31

K
Kausalität 17
Komplexität 167, 180 ff.
Konsultativer Einzelentscheid 281
Korrelation 17, 189
Künstliche Intelligenz 38 ff., 113, 247, 250
Künstliche Welten 20 ff.

M
Moonshots 36

P
Paketkopter 23
Perspektivwechsel 236
Prediction 16
Produktivität 137, 143 f., 147, 276 ff.

R
Reziproke Koordination 225, 228, 232 f., 236, 239 ff., 257, 262 f., 277

S
Shitstorm 111, 190, 202, 206
Social Leadership 158 f., 212
Stop-and-go-Methode 216, 287

T
Technische Singularität 39
Tools 62, 75 ff., 100 f., 113, 123, 161, 288

U
Unicorn 50 f.

V
Verlust
  der Wirklichkeit 203 f.
  des Wissensmonopols 193
Vertrauen 99, 146, 216 f.
Vertrauenskultur 181 ff., 260, 281
Vetorecht 283
Virtual Reality 20, 22
Virtual-Reality-Brille 18 ff.
Vision 72, 207

W
Wallets 31
Wearables 37
Werte
  elementare 156 f.
  -kompass 152, 156, 159, 190, 206, 239, 263
Wertschätzungskultur 263, 279 ff.

Die Autoren

Andreas Buhr, CSP, ist Unternehmer, Redner und Autor. Der erfolgreiche Unternehmer ist Gründer und CEO der Buhr & Team Akademie für Führung und Vertrieb AG mit Stammsitz in Düsseldorf, die europaweit mittelständische und große Unternehmen sowie internationale Konzerne in Führung und Vertrieb trainiert. Bekannt ist Andreas Buhr auch als internationaler Vortragsredner, als Trainer sowie als Herausgeber und Autor. Seit 2006 hat er mehr als 30 Bücher, Hörbücher und Anthologien zu den Themen Führung und Vertrieb geschrieben und produziert.

www.andreas-buhr.com
www.buhr-team.com

Dr. **Florian Feltes** hatte keine Lust mehr auf starre Strukturen und tauschte seinen Lehrerberuf gegen Leadership, Digitalisierung und Transformationsprozesse ein. Ganz im Sinne der Gen Y fragt er immer nach dem Warum; so auch in seinen Workshops, Vorträgen und Forschungsprojekten zu Leadership- und Organisationsentwicklung. Florian ist Co-Founder des KI-Start-ups Zortify, Mitinitiator des Projektes YMAZING und für die digitale Business School Hyper Island sowie die Cologne Business School tätig.

linkedin.com/in/florianfeltes
www.zortify.com

VIDEOS

ANDREAS + FLORIAN IN ACTION

AUSZUG AUS DEM STREITGESPRÄCH	KEYNOTE + WORKSHOP GEFÄLLIG?	LUSTIGE OUTTAKES VOM DREHTAG

Auch dein Unternehmen steht vor der Herausforderung eines großen Transformationsprozesses? Dann leite gemeinsam mit ANDREAS und FLORIAN eine Revolution ein.

Erlebe die beiden Experten live auf der Bühne oder bei einem intensiven Workshop in deinem eigenen Unternehmen! Das wird garantiert revolutionär!

Mehr Infos findest du hier: **revolution-ja-bitte.de**

Stimmen zum Buch

»Buhr & Feltes haben getan, was in Zeiten des Wandels notwendig ist: Alt und Jung haben sich an einen Tisch gesetzt, diskutiert und konstruktive Lösungen für den Transformationsprozess gefunden.«

Wolfgang Gründinger, Stiftung Generationengerechtigkeit

»Angesichts kommunikationstechnologischer Veränderungsprozesse in der Unternehmensführung verknüpft dieses Buch neueste wissenschaftliche Erkenntnisse mit Praktiken der soziodigitalen Vernetzung und der partizipativen Innovationskultur der New-Work-Welt.«

Prof. Charles Max, Universität Luxemburg

»Revolution? Das wird sich in den nächsten Jahren zeigen – auf jeden Fall wirbelt die Digitalisierung die ganze Arbeitswelt durcheinander und zu Recht stellen sich die Millennials der Führungsfrage. Auch deshalb ist dieses Buch unbedingt lesenswert, um ihre Perspektive auf dieses wichtige Thema besser zu verstehen.«

Hans Königes, Leitender Redakteur Ressort Job & Karriere COMPUTERWOCHE/CIO Magazin